BIBLIOTHÈQUE
DE PHILOSOPHIE CONTEMPORAINE

COMBAT
POUR
L'INDIVIDU

PAR

GEORGES PALANTE

L'ESPRIT DE CORPS — L'ESPRIT ADMINISTRATIF
L'ESPRIT DE PETITE VILLE - L'ESPRIT DE FAMILLE — L'ESPRIT DE CLASSE
L'ESPRIT ÉTATISTE — L'ESPRIT DE LIGUE
L'ESPRIT DÉMOCRATIQUE — L'ESPRIT MONDAIN EN DÉMOCRATIE
L'EMBOURGEOISEMENT DU SENTIMENT DE L'HONNEUR
LE MENSONGE DE GROUPE — L'IMPUNITÉ DE GROUPE — LA TÉLÉOLOGIE SOCIALE
MORALISME ET IMMORALISME — L'IDOLE PÉDAGOGIQUE : L'ÉDUCATIONISME
LA MENTALITÉ DU RÉVOLTÉ
LE DILETTANTISME SOCIAL ET LA PHILOSOPHIE DU SURHOMME
LES DOGMATISMES SOCIAUX ET LA LIBÉRATION DE L'INDIVIDU

PARIS
FÉLIX ALCAN, ÉDITEUR
ANCIENNE LIBRAIRIE GERMER BAILLIÈRE ET Cⁱᵉ
108, BOULEVARD SAINT-GERMAIN, 108

1904

BIBLIOTHÈQUE DE PHILOSOPHIE CONTEMPORAINE
Volumes in-8, brochés, à 5 fr., 7 fr. 50 et 10 fr.

EXTRAIT DU CATALOGUE

STUART MILL. — Mes mémoires, 3ᵉ éd. 5 fr.
— Système de logique 2 vol. 20 fr.
— Essais sur la religion, . ed. 5 fr.
HERBERT SPENCER. Prem principes 10ᵉ ed 10 fr
— Principes de psychologie. 2 vol. 20 fr.
— Principes de biologie 5ᵉ edit. 2 vol 20 fr.
— Principes de sociologie 4 vol. 36 fr. 25
— Essais sur le progrès 5ᵉ ed. 7 fr. 50
— Systèmes de politique. 4ᵉ ed. 7 fr. 50
— Essais scientifiques. 3ᵉ ed. 7 fr. 50
— De l'éducation 10ᵉ ed. 5 fr.
PAUL JANET — Causes finales. 4ᵉ edit 10 fr.
— Œuvres phil. de Leibniz 2ᵉ ed. 2 vol. 20 fr
TH. RIBOT. — Hérédité psychologique 7 fr. 50
— Psychologie anglaise contemporaine 7 fr. 50
— La psychologie allem. contemp. 7 fr. 50
— Psychologie des sentiments. 4ᵉ ed 7 fr. 50
— L'évolution des idées génér 2 ed. 5 fr.
— L'imagination créatrice 5 fr.
A. FOUILLÉE — Liberté et déterminisme 7 fr. 50
— Systèmes de morale contemporains 7 fr. 50
— Morale, art et religion, d'ap Guyau. 3 fr. 75
— L'avenir de la métaphysique. 2ᵉ ed 5 fr.
— L'évolut des idées forces 2ᵉ ed 7 fr. 50
— Psychologie des idées-forces 2 vol 15 fr
— Tempérament et Caractère 2ᵉ ed. 7 fr. 50
— Le mouvement positiviste. 2ᵉ ed. 7 fr. 50
— Le mouvement idéaliste. 2ᵉ ed 7 fr. 50
— Psychologie du peuple français 7 fr. 50
— La France au point de vue moral 7 fr. 50
— Esquisse psych des peuples europ 10 fr.
— Nietzsche et l'immoralisme 5 fr
BAIN — Logique déd. et ind 2 vol. 20 fr
— Les sens et l'intelligence 3ᵉ edit 10 fr
— Les émotions et la volonté 10 fr
— L'esprit et le corps. 4ᵉ edit 6 fr
— La science de l'éducation. 6ᵉ edit 6 fr
LIARD — Descartes. 2ᵉ edit 5 fr
— Science positive et métaph. 4ᵉ ed 7 fr. 50
GUYAU — Morale anglaise contemp. 5ᵉ ed 7 fr. 50
— Probl de l'esthétique cont. 3ᵉ ed. 7 fr. 50
— Morale sans obligation ni sanction. 5 fr.
— L'art au point de vue sociol 2ᵉ ed. 5 fr.
— Hérédité et éducation 3ᵉ edit. 5 fr.
— L'irréligion de l'avenir. 5ᵉ edit. 7 fr. 50
H. MARION — Solidarité morale. 5ᵉ ed 5 fr.
SCHOPENHAUER — Sagesse dans la vie 5 fr.
— Principe de la raison suffisante. 5 fr.
— Le monde comme volonté, etc. 3 vol. 22 fr. 50
JAMES SULLY — Le pessimisme 2ᵉ edit 7 fr. 50
— Etudes sur l'enfance 10 fr
WUNDT — Psychologie physiol 2 vol 20 fr.
GAROFALO — La criminologie 4ᵉ edit 7 fr. 50
— La superstition socialiste 5 fr.
P. SOURIAU — L'esthét. du mouvement 5 fr
— La suggestion dans l'art 5 fr.
F. PAULHAN — L'activité mentale 10 fr.
— Esprits logiques et esprits faux 7 fr. 50
JAURÈS. — Réalité du monde sensible. 7 fr. 50
PIERRE JANET — L'autom psych 4ᵉ edit 7 fr. 50
H. BERGSON — Matière et mémoire. 3ᵉ ed 5 fr
— Données immed. de la conscience 3 fr. 75
E. DE ROBERTY — L'ancienne et la nouvelle philosophie 7 fr. 50
— La philosophe du siècle 2ᵉ edit. 5 fr
— Nouveau programme de sociologie 5 fr.
PILLON. — L'année philosophique Années 1890 à 1902, chac an 5 fr
GURNEY, MYERS et PODMORE. — Hallucinations télépathiques. 3ᵉ edit. 7 fr. 50
L. PROAL — Le crime et la peine. 3ᵉ ed 10 fr
— La criminalité politique 5 fr.
— Le crime et le suicide passionnels. 10 fr
COLLINS. — Résumé de la phil de Spencer 10 fr
NOVICOW. — Les luttes entre sociétés humaines 3ᵉ ed. 10 fr
— Les gaspillages des sociétés modernes. 5 fr

DURKHEIM. — Division du travail social. 7 fr. 50
— Le suicide, etude sociologique. 7 fr. 50
— L'année sociolog Années 1896-97, 1897-98, 1898-99, 1899 1900, 1900 1901, chacune. 10 fr
— Année 1901-1902 12 fr. 50
J. PAYOT — Educ de la volonté. 18ᵉ éd 10 fr
— De la croyance 5 fr
NORDAU (MAX). — Dégénérescence. 2 vol. 17 fr. 50
— Les mensonges conventionnels. 7ᵉ ed. 5 fr.
— Vus du dehors. 5 fr.
LÉVY-BRUHL. — Philosophie de Jacobi. 5 fr.
— Lettres de J-S Mill et d'Aug. Comte 10 fr
— Philosophie d'Aug. Comte. 7 fr. 50
— La morale et la science des mœurs. 5 fr.
G. TARDE. — La logique sociale 3ᵉ ed. 7 fr. 50
— Les lois de l'imitation. 4ᵉ ed. 7 fr. 50
— L'opposition universelle 7 fr. 50
— L'opinion et la foule. 2ᵉ edit. 5 fr
— Psychologie économique. 2 vol 15 50
G. DE GREEF. — Transform. social. 2ᵉ ed 7 fr. 50
SÉAILLES — Essai sur le génie dans l'art 3ᵉ ed. 5 fr.
V. BROCHARD — De l'erreur 2ᵉ ed. 5 fr.
AUG. COMTE. — Sociol 1ᵉʳˢ p. Rigolage. 7 fr. 50
E. BOUTROUX — Etudes d'histoire de la philosophie. 2ᵉ ed. 7 fr. 50
P. MALAPERT — Les élém. du caractère. 5 fr
A. BURTRAND — L'enseignement intégral 5 fr.
— Les études dans la démocratie 5 fr
H. LICHTENBERGER. — Richard Wagner 10 fr.
THOMAS — L'éduc des sentiments 3ᵉ éd. 5 fr.
— Pierre Leroux 5 fr.
G. LE BON. — Psychol du social 3ᵉ ed. 7 fr. 50
RAUH. — De la méthode dans la psychologie des sentiments 5 fr
— L'expérience morale 3 fr. 75
DUPRAT — L'instabilité mentale 5 fr
HANNEQUIN. — L'hypothèse des atomes 7 fr 50
LALANDE. — Dissolution et évolution 7 fr. 50
DE LA GRASSERIE — Psych des religions 5 fr.
BOUGLÉ. — Les idées égalitaires 3 fr. 75
DUMAS. — La tristesse et la joie 7 fr. 50
G. RENARD — La méthode scientifique de l'histoire littéraire. 10 fr
STEIN. — La question sociale 10 fr
BARZELOTTI — La philosophie de Taine. 7 fr. 50
RENOUVIER — Dilemmes de la métaphys. 5 fr
— Hist. et solut des probl métaphys 7 fr. 50
— Le personnalisme. 10 fr
BOURDEAU — Le problème de la mort 3ᵉ ed. 5 fr.
— Le problème de la vie 7 fr. 50
SIGHELE — La foule criminelle 2ᵉ ed. 5 fr.
SOLLIER — Le problème de la mémoire. 3 fr. 75
— Psychologie de l'idiot. 2ᵉ ed 5 fr
HAYEM — Les timides et la timidité 5 fr
LA DANTEC — L'unité dans l'être vivant 7 fr 50
— Les limites du connaissable 3 fr. 75
OSSIP-LOURIÉ. — Philos russe contemp 5 fr
BRAY — Du beau 5 fr
PAULHAN — Les caractères 2ᵉ ed 5 fr.
LAPIE — Logique de la volonté. 7 fr. 50
GROOS — Les jeux des animaux 7 fr. 50
XAVIER LÉON — Philosophie de Fichte 10 fr
OLDENBERG. — La religion du Véda. 10 fr.
— Le Bouddha 2ᵉ ed 7 fr. 50
WEBER — Vers le positivisme absolu par l'idéalisme 7 fr. 50
TARDIEU — L'ennui 5 fr.
RIBÉRY — Essai de classification naturelle des caractères 3 fr. 75
GLEY — Psychologie physiol et pathol. 7 fr. 50
SANCTIS. — Philosophie de l'effort. 7 fr. 50
MAXWELL. — Phénomènes psych. 2ᵉ éd. 5 fr.
SAINT-PAUL — Le langage intérieur et les paraphasies 5 fr
LUBAC. — Esquisse d'un système de psychologie rationnelle 3 fr. 75
HALÉVY. — Radical philos. 3 vol 22 fr. 50
V. EGGER — La parole intérieure 2ᵉ edit 5 fr.
PALANTE — Combat pour l'individu 3 fr. 75

COMBAT POUR L'INDIVIDU

A LA MÊME LIBRAIRIE

DU MÊME AUTEUR

Précis de sociologie. 2ᵉ édition, 1903. 1 vol. in-16 de la *Bibliothèque de philosophie contemporaine* . . . . 2 fr. 50

La question sociale est une question morale, par Th. ZIEGLER. professeur à l'Université de Strasbourg. Traduit d'après la quatrième édition allemande par G. PALANTE. 3ᵉ édition française. 1 vol. in-16 de la *Bibliothèque de philosophie contemporaine* . . . . 2 fr. 50

COMBAT

POUR

L'INDIVIDU

PAR

GEORGES PALANTE

L'ESPRIT DE CORPS — L'ESPRIT ADMINISTRATIF
L'ESPRIT DE PETITE VILLE — L'ESPRIT DE FAMILLE — L'ESPRIT DE CLASSE
L'ESPRIT ÉGALISTE — L'ESPRIT DE LIGUE
L'ESPRIT DÉMOCRATIQUE — L'ESPRIT MONDAIN EN DÉMOCRATIE
L'EMBOURGEOISEMENT DU SENTIMENT DE L'HONNEUR
LE MENSONGE DE GROUPE — L'IMPUDEUR DE GROUPE — LA TÉLÉOLOGIE SOCIALE
MORALISME ET IMMORALISME — L'IDOLE PÉDAGOGIQUE : L'ÉDUCATIONISME
LA MENTALITÉ DU RÉVOLTÉ
LE DILETTANTISME SOCIAL ET LA PHILOSOPHIE DE SURHOMME
LES DOGMATISMES SOCIAUX ET LA LIBÉRATION DE L'INDIVIDU

PARIS
FÉLIX ALCAN, ÉDITEUR
ANCIENNE LIBRAIRIE GERMER BAILLIÈRE ET Cⁱᵉ
108, BOULEVARD SAINT-GERMAIN, 108

1904
Tous droits réservés

COMBAT
POUR L'INDIVIDU

AVANT-PROPOS

Nous publions, réunis sous ce titre : *Combat pour l'Individu* une série d'articles qui ont paru dans diverses Revues [1] et qui constituent le développement d'une idée unique.

Ce livre est une critique des effets de l'esprit social ou grégaire sous les différentes formes et dans les différents cercles sociaux où il peut agir. — A l'esprit social nous opposons l'esprit individualiste ; au droit des collectivités le droit des individualités.

Herbert Spencer a écrit son admirable livre : *l'Individu contre l'État*, pour opposer au citoyen — être domestiqué — l'individu, l'homme tout court. Les servitudes étatistes ne sont qu'une faible partie des chaînes qui pèsent sur l'individu. L'État n'est qu'un aspect de la société. La tyrannie sociale, — j'entends celle des mœurs, de l'opinion, de l'esprit de clan, de groupe, de classe, etc., exercent sur l'individu une

[1]. La *Revue Philosophique*, le *Mercure de France*, la *Plume*, la *Revue Socialiste*.

influence morale autrement oppressive et débilitante que la contrainte étatiste proprement dite.

C'est pourquoi dans ce livre qui pourrait aussi s'intituler : l'*Individu contre la Société*, nous avons essayé d'accentuer et d'élargir la revendication individualiste d'Herbert Spencer en l'appliquant au domaine entier de la vie sociale.

G. P.

I

L'ESPRIT DE CORPS[1]

L'esprit de corps est un des phénomènes les plus intéressants qui puissent frapper l'observateur de la vie sociale contemporaine. Au milieu de la désagrégation de tant d'influences morales et sociales, il semble avoir gardé une certaine action sur les consciences et se manifeste par d'importants effets. Nous avons cru utile d'étudier l'esprit de corps dans quelques-uns de ses principaux caractères. Cette petite enquête psychologique nous conduira ensuite à quelques considérations sur la valeur morale de l'esprit de corps.

Pour la précision des idées, il convient d'abord de distinguer deux sens de cette expression : Esprit de corps : un sens large et un sens étroit. Au sens étroit, l'esprit de corps est un esprit de solidarité qui anime tous les membres d'un même groupe professionnel. Au sens large, l'expression : « esprit de corps » désigne l'esprit de solidarité en général, envisagé non plus seulement dans le groupe professionnel, mais dans tous les cercles sociaux, quels qu'ils soient (classe, caste, secte, etc.), dans lesquels l'individu se sent plus ou moins subordonné aux intérêts de la collectivité. C'est en ce sens qu'il existe un esprit de *classe* ; l'esprit bourgeois par exemple qui, pour être plus ou moins difficile à définir exactement, n'en existe pas moins et ne s'en montre pas moins combatif toutes les fois qu'il s'agit de refouler les doctrines et les tendances anti-bourgeoises. C'est en ce sens également

1. *Revue Philosophique*, août 1899.

que Schopenhauer a pu parler de l'esprit de corps des femmes ou de l'esprit de corps des gens mariés, sur lequel il fait de si intéressantes remarques dans ses *Aphorismes sur la sagesse de la vie* [1]. En ce sens large, on pourrait encore parler d'esprit de corps entre les habitants d'une même ville, lesquels se trouvent, dans certains cas, être plus ou moins les co-associés d'une même entreprise commerciale. Ibsen a représenté d'une façon magistrale cet esprit de corps agissant dans la petite ville où il place la scène de son *Ennemi du peuple* et où nous voyons tous les habitants d'accord pour taire le secret (la contamination des eaux) qui, divulgué, ruinerait les établissements balnéaires de la ville. Le sens large de l'expression : Esprit de corps, n'est manifestement qu'une extension du sens étroit ou purement professionnel.

La solidarité professionnelle est un des liens sociaux les plus puissants. Mais c'est dans les professions dites libérales (clergé, armée, université, magistrature, barreau, diverses administrations) que son action est le plus énergique. Des ouvriers appartenant au même métier, par exemple des mécaniciens, des menuisiers, des fondeurs en fer ou en cuivre ne manifestent pas un esprit de corps aussi développé que l'officier, le prêtre, le fonctionnaire des diverses administrations. Ce n'est pas à dire que ces ouvriers soient dénués de toute solidarité corporative, puisqu'on sait que les ouvriers d'un même métier sont capables, dans certains pays, de s'unir en associations de métiers (*Trade-Unions*) et de se coaliser pour défendre vigoureusement leurs intérêts contre les patrons. Mais cette solidarité, chez ces ouvriers, reste purement économique. Elle se borne à la défense des intérêts matériels de l'Union de métier. Ce but atteint, son action cesse. Elle ne se transforme pas en une discipline morale et sociale cohérente et systématique qui domine et envahit les consciences indi-

---

[1]. Schopenhauer, *Aphorismes sur la sagesse de la vie*. Trad. franç. de Cantacuzène. p. 86. (Paris. F. Alcan).

viduelles. Ou du moins si elle agit dans ce sens, c'est uniquement pour développer chez l'ouvrier la conscience de ses droits de « prolétaire », par opposition à la classe antagoniste : la classe bourgeoise ou capitaliste. Ce n'est plus ici, à proprement parler, l'esprit de corps au sens étroit de cette expression ; c'est plutôt l'esprit de classe.

Mais, dans les professions libérales, il en est autrement. Ici, l'esprit de corps s'arroge un véritable empire moral sur les consciences individuelles. Ici, la corporation impose et inculque à ses membres, d'une manière plus ou moins consciente, un conformisme intellectuel et moral et les marque d'une estampille indélébile. Cette estampille est bien tranchée et varie d'un groupe à l'autre. Autres sont les manières de penser, de sentir et de réagir propres au prêtre, à l'officier, à l'administrateur, au fonctionnaire des diverses catégories. Ici chaque corps a ses intérêts très conscients d'eux-mêmes, ses mots d'ordre très définis et très précis qui s'imposent aux membres des groupes. Cette énergie toute particulière de l'esprit de corps dans les professions libérales s'explique peut-être en partie par ce fait que le prêtre, le magistrat, le militaire, et en général le fonctionnaire sont soumis à une organisation hiérarchique puissante dont l'effet est de fortifier singulièrement l'esprit de corps. Car il est manifeste que plus un groupe social est organisé et hiérarchisé, plus la discipline morale et sociale qu'il impose à ses membres est étroite et énergique.

Quels sont les caractères principaux de l'esprit de corps ?

Un « corps » est un groupe professionnel défini qui a ses intérêts propres, son vouloir-vivre propre et qui cherche à se défendre contre toutes les causes extérieures ou intérieures de destruction ou de diminution.

Si nous nous demandons maintenant quels sont les biens pour lesquels lutte un corps, nous voyons que ce sont des avantages moraux : le bon renom du corps, l'influence, la considération, le crédit. Ces avantages moraux ne sont sans doute que des moyens en vue d'assurer la prospérité matérielle du corps et de ses membres ; mais le corps les traite comme des fins en soi et il déploie, à les conquérir et à les défendre, une énergie, une âpreté, une combativité dont les passions individuelles ne peuvent donner qu'une faible idée.

Ces avantages moraux, un corps les poursuit en s'efforçant de suggérer à ceux qui ne font pas partie du corps, une haute idée de son utilité et de sa supériorité sociales. Il ne craint pas d'exagérer au besoin cette valeur et cette importance et comme il n'ignore pas la puissance de l'imagination sur la crédulité des hommes, il s'enveloppe volontiers du décorum le plus propre à accroître sa respectabilité dans l'esprit de la foule. M. Max Nordau, dans son beau livre : *Les mensonges conventionnels de notre civilisation*, a étudié les mensonges que les divers groupes sociaux organisés entretiennent sciemment et volontairement et qu'ils semblent considérer comme une de leurs conditions d'existence (mensonge religieux, mensonge aristocratique, politique économique, etc. [1]). A ces mensonges, M. Max Nordau aurait pu ajouter les mensonges corporatifs qui ne sont souvent qu'une combinaison et une synthèse des autres. C'est dans cette grande loi générale d'*Insincérité sociale* qu'il faut faire rentrer la tactique spéciale au moyen de laquelle un corps dissimule ses défauts, ses faiblesses, ou ses fautes et s'efforce de rester, au yeux du vulgaire, dans une attitude de supériorité incontestée, d'infaillibilité et d'impeccabilité hautement reconnues.

Pour garder cette attitude, le corps exige avant tout de ses membres d'avoir « de la tenue ». Il veut que les siens soient irréprochables extérieurement et qu'il jouent décemment leur rôle sur le théâtre social.

---

1. V. Max Nordau. *Les mensonges conventionnels*. Introduction et *passim*. (Paris, F. Alcan.)

La concurrence est la grande loi qui domine l'évolution des sociétés ; elle domine aussi la vie des corps constitués. Chaque corps a vis-à-vis des autres son orgueil de caste et son point d'honneur spécial. Il veut maintenir intacte sa respectabilité et ne pas déchoir de son rang dans le grand organisme que les divers corps forment par leur réunion. On peut observer entre les divers corps constitués une rivalité sourde qui se traduit dans la vie publique et même dans les rapports de la vie privée. M. A. France donne de cette rivalité entre corps une peinture des plus humoristiques dans la petite nouvelle intitulée « Un substitut » et qu'il attribue, dans *l'Orme du Mail*, à la plume de M. Bergeret [1].

Cet esprit de rivalité force le « corps » à veiller jalousement sur son honneur de caste et à exercer un sévère contrôle sur la tenue de ses membres. Malheur à celui qui, par ses paroles ou par ses actes, a pu sembler compromettre l'honneur du corps. Celui-là n'a à attendre de ses pairs ni pitié ni justice. Il est condamné sans appel. Quand cela est possible, la brebis galeuse est sacrifiée par une exécution officielle ; dans le cas contraire, on l'élimine silencieusement par des procédés plus ou moins hypocrites et qui dénotent dans « le corps » un machiavélisme plus conscient de lui-même qu'on ne croit. Le « corps » obéit ici à l'instinct vital de toute Société. « Comme une basse-cour se rue sur le poulet malade pour l'achever ou l'expulser, dit M. M. Barrès, chaque groupe tend à rejeter ses membres les plus faibles [2]. » Les faibles, les inhabiles à se pousser dans le monde, les mauvais figurants de la comédie sociale constituent pour le « corps » un poids mort qui l'entrave dans sa marche et dont il ne cherche qu'à se débarrasser. Aussi le corps les avilit-il, les humilie-t-il ; il s'efforce de créer autour d'eux ce que

---

1. Voir A. France, *L'Orme du Mail*, p. 245.
2. Barrès, *Les déracinés*, p. 133.

Guyau [1] appelle quelque part une atmosphère d'intolérabilité.

Cette politique d'élimination contre ses membres faibles, le « corps » la poursuit avec un dédain de l'individu et une absence de scrupules qui justifient souvent, il faut bien le dire, le mot de Daudet : « Les corps constitués sont lâches [2]. »

Pour mieux assurer sa politique de domination, l'esprit de corps tend à étendre autant que possible sa sphère d'influence. Il est essentiellement envahisseur. Il ne se bornera pas à contrôler l'existence professionnelle des membres du corps mais il empiétera souvent sur le domaine de leur vie privée. Un romancier contemporain, M. Vergniol, a décrit d'une façon très spirituelle ce caractère de l'esprit de corps dans une très suggestive nouvelle intitulée : *Par la voie hiérarchique* [3]. Dans cette nouvelle, l'auteur nous montre un professeur de lycée (vrai type de l'individualité envahie par le corps) qui fait appel à l'administration hiérarchique et aux influences corporatives pour résoudre ses difficultés domestiques. Et l'on voit en effet l'esprit de corps, sous la forme du proviseur et des collègues, intervenir dans une situation privée avec une maladresse qui n'a d'égale que son incompétence. M. Vergniol a aussi finement noté dans une autre nouvelle intitulée *Pasteurs d'Ames* ce trait de l'esprit de corps : l'hostilité contre les membres du corps qui peuvent paraître à un titre quelconque déparer la corporation. Qu'on se rappelle l'hostilité du jeune et fringant professeur Brissart — vrai type de ce que Thackeray décrit sous l'épithète de Snob universitaire — contre un vieux collègue peu décoratif qui semble déparer par sa tenue négligée le corps dont le jeune Snob croit être le plus bel ornement.

1. Guyau. *Esquisse d'une morale sans obligation ni sanction*. (Paris. F. Alcan.)
2. Daudet, *L'Immortel*.
3. Vergniol. *Par la voie hiérarchique*, scène de la vie universitaire, feuilleton du *Temps* de février 1896.

D'une manière générale, la corporation tend à s'assujettir la vie intégrale de l'individu. Qu'on se rappelle l'étroite discipline morale à laquelle les corporations du moyen âge soumettaient la vie privée de leurs membres [1].

Cette disposition entraîne dans le corps tout entier une curiosité étroite et mesquine appliquée aux faits et gestes des individus. Une corporation ressemble à cet égard à une petite ville cancanière. Voyez nos administrations de fonctionnaires. Elles sont à cet égard comme autant de petites villes répandues dans l'espace et disséminées sur toute l'étendue du territoire français. Si l'un des membres un peu en vue de la petite église commet quelque maladresse ou s'il lui arrive, comme on dit, quelque histoire, aussitôt de Nancy à Bayonne et de Dunkerque à Nice la nouvelle s'en propage dans le corps tout entier, absolument comme le petit potin du jour se colporte de salon en salon chez les bonnes dames de la petite ville.

Ces quelques remarques sur les faits et gestes de l'esprit de corps nous permettent de voir en lui une manifestation particulièrement énergique de ce que Schopenhauer appelle le vouloir-vivre. Un corps est, comme toute société organisée d'ailleurs, du *vouloir-vivre humain condensé* et porté à un degré d'intensité que n'atteint jamais l'égoïsme individuel. Ajoutons que ce vouloir-vivre collectif est très différent de celui qui agit dans une foule, laquelle est un groupe essentiellement instable et transitoire. Le « corps » a ce que n'a point une foule : sa hiérarchie, son point d'honneur, ses préjugés définis, sa morale convenue et imposée. Aussi le « corps » apporte-t-il dans les jugements qu'il porte sur les choses et sur les hommes un entêtement dont la foule, être ondoyant et divers, n'est pas susceptible au même degré. Voyez une foule : égarée, criminelle un instant, elle pourra se raviser

---

1. Voir sur ce point : Nitti, *La Population et le système social*, p. 206.

l'instant d'après et reviser son arrêt. Un corps se croit et veut être regardé comme infaillible. Autre différence entre une foule et un corps : une foule apporte généralement plus d'impartialité qu'un corps dans son appréciation du mérite des individus. « Dans un corps de fonctionnaires, dit Simmel[1], la jalousie enlève souvent au talent l'influence qui devrait lui revenir, tandis qu'une foule, renonçant à tout jugement personnel, suivra aisément un meneur de génie. »

Un corps étant essentiellement un vouloir-vivre collectif, on peut juger par là quelles sont les qualités que le corps demande à ses membres. — Ce sont celles qui sont utiles au corps et celles-là seulement. Un corps ne demande pas à ses membres de qualités individuelles éminentes. Il n'a que faire de ces qualités rares et précieuses qui sont la finesse de l'esprit, la force et la souplesse de l'imagination, la délicatesse et la tendresse d'âme. Ce qu'il exige de ses membres, c'est, comme nous l'avons dit, une certaine « tenue », une certaine persévérance dans la docilité au code moral du corps. C'est cette persévérance dans la docilité que, par je ne sais quel malentendu de langage, on décore parfois du titre de *caractère*. Par ce dernier mot un corps n'entendra nullement l'initiative dans la décision ni la hardiesse dans l'exécution, ni aucune des qualités de spontanéité et d'énergie qui font la belle et puissante individualité ; mais seulement et exclusivement une certaine constance dans l'obéissance à la règle. Un corps n'a aucune estime particulière pour ce qu'on appelle le mérite ou le talent. Il le tiendrait plutôt en suspicion. L'esprit de corps est ami de la médiocrité favorable au parfait conformisme. On pourrait dire de tout corps constitué ce que Renan dit du séminaire d'Issy[2] : « La première règle de la compagnie était d'abdiquer tout ce qui peut s'appeler talent,

---

1. Simmel, *Comment les formes sociales se maintiennent* (*Année sociologique*, 1898, p. 90. Paris, F. Alcan).

2. Renan, *Souvenirs d'enfance et de jeunesse*.

originalité, pour se plier à la discipline d'une commune médiocrité. »

Nulle part mieux que dans un corps n'apparaît l'antithèse célèbre du *talent* et du *caractère* que Henri Heine a raillée avec une si exquise ironie dans l'avant-propos d'*Atta Troll*. On se rappelle non sans sourire cette bonne école poétique Souabe — qui possédait à un haut degré l'esprit de corps — et qui demandait avant tout à ses poètes, non d'avoir du talent, mais d'être des caractères. Il en est de même dans nos corps constitués. Un corps veut que ses membres soient des *caractères*, c'est-à-dire des êtres parfaitement disciplinés, des acteurs ternes et médiocres qui débitent leur rôle social sur ce théâtre dont parle quelque part Schopenhauer et où la police défend sévèrement aux acteurs d'improviser.

Aussi dans un corps, le grand levier pour « arriver » est-il non le mérite, mais la médiocrité appuyée par beaucoup de parentés et de camaraderies. D'ailleurs ceux qui dans un corps dispensent l'avancement et les places recherchées ne pratiquent pas toujours ce système de népotisme dans des vues intéressées. Ils sont de bonne foi. Ils sont sincèrement persuadés — imbus qu'ils sont de l'esprit de corps, — que le népotisme et la camaraderie sont des liens respectables et utiles à la cohésion du corps. En récompensant le seul mérite, ils croiraient sacrifier à un dangereux individualisme.

Ce dédain de l'esprit de corps pour les qualités personnelles (intellectuelles ou morales de l'individu) se trouve encore admirablement expliqué dans les dernières pages d'un roman de M. Ferdinand Fabre, *l'abbé Tigrane*, dans lesquelles le cardinal Maffei explique à l'abbé Ternisien la tactique de la congrégation romaine.

Ces considérations confirment suffisamment, ce nous semble, la définition que nous avons donnée plus haut de l'esprit de corps. L'esprit de corps est, selon nous, un égoïsme collectif, uniquement préoccupé des fins collectives et dédaigneux de l'individu et des qualités individuelles. L'esprit de corps, ainsi défini, nous semble présenter une excellente illustration de ce qui tend à être, d'après la doctrine de Schopenhauer, le *vouloir-vivre* pur, séparé de l'intellect.

Les remarques qui précèdent nous permettent également de présenter quelques considérations sur la valeur éthique de l'esprit de corps.

Certains sociologues et moralistes contemporains ont apprécié d'une façon très favorable l'influence morale de l'esprit de corps. Certains ont même songé à l'investir d'une mission politique en substituant au suffrage universel tel qu'il fonctionne dans notre pays un système de vote par corporations, chaque individu devant désormais voter pour un représentant choisi parmi ses pairs ou ses chefs hiérarchiques, dans sa corporation. Citons parmi les moralistes qui ont insisté récemment sur la valeur de l'esprit de corps MM. Dorner et Durckheim, qui se sont placés au point de vue moral, MM. Benoist et Walras, qui se sont placés au point de vue politique.

M. Dorner[1] voit dans les corporations un remède au mécontentement moral et social. Il croit trouver dans la subordination de l'individu au groupe corporatif l'apaisement de tous les troubles intérieurs et extérieurs. « Chacun doit comprendre, dit M. Dorner, qu'il ne peut occuper qu'une place déterminée dans l'ensemble et qu'il ne peut dépasser la limite que lui imposent le salaire qu'il peut recevoir et la limitation de ses propres facultés. L'individu acquiert plus aisément cette conviction, s'il appartient à une corporation qui détermine à l'avance pour lui les conditions générales de la vie économique et sociale. La corporation maintient devant ses yeux cela seul qui est possible et contribue à préserver son imagination des châteaux en Espagne qui le rendent

---

[1]. Dorner, *Das menschliche Handeln*, *Philosophische Ethik* (Berlin, Mitscher et Röstell, 1895).

mécontent du présent. D'un autre côté l'individu apprend, grâce à son application, la mesure du progrès possible et il participe à l'intelligence collective de ses compagnons ou collègues. En conséquence, il résulte de tout cela une tendance générale qui aspire à établir sur le fond de ce qu'on possède déjà les améliorations qui sont profitables à l'individu comme au tout, tout en permettant le progrès dans les limites de l'activité professionnelle. »

« *Il est du plus haut intérêt moral* que l'individu puisse s'attacher à un groupe professionnel, parce que ce lien lui permet de juger plus sûrement de ses facultés personnelles ; parce que, par son intermédiaire, il peut cultiver son intelligence, se procurer une plus large vue des choses, parce qu'il peut être encouragé par elle dans son activité et parce qu'il est rattaché par elle au grand organisme moral universel. Car les corporations ne sont que les organes de cet organisme. Aussi doivent-elles être une fois pour toutes délimitées dans leurs droits les unes à l'égard des autres, afin que chacune puisse accomplir sa tâche d'une manière indépendante sur son domaine particulier. Mais ensuite les corporations doivent s'inspirer de l'intérêt de l'organisme dont elles sont les organes, elles doivent faire passer leurs rivalités dans la poursuite des privilèges et des avantages après la conscience qu'elles doivent avoir de leur collaboration à une œuvre commune [1]. »

M. Durkheim, de son côté, voit dans un corps un intermédiaire utile entre l'individu et l'État. L'État, dit-il, est une entité sociale, trop abstraite et trop éloignée de l'individu. L'individu s'attachera plus aisément à un idéal plus voisin de lui et plus pratique. Tel est l'idéal que lui présente le groupe professionnel. M. Durkheim voit dans les corporations le grand remède à ce qu'il appelle l'anomie sociale :

---

1. Dorner, *Das mensliche Handeln*, p. 161. — *Ist soziale Zufriedenheit ethische Pflicht?*

« Le principal rôle des corporations, dit-il, dans l'avenir comme dans le passé, serait de régler les fonctions sociales et plus spécialement les fonctions économiques, de les tirer par conséquent de l'état d'inorganisation où elles sont maintenant. Toutes les fois que les convoitises excitées tendraient à ne plus connaître de bornes, ce serait à la corporation qu'il appartiendrait de fixer la part qui doit équitablement revenir à chaque ordre de coopérateurs. — Supérieure à ses membres, elle aurait toute l'autorité nécessaire pour réclamer d'eux les sacrifices et les concessions indispensables et leur imposer une règle[1]. » « On ne voit pas, continue M. Durkheim, dans quel autre milieu cette loi de justice distributive, si urgente, pourrait s'élaborer ni par quel organe elle pourrait s'appliquer. »

MM. Benoist et Walras[2], d'un autre côté, développent les avantages d'une organisation politique par corporations. — Ainsi, comme on peut voir, le système est complet : à la morale professionnelle s'accole une politique corporative.

Nous ne discuterons pas ici la question de la politique corporative. Nous nous contenterons de présenter quelques observations sur la moralité corporative, telles qu'elles peuvent résulter de l'analyse que nous avons faite de l'esprit de corps.

Suivant nous, l'individu ne peut demander au groupe corporatif, sa loi et son critérium moral. La valeur de l'activité morale de l'individu est à nos yeux en raison directe de la liberté dont il dispose ; or le groupe corporatif domine l'individu par des intérêts trop immédiats et trop matériels en quelque sorte pour que cette liberté ne soit pas entamée. Il peut en effet supprimer à l'individu réfractaire à sa discipline morale ses moyens d'existence ; il le tient par ce qu'on

---

[1]. Durkheim, *Le suicide*, p. 440. (Paris, F. Alcan.)
[2]. Voir Walras, derniers chapitres des *Études d'économie politique appliquée*.

pourrait appeler d'une expression empruntée au vocabulaire socialiste, « la question du ventre ».

Une autre question qui se pose est celle de savoir si l'affiliation au groupe corporatif serait un réel remède à « l'anomie » et si elle apporterait une fin au mécontentement social. — Oui, peut-être, dirons-nous, si l'espèce de justice distributive dont parle M. Durkheim s'appliquait exactement. Mais c'est là un désidératum utopique, du moins dans les corporations où le travail fourni ne peut être mesuré exactement comme quand il s'agit d'un travail manuel. — Stuart Mill a dit quelque part que du haut en bas de l'échelle sociale la rémunération est en raison inverse du travail fourni. Il y a sans doute quelque exagération dans cette manière de voir. Mais elle peut trouver sa confirmation dans les groupes professionnels où la nature des services rendus les soustrait à une mensuration matérielle et permet à l'esprit de corps de déployer ses influences oppressives du mérite individuel.

Ce n'est pas tout. Vouloir chercher le critérium moral de l'individu dans la corporation, c'est aller contre la marche de l'évolution qui multiplie de plus en plus autour de l'individu les cercles sociaux et qui lui permet en conséquence de faire partie simultanément d'un nombre plus considérable de sociétés diverses et indépendantes qui offrent à sa sensibilité, à son intelligence et à son activité un aliment de plus en plus riche et varié. « L'histoire multiplie le nombre des cercles sociaux, religieux, intellectuels, commerciaux, auxquels les individus appartiennent et n'élève leur personnalité que sur l'implication croissante de ces cercles. Par suite leur devoir (*aux individus*) n'est plus relativement simple, clair, unilatéral, comme au temps où l'individu ne faisait qu'un avec sa société. La différenciation croissante des éléments sociaux, la différenciation correspondante des éléments psychologiques dans la conscience, toutes les lois du développement parallèle des sociétés et des individus semblent bien plutôt devoir augmenter que diminuer le nombre et l'importance des conflits moraux. L'histoire, en même temps qu'elle rend plus nombreux les objets de la morale, en rend les sujets plus sensibles[1]. » — Il semble résulter de cette loi de différenciation progressive que la liberté de l'individu — et par conséquent sa valeur et sa capacité morales — sont en raison directe du nombre et de l'étendue des cercles sociaux auxquels il participe. L'Idéal moral n'est pas de subordonner l'individu au conformisme moral d'un groupe, mais de le soustraire à l'esprit grégaire, de lui permettre de se déployer dans une activité multilatérale. L'individu, de même qu'il est en un certain sens un tissu de propriétés générales, peut être regardé comme le point d'interférence d'un nombre plus ou moins considérable de cercles sociaux dont les influences morales viennent retentir en lui. L'individu est une monade harmonieuse et vivante dont la loi vitale et harmonique est de se maintenir en état d'équilibre au milieu du système des forces sociales interférentes. — C'est dans ce libre et progressif épanouissement de l'individualité que réside le véritable idéal moral. Il n'y en a pas d'autre. — Car l'individu reste, quoi qu'on dise et quoi qu'on fasse, la source vivante de l'énergie et la mesure de l'idéal.

Nous arrivons à cette conclusion que la morale corporative, forme de l'esprit grégaire, serait une forme régressive de moralité. Beaucoup se plaignent, à la suite de M. Barrès, que nous soyons des *Déracinés*. MM. Dorner et Durkheim nous invitent à prendre racine dans le sol de la corporation professionnelle. Nous nous demandons si ce n'est pas là un terrain trop étroit pour que s'y enracinent et s'y confinent les plantes qui veulent l'air libre, la lumière et les larges horizons d'une morale humaine.

1. Bouglé, *Les sciences sociales en Allemagne. Exposé des théories de Simmel*, p. 57. (Paris, F. Alcan.)

II

L'ESPRIT ADMINISTRATIF [1]

L'Esprit Administratif est une forme de mentalité que de longs siècles de centralisation ont particulièrement développée en France. Cet esprit, par suite de l'importance qu'a prise dans notre pays le mécanisme administratif, exerce une grande influence sur nos idées, sur nos mœurs, sur notre pratique sociale tout entière.

Il peut être intéressant d'analyser cette forme de mentalité et d'en examiner la valeur morale et sociale.

L'Esprit Administratif peut-être regardé comme une variété de l'Esprit de Corps. S'il est vrai que chaque corporation, surtout dans les professions dites libérales, transforme dans une certaine mesure la mentalité de tous ceux qu'elle unit par un lien d'intérêts, de préoccupations et aussi de préjugés communs, on est en droit d'affirmer que ce vaste organisme social qu'on appelle une Administration inculquera à ses membres, d'une manière plus ou moins consciente, un conformisme intellectuel et moral et qu'elle les marquera d'une estampille indélébile.

L'administrateur, quel qu'il soit, quels que soient les intérêts, économiques, politiques, juridiques, intellectuels et moraux à la gestion desquels il est préposé, présente certains caractères communs qu'il est facile de reconnaître et qui constituent chez lui une sorte de caractère acquis susceptible d'absorber plus ou moins complètement son caractère inné.

1. *Revue Socialiste*, juillet 1900.

Une administration est une corporation qui, bien qu'ayant sa place définie dans le grand organisme social qui constitue l'État, n'en a pas moins, dans une certaine mesure, son existence propre, ses intérêts particuliers et comme son vouloir-vivre spécial.

Ce vouloir-vivre s'incarne, à des degrés divers, chez tous les membres d'une même administration et superpose à leurs égoïsmes individuels un égoïsme collectif qui a pour effet de les renforcer et de les discipliner.

Qui dit administration dit hiérarchie. — Cette hiérarchie a pour effet d'entretenir entre tous les membres d'une même administration un sentiment d'étroite solidarité, de l'imposer au besoin et de punir sévèrement les infractions au conformisme commun.

Qui dit hiérarchie dit aristocratie. — Dans chaque administration, chaque subordonné a ou est censé avoir le respect de ses supérieurs hiérarchiques ; d'autre part, les chefs ont à un degré encore plus élevé le sentiment de leur autorité. — L'Esprit Administratif est donc autoritaire par essence et par tendance ; il tend à inculquer à tous les membres du groupe des idées de subordination et de discipline.

Souvent l'attitude de l'administrateur reflète cet état d'âme. — Ce trait a été très bien mis en lumière par M. Vergniol dans l'humoristique portrait qu'il trace d'un proviseur dans la nouvelle intitulée *Par la voie hiérarchique* : « Le proviseur Létang de Gaube se promenait sous le cloître avec des airs d'amiral sur son banc de quart, le buste cambré, la tête rejetée en arrière, l'œil dur, mobile et faux, promené sur l'entourage ainsi que sur un troupeau d'esclaves[1]. » — On retrouve le même trait plus brutal dans le *Manteau* de Gogol. Qu'on se rappelle l'accueil plein de morgue fait par un haut fonctionnaire au malheureux et tremblant Akaki Akakiewitch, quand

---

1. C. Vergniol, *Scènes de la Vie Universitaire. — Par voie hiérarchique*, Feuilleton du *Temps* du 23 février 1896.

ce dernier vient implorer son aide pour lui faire rendre le manteau volé.

Cet esprit autoritaire est en même temps un esprit exclusiviste. Prenez un administrateur quelconque ; cette conviction s'établit peu à peu et finit par triompher dans son esprit, que l'administration dont il fait partie constitue une caste supérieure, une sorte d'aristocratie dont il est appelé à maintenir le prestige vis-à-vis du public. Dickens a donné une peinture humoristique de ce trait de l'Esprit Administratif dans le passage de la *Petite Dorrit* où il met en scène ce chef de bureau du « Ministère des Circonlocutions » qui regarde le public comme son ennemi personnel et « ne prononce jamais qu'avec un visible mépris le nom de cette obscure corporation ». — Dans les services de l'État où, comme dans l'Université, il y a une dualité bien tranchée entre l'élément administratif et l'élément administré (personnel administratif et personnel enseignant), le même esprit se fait jour. — Là aussi le personnel administratif a une tendance à faire bande à part. — Il a ses intérêts propres, son esprit de caste, sa foi dogmatique dans l'infaillibilité de l'autorité. — Ajoutons que ceux d'entre les administrateurs qui sont le plus imbus de cet esprit autoritaire sont généralement ceux qui seraient le plus loin de pouvoir justifier de telles prétentions aristocratiques.

Il est des administrateurs qui professent au sujet de leur autorité un dogmatisme amusant. Ils sont, sans le savoir, disciples de Bossuet et soutiendraient volontiers avec ce théologien que leur pouvoir est une émanation de Dieu et que leur rond de cuir administratif est l'autel où s'incarne et prend corps l'autorité divine. — Aussi rien ne froisse-t-il plus l'administrateur dans son dogmatisme autoritaire, rien ne le contriste-t-il plus que l'ironie irrévérencieuse qui lui apparaît littéralement comme un crime de lèse-majesté.

Cet esprit de caste fait que le groupe administratif en vient souvent à oublier sa véritable destination sociale. — « La

Bureaucratie, dit Simmel, en vient souvent à oublier son rôle d'organe et à se poser comme une fin en soi[1]. »

De là, l'esprit de solidarité qui unit les membres d'une même administration. Les clichés fameux : « la grande famille militaire », « la grande famille universitaire », etc., ne sont pas à certains égards un vain mot. — Dans une administration, on sait se serrer les coudes, soutenir le prestige commun, dissimuler les tares, les faiblesses et les fautes. — Si quelqu'un est assez audacieux pour s'attaquer à l'un des membres du clan administratif, il s'attire l'animosité de toute la hiérarchie, absolument comme l'imprudent qui, pour avoir taquiné un frelon, est poursuivi par la ruche entière. — Cette défense corporative est surtout énergique si le personnage lésé est bien soutenu en haut lieu et s'il appartient à une de ces familles administratives dans lesquelles un gros prébendier fait arriver et couvre de son omnipotente protection tout son parentage.

Les haines administratives sont analogues aux haines sacerdotales. Elles se passent de main en main et se font anonymes pour mieux frapper.

Rien ne renforce mieux la solidarité administrative que cette solidarité familiale qui porte le nom de népotisme et dont nous voyons en France autour de nous tant d'aimables échantillons. Personne n'a décrit plus humoristiquement que Dickens, le népotisme administratif[2]. — « Les Mollusques, dit Dickens, aident depuis longtemps à administrer le Ministère des Circonlocutions. La branche Tenace Mollusque croit même avoir des droits acquis à tous les emplois de ce ministère et elle se fâche tout rouge si quelque autre lignée fait mine de vouloir s'y installer. C'est une famille très distinguée

---

1. Simmel, *Comment les formes sociales se maintiennent*. Année Sociologique, 1898, p. 92.

2. Voir les chapitres de la *Petite Dorrit*, intitulés : *Exposé de la théorie de l'art de gouverner* et *Un banc de Mollusques*.

que celle des Mollusques, et aussi très prolifique. Les membres sont dispersés dans tous les bureaux publics et remplissent toute sorte d'emplois officiels. Ou bien le pays est écrasé sous le poids des services rendus par les Mollusques ou bien les Mollusques sont écrasés sous les bienfaits du pays. On n'est pas tout à fait d'accord sur ce point. — Les Mollusques ont leur opinion ; le pays à la sienne. » (*La Petite Dorrit*, ch. x).
— Voici un autre personnage du même roman qui se plaint amèrement de ce que sa famille n'ait rien fait pour le pousser dans le monde. « Vous oubliez que j'appartiens à un clan, ou à une clique, ou à une famille, ou à une coterie (donnez-lui le nom que vous voudrez) qui aurait pu me faire faire mon chemin de cinquante manières différentes et qui s'est mis dans la tête de ne rien faire du tout pour moi... Me voilà donc devenu un pauvre diable d'artiste. » (*La Petite Dorrit, un Banc de Mollusques.*) Ces dynasties ne sévissent pas seulement dans les hautes sphères administratives. Elles en viennent à mettre en coupe réglée les places les plus médiocres des administrations et jusqu'à de modestes postes d'instituteurs. Ainsi se forment du haut en bas de l'échelle de petits clans népotiques.

N'insistons pas davantage sur ce fléau du népotisme. Le développement excessif qu'il a pris chez nous, semble donner raison dans une certaine mesure à un écrivain allemand[1] qui prétend que la démocratie favorise plus que la monarchie les excès du népotisme. « Le monarque, dit cet écrivain, ayant le plus grand intérêt au maintien d'une administration officielle honorable, veille à ce que le fonctionnement de la sélection ne soit pas interrompu. A ce point de vue, on voit comment un monarque est intéressé au bien de l'État, tout autrement qu'un président de République élu. La différence est la même qu'entre un propriétaire et un fermier, qu'entre un entrepre-

---

1. Otto Ammon, *L'Ordre social et ses bases naturelles*, traduction de H. Muffang, Paris, Fontemoing, 1900.

neur et un employé. — L'expérience proclame bien haut que les présidents n'ont pas la force de résistance nécessaire pour empêcher qu'à la longue les députés n'interviennent dans les nominations. Cela produit tout un enchevêtrement d'intrigues antisociales. Le candidat appuie l'élection d'un député, pour avancer ensuite, grâce à la protection de celui-ci. Le député dépend de ses créatures et ne doit pas tromper leurs calculs. Le ministre, de son côté, a besoin du député pour avoir une majorité et ne peut pas repousser ses sollicitations pour le placement de ses protégés dans toutes sortes d'emplois, et le président à son tour ne peut pas mettre son veto en travers[1]. »

A vrai dire, il est malaisé de décider lequel est le plus puissant chez nous du favoritisme politique ou du népotisme proprement corporatif ou administratif, c'est-à-dire celui qui est exercé par les familles influentes dans les divers corps et administrations de l'État. — En tout cas on voit la situation faite à l'individu isolé qui se trouve pris entre ces deux genres de favoritisme comme entre deux feux.

L'orgueil de caste se manifeste chez l'administrateur par des sentiments de défiance et de rancune vis-à-vis de tout subordonné susceptible de lui porter ombrage par quelque supériorité.

Un bon exemple de cette disposition d'esprit est donné par M. Paul Verdun dans son livre encore curieux bien qu'un peu vieilli : *Un lycée sous la troisième République*. C'est l'histoire du proviseur Moyne enchanté de jouer un mauvais tour au professeur de seconde qui est agrégé alors que lui, proviseur, ne l'est pas[2].

L'hypocrisie administrative est bien connue. L'intelligence propre à l'administrateur est, la plupart du temps, cette forme d'intelligence que Carlyle appelait « l'intelligence vulpine »,

1. O. Ammon, *Les bases de l'Ordre Social*, p. 294.
2. V. P. Verdun, *Un Lycée sous la troisième République*.

qui n'est qu'une intelligence inférieure et qui ne ressemble pas plus à l'intelligence véritable, pour rependre une comparaison de Spinoza, que le chien, animal aboyant, ne ressemble au Chien, signe céleste. — Aux mensonges étudiés par M. Max Nordau dans son livre : *Les Mensonges conventionnels de notre civilisation*, on pourrait ajouter les mensonges administratifs. La liste de ces mensonges serait longue. Un des plus caractéristiques est celui qu'on pourrait appeler le *mensonge d'autorité*. Il consiste en ce que, dans une administration, le principe d'autorité doit toujours avoir le dernier mot, quand même ceux qui le représentent auraient cent fois tort. — Supposons que, dans une administration, un conflit se produise entre un chef et un subordonné et que le bon droit de ce dernier soit pleinement et officiellement reconnu. On imposera peut-être une disgrâce, — un déplacement, par exemple, — au chef qui s'est mis dans son tort ; mais le subordonné subira, lui aussi, le contre-coup de la disgrâce du chef ; il sera, lui aussi, déplacé. N'est-il pas coupable d'avoir eu raison contre son chef ? Dans l'*Ennemi du Peuple*, d'Ibsen, le préfet Stockmann dit à son frère : « Tu n'as pas le droit d'exprimer aucune opinion qui soit contraire à celle de tes supérieurs [1]. » La contradiction est amusante entre de telles pratiques administratives et les principes d'équité, de justice égale pour tous, etc., qu'on prétend appliquer dans les administrations.

Un autre mensonge est celui qui consiste à soutenir qu'on ne tient compte, pour l'avancement, que des services professionnels du fonctionnaire. On sait ce que vaut cette affirmation. Si le fonctionnaire n'est pas *persona grata*, on cherchera et on trouvera, dans sa vie privée, dans son attitude, sa tenue, dans ses relations, un vice rédhibitoire ; on l'exécutera au moyen d'une de ces formules vagues et commodes,

---

[1]. Ibsen. *Un Ennemi du Peuple*. Acte III.

mais meurtrières : manque de tenue, manque d'esprit de suite, manque de caractère, etc. L'antithèse *du talent et du caractère*, si exquisement raillée par Henri Heine dans la préface d'*Atta Troll*, est un des procédés les plus sûrs et les plus employés pour renverser le mécanisme naturel de la sélection et déprécier le mérite au profit de la médiocrité. Jules Simon raconte avec quel souci Victor Cousin, le grand chef de l'Enseignement philosophique en France, veillait sur la vie et la situation privées de *ses* professeurs. Ce souci de la situation privée des fonctionnaires devient souvent un auxiliaire des influences népotiques, quand il s'agit d'évincer ceux qui, n'ayant ni parentage, ni relations, ne sont pas dignes d'arriver.

Ce procédé ne choque pas autant qu'on pourrait le croire la grande majorité des fonctionnaires d'une administration. Car il frappe de préférence le mérite intellectuel, celui qu'on pardonne le moins et par lequel on est sûr de réunir contre soi l'antipathie de ses chefs et de ses égaux.

L'hypocrisie administrative se manifeste encore par la pratique des *notes secrètes*[1], aussi honorable que, dans un autre domaine, l'institution du cabinet noir. Elle se manifeste encore par cet esprit cachotier qui rend souverainement désagréable à une administration tout contrôle ou toute critique exercé

---

1. Ce sont les notes secrètes qui rendent si redoutables dans nos administrations les délations et dénonciations de tout genre.
Le fonctionnaire visé ne peut se défendre, ignorant l'accusation dont il est l'objet.
On ne saurait croire à quel point l'âme des administrateurs est maternelle et accueillante au délateur. Un administrateur nourrit généralement une curiosité professionnelle assez analogue à celle des concierges et toujours à l'affût des ragots et des potins qui circulent dans le Landerneau corporatif.
Le délateur sait cela et en use.
Un fonctionnaire irréprochable se voit un beau jour disgracié, déplacé sous un prétexte quelconque. Ce n'est que longtemps après qu'il apprendra (pas toujours) la cause véritable de son déplacement : une calomnie bien basse et bien bête portée contre lui. — En revanche, le délateur a été écouté, choyé, sans doute récompensé, surtout s'il a couvert sa délation d'un noble prétexte tel que son souci du bon renom du corps.

par ceux qui ne sont pas de la confrérie. Une administration veut former une sorte de conseil de Dix qui prend et exécute ses décisions à huis clos, qui impose ses mots d'ordre sur les hommes et les choses et qui jugerait d'un déplorable esprit de vouloir faire la lumière là où elle est importune. Du haut en bas de l'échelle, la consigne est : Pas d'histoire. L'administrateur est un umbratile qui parle avec dédain de la Tour d'ivoire du méditateur ou de l'artiste et qui, pourtant, affectionne, lui aussi, à sa façon, l'isolement de caste et met en pratique l'*Odi profanum*.

L'insincérité administrative est favorisée par l'excès de complication et de formalisme. Sur ce dernier point on peut lire dans Dickens la piquante description du Ministère des Circonlocutions.

Ce qui caractérise l'administrateur, c'est la disproportion entre l'effort et la tâche, la complication voulue. C'est aussi la rage d'introduire la diplomatie là où elle n'a rien à faire. Il est des administrateurs qui se croient obligés de déployer plus d'habileté qu'un Talleyrand ou un Metternich. Ils semblent avoir pris le contre-pied de la formule dans laquelle Leibnitz résume la sagesse divine : *Ita agunt ut minimus præstetur effectus maximo sumptu.*

Cette complication produit l'amour des administrateurs pour les spécialités et les compartiments. Habitué à tout ranger par casiers et étiquettes, l'administrateur se renferme lui-même dans l'alvéole administrative à laquelle il borne son univers. Beaucoup d'administrateurs ressemblent à ce vieux savant, spécialiste en bolides, dont parle quelque part M. A. France [1] et qui ne veut pas qu'on le « sorte de sa vitrine ».

L'Esprit Administratif rapetisse tout ce qu'il touche. On a vu de libres esprits, des savants désintéressés, des penseurs

---

1. Anatole France. *Le Lys Rouge.*

aux larges visions esthétiques, une fois devenus administrateurs, rétrécir progressivement leurs horizons intellectuels et évoluer vers un plus ou moins complet philistinisme. — Ce qui caractérise l'administrateur à ce point de vue, c'est l'absence du sens de la vie. L'habitude des compartiments et des petites conventions lui a enlevé le sentiment de la mouvance des choses. Son plat utilitarisme est expié par le châtiment inéluctable de tout utilitarisme : la perte de la haute signification de la vie dans ce qu'elle a de libre, de spontané et de sincère ; la méconnaissance de la voix mystérieuse qui crie à chaque individu : « Sois toi-même. Vis en liberté et en beauté ! » L'absence de vie est, suivant la remarque de M. Bergson, une source féconde d'effets comiques. Le formalisme administratif prête à rire par ce qu'il donne l'impression d'un arrêt dans la vie, d'une vie gênée et comprimée dans son libre essor. Il vérifie absolument la belle formule de M. Bergson[1] : *Le comique naît de l'insertion du mécanisme dans le libre mouvement de la vie*. « Chacun, dit M. Bergson, sait avec quelle facilité la verve comique s'exerce sur les actes sociaux à forme arrêtée. » Et ailleurs : « L'idée de régler administrativement la vie est plus répandue qu'on ne pense. On pourrait dire qu'elle nous livre la quintessence même du pédantisme, lequel n'est pas autre chose, au fond, que l'art prétendant en remontrer à la nature. »

La conséquence directe du formalisme est l'esprit de routine. L'opinion d'un chef sur un subordonné, une fois faite, ne change plus. On reste immuablement *persona grata* ou le contraire. On peut appliquer aux administrateurs le mot connu : « Ils n'oublient rien et ils n'apprennent rien. » Rien d'immuable non plus comme ces légendes administratives fabriquées de toutes pièces sur un fonctionnaire et qui ont été souvent soufflées au début par tel personnage ou tel

---

1. Bergson, *Le Rire*. (Paris, F. Alcan.)

groupe qui avait intérêt à le faire arriver ou au contraire à le paralyser définitivement. L'Individu, impuissant à modifier ces légendes routinières, en arrive, de guerre lasse, à s'y conformer et à les justifier, — absolument comme les boulevardiers connus à qui la légende prête telle attitude ou telle tête et qui sont contraints de la garder à perpétuité. On peut dire d'une administration ce qu'on a dit de la presse : « Quand elle tient son cliché sur un monsieur, il en a pour longtemps. »

C'est ainsi que dans une administration, on fera à tel individu la réputation d'être un distrait ou un négligent ; à un autre celle d'être un résigné, un timide, un faible. Cette dernière légende est de toutes la plus dangereuse pour l'individu. Malheur à qui l'endosse ! A l'individu timide, surtout s'il est sans protection, on infligera à l'occasion tous les dénis de justice. — Il n'est personne qui, sur la foi de la légende, ne se croira le droit de lui jeter la pierre ou de lui décocher le coup de pied de l'âne. — La réputation d'être timide a encore un autre inconvénient. L'individu auquel on l'a décernée en vient-il un jour à se révolter contre les vexations dont il est l'objet et à montrer les dents, cette attitude inattendue provoque un déchaînement de colères indignées. Haro sur l'hypocrite qui cachait son jeu ! Haro sur l'esclave assez osé pour se rebeller !

Un autre effet du formalisme administratif est de seconder l'horreur des administrateurs pour la responsabilité personnelle, horreur favorisée par l'habitude qu'ils ont de *se couvrir* les uns les autres à tous les degrés, de sorte que la responsabilité devient anonyme et défie toute sanction.

Au point de vue des idées morales, l'esprit administratif présente le même caractère d'étroitesse et de formalisme timoré. Nos administrations sont, plus encore que les autres fractions de la population, asservies à la morale du qu'en dira-t-on. Elles sont les tutrices patentées du moralisme bourgeois, en particulier de la despotique et hypocrite morale familiale bourgeoise avec ses conventions, ses interdictions et ses excommunications contre les non-conformistes.

Cela est surtout visible dans une administration qui, comme l'Université, dépend du public bourgeois dans lequel elle recrute sa clientèle. — Il faut alors veiller à ne pas froisser les préjugés bourgeois. Et comme le meilleur moyen de ne pas les froisser est de les exagérer, on se montrera encore plus *moral* que le public dont on recherche la faveur ; imitant en ceci les valets qui croient avantageux de singer et d'exagérer les travers et les ridicules de leurs maîtres.

L'influence des femmes d'administrateurs — qui sont souvent des types réussis de la *Dame* de Schopenhauer — ne peut que confirmer et renforcer ces traits de la mentalité administrative.

On sait combien la dame bourgeoise est formaliste et attachée à l'étiquette. — On sait aussi combien elle est autoritaire et conservatrice. La femme d'un administrateur est la plupart du temps infatuée du rang et de l'autorité de son mari. Elle le dépassera même à cet égard, surtout si elle appartient par sa naissance à une de ces familles administratives imbues de l'esprit de caste. Avec l'orgueilleuse Agrippine, elle se complaira à se souvenir qu'elle est :

> Fille, femme et mère de nos rois !

Elle prendra ombrage de toute trace d'irrespect, de fierté ou simplement d'indépendance chez les subordonnés de son mari. Elle aura, à cet égard, la mentalité de cette Mme Squeers, la femme du maître de pension de Dotheboys-Hall, dans *Nicolas Nickleby*, qui prend en grippe le jeune Nicolas, maître d'études de la pension, parce qu'il a un air de fierté peu en harmonie avec sa condition. « J'espère bien, dit-elle, que son séjour ici rabattra son orgueil, ou, du moins, ce ne sera pas ma faute [1]. »

Dans *Un Lycée sous la troisième République*, M. P. Verdun nous montre, par contre, dans la noble figure du proviseur Charlet, un administrateur qui, vivant sans famille et soustrait aux influences de l'égoïsme familial, exerce sa fonction avec le haut idéalisme vers lequel se trouve naturellement porté un homme de cœur. « La poursuite de son intérêt personnel, dit-il, ne le détournait pas de l'accomplissement de ses devoirs de proviseur et ne mettait pas obstacle au développement de ses grandes qualités [2]. »

On peut comprendre par ce qui précède ce que peut être l' « arrivisme » dans une administration.

L'arriviste sera celui qui réunira en sa faveur les influences népotiques, — cette brutalité et cette absence de scrupules qui font croire à la force et qu'on décore du nom de *caractère*; — enfin, cette dernière qualité si précieuse qu'on appelle vulgairement *roublardise* et que Carlyle nomme intelligence vulpine. Le fonctionnaire fera bien, s'il veut arriver, de suivre les cours de cette *école du succès*, que M. Max Nordau a décrite, avec tant d'humour, dans ses *Paradoxes sociologiques*[3]. Le fonctionnaire devra, surtout pour arriver, être médiocre ou s'efforcer de paraître tel. Car nulle part mieux que dans une administration ne se vérifie le dicton populaire allemand :

Es sind die schlesten Früchte nicht
Woran die Wespen nagen[4].

Nulle part non plus ne s'applique mieux le précepte :

---

1. Dickens, *Nicolas Nickleby*, ch. x. Administration économique de Dotheboys-Hall.
2. Verdun, *Un Lycée sous la troisième République*, p. 305.
3. Max Nordau, *Paradoxes sociologiques* (Paris, F. Alcan), p. 17.
4. Ce n'est pas aux plus mauvais fruits que les guêpes s'attaquent.

> Quand on est avec des bossus,
> Il faut l'être
> Ou le paraître.

Le sentiment des servitudes qu'impose l'arrivisme, la monotonie de la mentalité administrative, le sentiment de l'hypocrisie ambiante déterminent souvent chez le fonctionnaire cet ennui spécial que le docteur Tardieu a décrit sous le nom d'ennui du fonctionnaire. C'est l'ennui morne, compagnon de la morgue et de la peur. Le sentiment des mensonges ambiants est surtout puissant. Car une atmosphère de mensonge devient bientôt pour l'individu sain une atmosphère d'intolérabilité. « L'animal humain, dit le docteur Tardieu, nourrissant un désir immodéré de jouir, d'être libre, ne voulant avoir d'explication qu'avec son caprice, il est évident que les praticiens des professions sévères, à redingote glaciale, à soutane, à tenue haut cravatée, les embrigadés des carrières hiérarchisées, encombrées de chefs, grevées de formalismes, de réglementations où la part est énorme, faite à l'étiquette, à la discipline, à la parade, à la corvée, les pontifes de tout grade, de toute catégorie, éprouveront dans le tréfonds personnel et secret de leurs âmes, les protestations, les colères, les rages bouillonnées d'un ennui recuit et condensé... L'ennui de fonctionnaires et de ceux qu'on peut appeler les officiels est dénoncé par la négligence proverbiale que tous apportent dans leurs fonctions assommantes, par la jalousie féroce entre collègues qui se disputent l'échelon de l'avancement, par une haine spéciale et violente au delà du croyable contre le type qui est l'antithèse de l'embrigadé, du bourgeois confit dans son sacerdoce ; nous entendons nommer : le spéculatif, esprit serein qui se joue de la mascarade sociale [1]. »

Tels sont les principaux traits de la mentalité administrative. Ils nous permettent de voir en elle une incarnation par-

---

[1]. Tardieu. *L'Ennui*. Revue Philosophique, février 1900.

ticulièrement puissante de ce que Schopenhauer appelle le Vouloir-Vivre. Mais il s'agit ici d'un vouloir-vivre collectif dans lequel la personnalité individuelle est autant que possible annihilée. C'est un vouloir vivre impersonnel et anonyme condensé par des siècles de centralisation et de concentration sociale.

Ce vouloir-vivre est-il éclairé par un Idéal ? Une pensée supérieure et généreuse anime-t-elle ce mécanisme dont le seul moteur nous a paru jusqu'ici être l'égoïsme ?

Un personnage d'Ibsen, le pasteur Manders, dans les *Revenants*, plaint quelque part les fonctionnaires de la petite ville où il vit « parce qu'ils n'ont dans la vie qu'un emploi et non un idéal ». Cette absence d'idéal est, continue le pasteur Manders, la cause de leur incurable ennui et de leur déchéance. — Ce cas est-il celui de l'unanimité ou même de la majorité des fonctionnaires qui peuplent nos administrations ? Il serait injuste d'adopter ici une opinion trop pessimiste. — Le sentiment de l'idéal est si puissant dans certaines âmes, qu'il résiste à toutes les compressions extérieures et qu'il colore de sa lumière les plus plats et les plus monotones horizons. Mais de telles âmes sont rares.

M. O. Ammon abonde dans le sens optimiste. Pour lui le monde administratif et fonctionnaire constitue une élite pénétrée d'un haut idéalisme social. Voici les passages dans lesquels ce sociologue développe sa pensée. « La plupart des fonctionnaires qui ont reçu une culture universitaire pourraient très bien, s'ils se mettaient à l'école de la pratique, diriger les entreprises industrielles et commerciales et y gagner assez d'argent, beaucoup plus en tous cas que l'État ne leur en donne. Les traitements des plus hautes catégories de fonctionnaires sont si modiques que, sans fortune personnelle, ils ne permettent qu'un train de vie assez médiocre. Si les intéressés s'en contentent et ne recherchent pas les bénéfices dorés des affaires, c'est moins à cause des risques qu'à cause de la satisfaction intérieure plus vive qu'on éprouve à exercer une influence utile dans une situation officielle. C'est donc un idéalisme qui ne mérite nullement d'être stigmatisé du mot de « morgue de fonctionnaire » ou de « suffisance ». Le dévouement à la collectivité exige plutôt des dispositions altruistes, la poursuite des intérêts personnels des dispositions égoïstes ; tant que nous mettrons celles-là au-dessus de celle-ci, nous ne pourrons refuser à un fonctionnaire désintéressé une considération particulière. *C'est sur le principe idéaliste que repose la force de notre fonctionnarisme.* Sans cet idéalisme, l'État le plus riche ne pourrait pas fournir les hauts traitements nécessaires pour attirer des personnalités d'une telle valeur intellectuelle. Pour cette raison, le peuple allemand devrait être fier de son corps de fonctionnaires et ne pas souhaiter qu'il fût davantage « comme tout le monde » [1].

Il nous paraît d'un optimisme insoutenable de faire de nos fonctionnaires des idéalistes. Le propre de l'Esprit Administratif, c'est de comprimer et d'étouffer autant que possible l'Individualité. Or il n'y a point d'idéalisme sans un puissant sentiment de l'individualité.

L'esprit administratif a pour caractéristique le mépris des individualités. Pour lui, l'individu ne compte pas. La valeur individuelle n'est rien. Ce qui compte, c'est seulement le clan familial, politique ou mondain dont l'individu peut se réclamer.

Dans ces conditions, il en est de l'idéal administratif comme de l'idéal étatiste dont il n'est qu'une forme. Il est la négation de l'idéal individualiste, c'est-à-dire de celui qui place le mérite individuel et la liberté de l'esprit au premier rang des valeurs sociales.

Tout autre idéal rentre dans la catégorie de ceux dont Stirner a dit : « Un idéal est un pion. »

---

[1] O. Ammon, *L'Ordre Social et ses bases naturelles*, p. 206.

On peut dire d'une administration ce que Proudhon a dit de l'État : « Qu'il est de son essence de favoriser les plus intrigants et les plus médiocres » et l'on songe involontairement à l'ironique question que Vigny avouait sentir venir sur ses lèvres toutes les fois qu'il rencontrait un homme caparaçonné d'un Pouvoir : « *Comment va votre mensonge social ce matin ? Se soutient-il ?* » (Stello) [1].

. . . .

1. Cet article se terminait par quelques vues sur l'avenir du fonctionnarisme dans la société future. — Ces vues nous paraissant aujourd'hui utopiques, nous les supprimons ici.

III

L'ESPRIT DE PETITE VILLE[1]

L'étude de la petite ville peut offrir un certain intérêt aux personnes curieuses de psychologie sociale. Cet esprit présente un exemple frappant des influences oppressives qu'exerce sur un individu le milieu social où il évolue. — Autant que la profession[2] que nous exerçons, la ville que nous habitons influe à la longue sur notre tournure d'esprit et nous enveloppe d'une trame de petites fatalités sourdes qui oppriment et dépriment notre individualité.

La psychologie de la petite ville a été souvent faite. — Les moralistes et les romanciers se sont complu à rendre les tons grisaille de ces petits milieux sociaux inertes et stagnants, semblables à cet étang des corassins dont parle la petite Bolette dans *la Dame de la mer*[3] et où elle voit l'image de son existence captive et décolorée. — Tout le monde a présent à la mémoire le fameux passage de La Bruyère sur la petite ville « si séduisante de loin et qui paraît peinte sur le penchant de la colline... Je me récrie et je dis : quel plaisir de vivre sous ce beau ciel et dans ce séjour si délicieux. Je descends dans la ville où je n'ai pas couché deux nuits que je ressemble à ceux qui l'habitent; j'en veux sortir. » — On n'a pas oublié non plus la *petite ville allemande* de Kotzebüe,

---

1. *La Plume*, 1ᵉʳ novembre 1900.
2. Sur les influences professionnelles oppressives de l'individualité, voir l'*Esprit de corps*.
3. Ibsen, *La Dame de la mer*, acte III.

avec ses types de bourgeois et de bourgeoises infatués de la manie des titres. — M. Éd. Rod a donné dans son roman *l'Innocente* une peinture tragique de l'âme de la petite ville. « On se sent là, dit-il, dans un petit monde bien à part, qui doit avoir ses lois spéciales, sa gravitation particulière [1]. » On n'a pas oublié non plus *l'Orme du Mail* de M. A. France, cet orme de la promenade de petite ville qui domine tout le roman, comme le symbolique témoin des intrigues et des passions de la vie provinciale. — Dans son roman *l'Enlisement*, M. C. Vergniol a tracé un très vivant croquis de petite ville méridionale. — Citons également les esquisses de vie provinciale de M. Jean Breton intitulées : *A ma fenêtre* [2]. — Toutes ces études témoignent de l'intérêt de curiosité qui s'est attaché à la vie et à la mentalité de la petite ville.

Les villes où l'*Esprit de petite ville* se manifeste avec le plus d'intensité sont, semble-t-il, celles qui ont une population très stable. Au contraire, dans les villes où il y a un va-et-vient continuel d'arrivants et de partants, cet esprit se forme difficilement. — Là où la population est très sédentaire, toutes les familles de la ville se connaissent; elles suivent leur histoire depuis de nombreuses années. Tous les habitants sont intéressés par les faits et gestes du voisin. Ils ne se quittent guère du regard et soumettent le nouveau venu, dès qu'il se présente, au même contrôle inquisitorial.

Cette stabilité de la population entraîne comme conséquence une grande uniformité de mœurs, de manières de vivre, de juger et de sentir. — Entre gens vivant ensemble dans un cercle étroit, partageant les mêmes impressions et les mêmes préoccupations, habitués à se rencontrer chaque jour aux mêmes endroits et aux mêmes heures, il s'établit à la longue un conformisme mental à la formation duquel la suggestion n'est certainement pas étrangère. — Il y a des

---

1. Ed. Rod, *L'Innocente*, p. 20.
2. *Revue de Paris*, septembre 1897.

villes où l'on peut remarquer que les gens ont la même allure raide et compassée. — C'est là sans doute un phénomène d'imitation inconsciente auquel les nouveaux venus ont eux-mêmes peine à échapper. M. Max Nordau a noté ce phénomène de suggestion mutuelle qui agit, selon lui, avec une grande énergie même entre les habitants des grandes villes, en dépit de leurs différences ethniques. « C'est ainsi, dit ce sociologue, que les habitants des grandes villes acquièrent la même physionomie morale, quoique, en règle générale, ils aient les origines les plus diverses et appartiennent à une quantité de races. »

« Un Berlinois, un Parisien, un Londonien ont des propriétés psychiques qui les différencient de tous les individus étrangers à sa ville. Ces propriétés peuvent-elles avoir des racines organiques? Impossible : car la population de ces villes est un mélange des éléments ethniques les plus variés. Mais elle est sous l'influence des mêmes suggestions et montre pour cela nécessairement dans les actes et dans les pensées cette uniformité qui frappe tous les observateurs [1]. » Si la suggestion agit à tel point entre les habitants des grandes villes en dépit de leurs différences ethniques, combien à plus forte raison, doit-elle être puissante sur des gens qui appartiennent à la même race et qui mènent depuis de nombreuses générations le même genre de vie! Ainsi s'établit ce conformisme mental de la petite ville qui tend à effacer autant que possible les traits de l'individualité : « Le costume, la pédagogie, les mœurs concourent à faire des habitants d'une même ville un seul homme aussi voisin que possible de l'automate, incapable même de régresser vers l'anthropoïde ancestral [2]. »

Attachée à ce conformisme, la petite ville est résolument misonéiste. — Les habitants de la petite ville sont habitués à une lutte pour la vie moins âpre que celle des grandes

---

1. Max Nordau, *Paradoxes sociologiques*, p. 89. (Paris, F. Alcan.)
2. Laurent Tailhade, *Conférence sur l'ennemi du Peuple*, p. 16.

villes. — Ils sont heureux de cette tranquillité et regardent comme un péril tout élément nouveau susceptible de modifier les conditions de leur équilibre économique et social. Certaines petites villes poussent très loin cet esprit de misonéisme. — On en cite qui, au moment de la création d'une ligne de chemin de fer, ont refusé, par misonéisme, d'être comprises dans le tracé de la ligne nouvelle. — D'autres fois on a vu la petite ville, combinant le misonéisme et le souci des bonnes mœurs, refuser une garnison dans laquelle elle voyait un péril pour la vertu de ses femmes.

Ce misonéisme de la petite ville agit également dans les relations de la vie privée. Le nouvel arrivant dans la ville, s'il ne compte qu'y passer, attirera peu l'attention et n'excitera pas la défiance. — Mais s'il vient se fixer dans la ville, il doit se résigner à subir une période d'acclimatation pendant laquelle il se trouvera plus ou moins en butte à la défiance misonéiste de ses nouveaux concitoyens. — Peut-être convient-il de faire une exception pour le cas où le nouveau venu est fonctionnaire. Dans ce cas, il est catégorisé d'avance. — Dès qu'il arrive, on sait qui il est, et ce qu'il vient faire. — Officier, professeur, employé des Contributions ou de l'Enregistrement, il porte ostensiblement son étiquette sociale, ou, comme on dit dans la *Petite ville allemande* de Kotzebue, son *titre*. — Aussi suscite-t-il peu de défiance.

Mais s'agit-il d'un individu qui vient s'installer dans la petite ville sans porter la rassurante étiquette du fonctionnaire, les défiances se soulèvent autour de lui, les curiosités s'exaspèrent comme autour d'un être énigmatique et inquiétant.

Cette inquiétude de la petite ville ne cesse que quand elle tient la formule sociale du nouveau venu, quand elle sait qui il est, d'où il vient, ce qu'il vient faire. — Qu'on se rappelle dans la *Conquête de Plassans* la rage de curiosité des habitants qui veulent à tout prix savoir pourquoi l'abbé Faujas a quitté Besançon.

Pour mettre complètement la main sur le nouveau venu, la petite ville n'aura pas de cesse qu'elle ne l'ait catégorisé socialement, qu'elle ne lui ait assigné une place définie dans l'organisme compliqué des castes, des coteries, des partis de tout genre qui se disputent l'influence.

Qu'on se rappelle ici le trait noté par La Bruyère. — La petite ville est l'endroit du monde où fleurissent dans leur plus exquise beauté les distinctions et les hiérarchies sociales. — « Il est une chose, dit-il, qu'on n'a point vue sous le ciel et que selon toute apparence on ne verra jamais. C'est une petite ville qui n'est divisée par aucun parti et où la querelle des rangs ne se réveille pas à tous moments[1]. » — C'est d'après ces distinctions minutieuses que le nouveau venu sera catégorisé. — Suivant sa profession, sa situation de fortune, ses relations, suivant ce qu'il pense ou est censé penser en matière religieuse ou politique, il sera rangé bon gré, mal gré, dans tel ou tel clan. La petite ville, comme toute collectivité, a en défiance l'isolé, l'individu qui n'est pas dûment catégorisé et étiqueté.

Pour s'assimiler complètement à la société de la petite ville, le nouveau venu devra donc prendre parti dans les querelles locales. — Il devra être Guelfe ou Gibelin, Montaigu ou Capulet. — Il devra surtout avoir le sens des hiérarchies sociales et « tenir son rang ». Il apprendra à mesurer l'amplitude de ses coups de chapeau au rang social de la personne qu'il salue et à établir des degrés dans la cordialité de sa poignée de main suivant l'état de fortune des gens à qui il a affaire.

Le misonéisme de la petite ville est parfois impitoyable. — Nulle part il n'a été décrit d'une manière plus saisissante que dans le roman de M. Rod, *l'Innocente*. — Quelle est, en effet la cause pour laquelle la petite ville que décrit M. Rod

---

1. La Bruyère, *De la Société et de la Conversation*.

s'acharne sur la touchante et douloureuse héroïne de cette histoire, sinon le charme exotique de cette jeune femme qui tranche trop sur le milieu bourgeois, revêche et ratatiné dans lequel elle est tombée? Et l'auteur explique admirablement le déterminisme social en vertu duquel, dans ce milieu laborieux et vertueux, mais ombrageux et malveillant, son héroïne devait avoir le sort « d'un oiseau du Paradis tombé dans une ruche et dévoré par l'essaim ». — M. Rod nous la montre poursuivie par cette haine de petite ville, atteinte dans sa réputation, dans ses amitiés, dans son fils, et succombant à la fin, victime d'une de ces rancunes collectives cent fois plus tenaces et plus implacables que les rancunes individuelles, mais qui trouvent plus facilement grâce devant les moralistes officiels habitués à respecter la décision du nombre et à donner toujours raison au groupe, quel qu'il soit, et quoi qu'il vaille, contre l'individu.

Si la petite ville exagère souvent sa défiance à l'égard de l'étranger, elle est portée plus encore à exagérer la bonne opinion qu'elle a d'elle-même. — On appelle esprit de clocher ce patriotisme local qui est souvent très chatouilleux. Schopenhauer remarque quelque part[1] très finement que beaucoup d'hommes, en l'absence de qualités individuelles dont ils puissent être fiers, sont portés à s'enorgueillir de la collectivité dont ils font partie. Cet « orgueil à bon marché », suivant l'expression de Schopenhauer, est un sentiment très répandu. — C'est ainsi que la petite ville est très fière de ses gloires locales, de son passé historique, de ses avantages climatériques, etc. — En revanche, elle dissimulera ses tares et ses laideurs. Cet esprit de corps des habitants d'une petite ville a été décrit d'une façon magistrale par Ibsen dans son drame *Un ennemi du Peuple*, où l'on voit les habitants d'une petite ville norvégienne organiser la conspiration du silence

---

1. Schopenhauer, *Aphorismes sur la sagesse dans la vie* (Paris, F. Alcan), p. 75.

pour taire le secret (la contamination des eaux) qui, divulgué, compromettrait la prospérité de l'établissement balnéaire.

Il y a dans la petite ville des mots d'ordre utiles à l'égoïsme collectif et auxquels l'individu doit se conformer, sous peine d'encourir les représailles de la société. Ces mots d'ordre sont d'autant plus impérieux que l'opinion publique ou, comme dit Ibsen, l'opinion de la « majorité compacte » est une puissance plus tyrannique dans la petite ville que partout ailleurs. Beaucoup de gens y passent leur vie dans une préoccupation continuelle du qu'en-dira-t-on. M. Rod a aussi noté en traits vigoureux[1] cette omnipotence de l'opinion de petite ville qui paralyse toutes les générosités, tous les sentiments spontanés et naturels. — Ajoutons que fréquemment l'opinion publique porte des jugements assez différents sur les personnes et les événements. — Cette variété des jugements de l'opinion s'explique par la différence des catégories sociales. C'est ainsi que dans le *Mannequin d'osier* on voit toutes les dames de la bourgeoisie soutenir opiniâtrement l'innocence de Mme Bergeret, parce que cette dame est de leur « société », tandis que les autres parties de la population sont de l'avis contraire.

Si l'on examine d'un peu près la morale de petite ville, on voit de suite que l'esprit dont elle s'inspire est avant tout l'esprit de *caste* ou mieux l'esprit de *classe*. — La morale de petite ville est la tutrice des distinctions sociales. Elle aime à conserver les privilèges de rang et à consacrer les supériorités sociales. Elle a le respect des « gens influents », de ces « animaux nuisibles », comme les appelle Ibsen, qui font « du mal partout comme des chèvres dans une plantation de jeunes arbres[2] ». — La morale de petite ville n'est jamais plus sévère que quand il s'agit de châtier un scandale susceptible d'entamer la respectabilité des classes dirigeantes. Cet esprit conservateur explique la grande influence qu'ont dans la vie

---

1. V. Éd. Rod, *L'Innocente*.
2. Ibsen, *Un Ennemi du peuple*. Acte IV.

de la petite ville la femme et le prêtre, ces deux classes conservatrices par excellence, comme les appelle Schopenhauer[1].

C'est à cause de ce prestige des classes dirigeantes, que la petite ville est la terre bénie du snobisme — du snobisme provincial — dans son étalage de morgue et d'infatuation nobiliaire et bourgeoise. Nulle part mieux que dans la petite ville, le *snob* ne récolte les fruits des efforts qu'il déploie en vue de la pose et de l'effet à produire. La Bruyère remarquait déjà que souvent, dans la grande ville, on dépense en pure perte les efforts qu'on fait pour « paraître ». Car on passe inaperçu. « L'on ne sait point, dit-il, dans l'Ile, qu'André brille au Marais et qu'il y dissipe son patrimoine : du moins s'il était connu dans toute la ville, il serait difficile qu'entre un si grand nombre de citoyens, il ne s'en trouvât quelqu'un qui dirait de lui : « il est magnifique » et qui lui tiendrait compte des régals qu'il fait à Xante et à Ariston et des fêtes qu'il donne à Elamire ; mais il se ruine obscurément. » Au contraire le snob de petite ville recueille tout le bénéfice de son snobisme. Il perçoit en vanité l'équivalent de sa dépense. Un habit nouveau de forme élégante, un cheval nouveau qu'il fait parader sur le cours, un cotillon qu'il a conduit chez une dame en vue de « la société », attirent au snob de petite ville l'admiration attentive de ses concitoyens et lui réservent des trésors de jouissances insoupçonnées.

Nous ferons une dernière observation à propos de la morale de petite ville. Dans les villes où deux clans religieux se trouvent en présence (catholiques et protestants par exemple), la morale de petite ville devient encore plus ombrageuse et plus implacable. Chaque clan craint les critiques du clan adverse et exerce sur la conduite de ses membres un plus rigoureux contrôle. Il résulte de cette situation un double espionnage

---

1. Voir dans la *Conquête de Plassans* le rôle considérable que jouent le prêtre et la dame bourgeoise, — la *dame de Schopenhauer*, — dans les intrigues de la petite ville.

social de tous les instants : espionnage à la Loyola et espionnage à la Calvin.

On voit par l'analyse qui précède quels sont les principaux éléments dont se compose l'esprit de petite ville : intérêt et amour-propre, défiance à l'égard de l'étranger, esprit de corps qui porte les habitants à se serrer les coudes et à défendre leur groupement contre les menaces extérieures. L'esprit de petite ville nous apparaît ainsi comme l'une des formes les plus caractéristiques de l'égoïsme de groupe ou de l'esprit grégaire. — Tel que nous avons essayé de le décrire, cet esprit exerce une influence tyrannique que M. Vergniol a bien mis en lumière dans son roman *l'Enlisement*. — Ce roman est l'histoire d'un jeune fonctionnaire de l'Enregistrement qui vient s'installer dans une petite ville du Midi. — Ce fonctionnaire se trouve être par hasard un poète qui arrive dans la petite ville, la tête pleine de jolis rêves qu'il voudrait transformer en beaux vers. — Hélas! le jeune poète a compté sans l'influence assoupissante de la petite ville, sans son prosaïsme dans lequel il finit par s'embourgeoiser et par s'enliser sans retour.

On voit assez combien les influences de la petite ville sont oppressives de l'individualité. Dans une grande ville, la multiplicité des relations, la vie affairée, la diversité mouvante de la vie sociale, la variété des types sociaux coudoyés au hasard des rencontres de la rue, tout cela sert de stimulant à la mentalité de l'individu. La diversité des impressions extérieures, l'intense différenciation sociale [1] procurent à l'individu cette sorte de libération intellectuelle que produisent aussi les voyages. Elles l'arrachent aux dogmatismes étroits et font germer en lui cet esprit de scepticisme, d'ironie et de blague qu'on voit se développer si aisément dans les grandes villes telles que Paris ou Berlin, par exemple. — Au contraire, faute

---

1. Sur ce point voir Simmel, *Uber soziale Differenzierung*.

de différenciation et de complication sociales suffisantes, l'habitant de la petite ville reste confiné dans les mêmes horizons, il demeure immuablement l'*homo unius societatis,* il ne vit que par sa petite caste qui lui impose tyranniquement ses tristes dogmatismes.

De là l'ennui proverbial de la petite ville. Le docteur Tardieu, analysant *l'ennui au village,* s'exprime ainsi : « Les saisons, les journées, les heures, se ressemblent, défilent, enveloppées d'un même voile gris. Dans la grande ville, les saisons ne sont pas seulement des phénomènes météorologiques, des modifications prévues dans la coloration du ciel et l'aspect des arbres ; chacune a une physionomie urbaine ornementée de traits particuliers : théâtres qui s'ouvrent, modes nouvelles, étalages tournants des magasins, cérémonies mondaines, expositions, etc. La journée est un panorama ; diversifiée et bigarrée à plaisir, elle a ses acteurs désignés qui paradent à des endroits convenus ; chaque heure produit son événement, lance son pétard. Mais le village ou la petite ville, d'un bout à l'autre de l'année, dort son sommeil que rien ne trouble, se recroqueville sous un ennui uniforme des quatre saisons[1]. »

On voit assez quel est le rôle de la mentalité de la petite ville dans l'évolution sociale actuelle. D'après M. Tarde, la petite ville représente la *coutume* immobile par opposition à la *mode* mouvante et cosmopolite représentée par les grandes villes et les capitales[2]. Ces dernières villes représentent aussi, d'après le même sociologue, une sorte d'aristocratie dirigeante et jouent à l'égard des petits centres le rôle d'institutrices et d'éducatrices. N'oublions pas toutefois la résistance que la petite ville oppose aux influences extérieures. Elle redoute le mouvement et le changement. Et l'esprit public qui y règne ne peut être mieux symbolisé, suivant la remarque du comte

1. Dr E. Tardieu, *L'Ennui,* étude psychologique. (Paris, F. Alcan.)
2. Tarde, *Les Lois de l'Imitation,* p. 247. (Paris, F. Alcan.)

Prozor³, que par l'inscription : *Au Pas*, qui se lit dans certaines vieilles villes, aux abords des anciens monuments.

L'esprit de petite ville est conservateur des préjugés et dogmatismes sociaux. Au contraire, l'atmosphère des grandes cités est libératrice. Un sociologue allemand, étudiant le rôle social des grandes cités commerçantes de l'Italie et du Rhin au début de l'époque moderne, a pu dire de l'air des grandes villes qui rendait les hommes libres : *Städtische Luft macht frei*¹.

Les grandes cités industrielles, les grands centres manufacturiers sont des « fabriques d'irrespect », des foyers d'émancipation individuelle et d'idées égalitaires. Le voyageur qui traverse la nuit les régions industrielles du nord de la France de la Belgique, de l'Angleterre ou de l'Allemagne, et qui voit flamboyer au loin dans toutes les directions de l'horizon les incendies des hauts fourneaux, reçoit une étrange impression. Il lui semble que dans cette atmosphère lourde et chargée de fumée flottent je ne sais quels germes vivants de liberté, et il croit voir dans ces villes le creuset ardent où bouillonne la rémissante lave humaine, d'où sortira le pur métal des humanités de demain.

1. Comte Prozor. Notice sur *les Revenants*, d'Ibsen.

IV

L'ESPRIT DE FAMILLE ET LA MORALE FAMILIALE [1]

Parmi les formes de Solidarité susceptibles de devenir un péril pour la libre expansion de l'Individu, la Solidarité familiale ou Esprit de Famille apparaît comme une des plus menaçantes.

Pour comprendre la puissance de l'Esprit de Famille dans la bourgeoisie contemporaine, il est indispensable de retracer brièvement la généalogie de notre morale matrimoniale et familiale actuelle.

Les racines de cette morale sont au nombre de trois. L'une est religieuse; l'autre physiologique et médicale; la troisième est économique et sociale.

La racine religieuse est la plus ancienne, mais la moins vivace aujourd'hui. Elle n'est autre que la consécration de l'amour par le sacrement du mariage. — On sait que chez saint Paul le mariage est présenté — non sans dédain — comme une concession à la sensualité charnelle. Mais de bonne heure l'Église idéalisa le mariage et substitua à la conception un peu grossière de l'apôtre juif la musique d'alcôve du Cantique des Cantiques. Aujourd'hui encore, en dépit de l'éclipse du sentiment religieux, le mariage à l'autel garde son ascendant sur la sensibilité et l'imagination de la femme.

Toutefois l'élément religieux fut moins actif qu'on ne pourrait le croire. Il n'a jamais contrarié que d'une façon précaire

---

[1]. *Revue Socialiste*, octobre 1901.

le vœu de la nature qui est la pleine liberté des relations sexuelles. On sait que dans l'Église du moyen âge la discipline sexuelle fut, dans la pratique, peu rude. La littérature de cette époque témoigne d'une grande liberté de mœurs.

Mais ici entre en scène le second élément qui favorisa la formation de notre morale sexuelle. — Ce point est délicat. M. Rémy de Gourmont l'a traité en quelques pages suggestives [1]. Il s'agit du fait qui se produisit à la fin du xve siècle. Le souffle impur venu d'Amérique empoisonna en Europe la fleur d'amour. La défiance sexuelle fit ce que n'avait pu faire la discipline religieuse et la Peur fut, une fois de plus, mère de la Morale. Le mariage fut remis en honneur pour un temps, après avoir été pendant trois siècles (du xie au xive) un objet de dérision.

L'habitude du danger émousse la peur. Le xviiie siècle vit renaître cette aisance des relations sexuelles qui avait prévalu au moyen age. De plus en plus, jusqu'à la Révolution, la morale matrimoniale et familiale se relâcha. Ici intervient le troisième élément que nous avons fait entrer en ligne. C'est le facteur économique.

La Révolution a bouleversé toutes les conditions de propriété et de famille. La famille ancienne, fondée sur le droit d'aînésse, s'écroule. — Sur quelles bases se reconstitueront la propriété, la famille, l'aristocratie dirigeante ?

La bourgeoisie qui aspire au pouvoir remarque que de tout temps une forte organisation de la famille a été un puissant moyen de domination économique. C'est ce qui fait que dans les civilisations primitives, le mariage a été, comme la propriété, un privilège. A Rome, la *Confarreatio*, le *justum matrimonium* n'était d'usage qu'entre patriciens possesseurs du sol de la patrie.

En France, sous le régime du Droit d'Aînesse, les cadets

---

[1]. Rémy de Gourmont, *La Culture des Idées*, p. 227 et sqq.

de la famille pouvaient sans inconvénient ne pas se marier. Cela n'empêchait pas la transmission de l'indivise et inaliénable propriété familiale. Mais dans les conditions nouvelles, il était indispensable de trouver un remède au danger que présentait l'éparpillement des fortunes avec le régime de l'égalité du partage. « L'égalité du partage, dit Proudhon, a détruit le temple de la famille ; il n'y a plus de Dieux Pénates[1]. » — Le remède cherché ne peut consister que dans une forte cohésion de la famille bourgeoise, une étroite solidarité économique et morale de tous ses membres, un Esprit de famille énergique et actif qui leur fera une loi de ne pas se désintéresser de la prospérité familiale et d'y contribuer, s'ils le peuvent, en contractant des alliances avantageuses. « Avec l'égalité de partage, dit encore Proudhon, tous les enfants sont appelés à la conservation du patrimoine, à la perpétuité de la famille[2]. »

Cet Esprit de famille va favoriser dans la bourgeoisie l'Esprit de caste. Car les familles riches ont intérêt à s'allier et à reconstituer à leur profit une féodalité économique.

Le facteur économique est, dans la morale familiale bourgeoise, au XIXe siècle, le facteur essentiel. La famille est la pierre angulaire de l'édifice social qu'il s'agit de fonder : une classe bourgeoise possédante et dirigeante. La solidarité familiale n'est qu'un moyen en vue d'assurer la solidarité de classe et la morale familiale n'est qu'un aspect de la Morale de Classe.

Un égoïsme de groupe, une commune volonté de conquête économique et de prestige social, un orgueil de classe et de caste, voilà ce qu'est, dans la bourgeoisie du XIXe siècle, l'Esprit de Famille.

Tout égoïsme de groupe tend à s'ériger en Dogme moral.

---

1. Proudhon, *Système des Contradictions économiques*, tome II, p. 233.
2. *Id., id.*, livre II, chap. XI.

La Famille bourgeoise, — assise première de la classe bourgeoise, — n'y a pas manqué.

L'idée de Famille est devenue le dogme central de la Morale bourgeoise, l'idée sacro-sainte à laquelle on ne touche pas impunément. — Naturellement la Morale officielle a laissé dans l'ombre le vrai motif : le motif économique. Elle a mis en avant d'autres motifs plus nobles, d'ordre idéal et sentimental. Cela n'a d'ailleurs pas d'importance. Rien n'est plus indifférent que les raisons invoquées par l'Instinct Vital des groupes pour étançonner ses exigences. Celles-ci sont toujours sûres de triompher, par cela seul qu'elles sont un Impératif d'Utilité vitale.

La famille bourgeoise s'est donc érigée en Morale, en Religion.

Et comme toute Religion, la Famille bourgeoise a ses dogmes, ses rites, ses pontifes, ses martyrs et ses excommuniés.

Les Dogmes de la Religion familiale sont aussi despotiques que ceux de n'importe quelle autre religion. Le premier de ces dogmes est la croyance obligatoire à la dignité sociale supérieure des gens mariés. — Rien d'amusant dans la classe bourgeoise comme la conviction où sont beaucoup de gens mariés, qu'ils exercent une mission sociale, un sacerdoce, qu'ils sont des piliers de la société. — Il semble qu'on leur doive, pour s'être mariés, reconnaissance et respect. Chez les jeunes mariés des classes supérieures de la bourgeoisie et notamment dans les classes dites libérales, on voit très vite percer le sentiment naïf de leur dignité sociale accrue et la conviction plaisante d'être socialement montés en grade. Le sentiment avec lequel « la société » voit un mariage se faire est instructif. C'est un attendrissement sur le bonheur des jeunes époux, une félicitation universelle. La société se penche maternellement sur le jeune couple et semble lui dire : « Maintenant tu es à moi. Je te prends sous ma protection. » — Tout au plus se mêle-t-il à ce sentiment une nuance d'élogieuse commisération pour le jeune marié, qui vient d'abdiquer sa situation privilégiée de célibataire. — Il ne sera plus maintenant le point de mire des jeunes filles à marier et des matrones en quête de gendre, le danseur disputé et indifférent qui parade dans les salons. La société lui doit bien une compensation pour un tel sacrifice.

Un autre dogme familial bourgeois est ce qu'on pourrait appeler l'optimisme familial et conjugal, c'est-à-dire la croyance, professée au moins en paroles, que l'immense majorité des ménages bourgeois sont corrects et heureux. Le dogme de la fidélité convenue des épouses est ici un point particulièrement délicat et sur lequel les gens bien pensants et confits en bonne morale bourgeoise ne permettent pas qu'on élève le moindre doute.

Ces dogmes constituent l'Évangile familial bourgeois. Il faut que sur ces points le conformisme moral soit impeccable. Si l'on n'y croit pas, il faut faire semblant d'y croire. L'Esprit de corps des gens mariés intervient ici. Car les gens mariés tiennent ferme ensemble et maintiennent le bon renom du corps. Ils ont un honneur spécial, particulièrement chatouilleux et qui ne doit être effleuré d'aucun soupçon irrévérencieux.

Les Rites de la Religion familiale bourgeoise sont minutieux. Ils tendent tous à renforcer le sentiment de respectabilité supérieure dont veulent s'entourer les gens mariés. Visites, réceptions mondaines, « jour » des dames, code compliqué et exigeant des usages mondains, tout vise ce but unique.

C'est ici qu'apparaissent les Pontifes de la Religion matrimoniale bourgeoise. — A tout seigneur, tout honneur. Commençons par la grande Prêtresse du mariage bourgeois moderne : la Dame, la souveraine, terrible, omnipotente et comique « Dame » de Schopenhauer. Il serait téméraire de refaire après ce philosophe le portrait de la Dame. La Dame est la matrone européenne moderne, la gardienne du protocole bourgeois, la dispensatrice souveraine des faveurs et des ostracismes, la reine de l'opinion dans les cercles bourgeois. Son pouvoir, souvent occulte, n'en est que plus sûr. Qu'on se rappelle dans la *Conquête de Plassans* la despotique figure de Félicité Rougon, dans *Drames de Famille* de Bourget l'impérieuse madame Le Prieux dont le luxe et l'influence mondaine sont faits du labeur écrasant et sans répit d'un mari domestiqué. — Insidieuse ou tyrannique, la Dame règne. La Dame patronne des œuvres, combine des mariages, préside des associations, prononce les verdicts mondains, donne les mots d'ordre à suivre. Plus d'une fois, c'est la colonelle qui décide de l'avancement des officiers de son mari, c'est la proviseuse qui décide des notes des professeurs.

La Dame est représentative d'une Morale, d'un ordre social tout entier.

Pour jouer ce rôle de puissance sociale, il faut un décorum intangible. La Dame devra représenter officiellement cet honneur du sexe sans lequel c'en serait fait du mariage. — Schopenhauer l'a très bien expliqué. « Le sexe féminin, dit-il, réclame et attend du sexe masculin absolument tout, tout ce qu'il désire et tout ce qui lui est nécessaire ; le sexe masculin ne demande à l'autre, avant tout et directement, qu'une unique chose : l'observance de la clause essentielle du contrat : la fidélité [1]. » La Dame incarne officiellement la loyauté du contrat conjugal. Telle est, dans *l'Anneau d'Améthyste*, cette imposante madame Dutilleul « veuve impérissable de quatre maris, femme terrible, soupçonnée de tout, hors d'avoir aimé, partant honorée ».

Les membres de ce matriarcat moderne ont entre elles un esprit de corps très actif qui renforce l'esprit de corps des

---

[1]. Schopenhauer, *Aphorismes sur la Sagesse dans la Vie* (Paris, F. Alcan), p. 87.

gens mariés et agit dans le même sens. Il s'agit de maintenir les droits du sexe, les codes et usages mondains qui les consacrent, de mal noter les dissidents ou les frondeurs.

Les femmes se comprennent entre elles à demi-mot ; elles ont des intérêts, des sentiments très délicats qui nous échappent, de subtils instincts de despotisme servis par d'admirables qualités d'astuce. Les femmes mettent en commun ces trésors ; elles forment une société secrète, avec des mots d'ordre et des signes maçonniques. Une femme qui a écrit une psychologie de la Femme comme seule une femme pouvait l'écrire, madame Laura Marholm dit à ce sujet : « Les femmes ont une façon de se parler et de lire dans l'âme les unes des autres ; jamais homme ne sera capable d'y lire de la même manière. Une femme converse avec une autre, la dévisage d'un regard maçonnique ; elle lit dans son cœur comme en caractères crytographiques l'histoire de son propre cœur et de sa propre vie. Et cette cryptographie est également intelligible aux ignorantes et aux savantes, aux intelligentes et aux sottes ; et toutes y parlent un langage à part, un langage devant lequel les plus intelligents d'entre les hommes aussi bien que les plus bêtes gardent la même tête ahurie [1]. »

Socialement, la Dame est hostile à tout ce qui tendrait à un bouleversement dans l'échelle conventionnelle des valeurs. — Elle défend la convention ; car elle ne règne que par elle. Paul Adam a noté ce trait très finement. « Tous les hommes supérieurs, dit-il, seront écrasés, si la femme juge, par les hommes décoratifs. Renan et Anatole France ne commencent d'exister que le jour où il est bien porté de les avoir à dîner... Or, c'est l'influence féminine qui, dans la plupart des ménages, règle le train de vie, non en vertu de décisions personnelles, mais en vertu d'un code impérieux fait par toutes les femmes

---

[1]. Laura Marholm, *Zur Psychologie der Frau*, p. 23 (Berlin 1897).

en général et que chacune à l'air de subir et de désapprouver en particulier... ¹ » Cette influence perdure à travers les générations bourgeoises. La Dame veille à ce que se perpétuent les mariages de convenance et de vanité, « pour que les jeunes ménages recommencent la même vie idiote et transmettent à leurs enfants ce trésor de préjugés nationaux... ² ».

Ce règne de la Dame, ce matriarcat moderne comporte tout un système de gouvernement, avec un personnel intéressé et dévoué à son maintien. Tous ceux qu'on appelle les supériorités sociales, tous ceux qui disposent de l'influence, l'administrateur, le fonctionnaire, le prêtre ou le pasteur, le médecin bien pensant, etc., sont les paroissiens de la Religion du Monde, les caudataires désignés de la Dame. Qu'on se rappelle dans la *Conquête de Plassans* l'abbé Faujas et le salon de Félicité Rougon, dans *Père*, de Strindberg, le médecin qui exécute les volontés de Laure et fait ligotter le capitaine. Signalons aussi, parmi les comparses de cette comédie, le mari domestiqué qui fait parade de son servage conjugal et qui se montre plus intransigeant que n'importe qui sur les privilèges de sa despotique moitié.

Passons aux Excommuniés de la Religion matrimoniale. — Il serait peut-être excessif de citer parmi eux le célibataire, bien qu'il soit parfois traité en suspect. On sait les comiques projets d'impôt sur le célibat qu'élaborent périodiquement de bons citoyens. Dans les petits milieux, en particulier dans les cercles qui se piquent de donner le ton en morale, l'intolérance des gens mariés jette un certain discrédit sur l'homme qui se refuse jusqu'au bout au rôle d'étalon béni par l'Église et primé par le Code. On fait semblant alors de le regarder comme une exception et on cherche, avec une feinte commisération, des excuses à son éloignement pour le mariage.

1. Paul Adam, *La Dame et l'Avenir.* (*Journal* du 27 novembre 1899.)
2. Paul Adam. *Loc. cit.*

Le cas est autre pour la vieille fille. On ne peut parler ici de défaveur sociale. Et pourtant la vieille fille n'aspirera pas à la considération dont on entoure la Dame. — C'est que la vieille fille représente une destinée manquée. L'esprit de corps des femmes a intérêt à ce qu'il n'y ait pas trop de filles restées pour compte sur le marché du mariage ; car cela déprécierait le sexe. La femme qui n'a pu trouver un mari, bien qu'il n'y ait pas de sa faute, a failli à la vocation de son sexe et constitue un exemple fâcheux.

Mais voici maintenant les excommunications majeures. Excommuniée avant tous, la jeune fille qu'on sait s'être donnée en dehors du mariage, celle qu'on appelle d'un terme odieux la fille-mère. N'a-t-elle pas trahi son sexe tout entier ? N'est-elle pas un outrage intolérable à ce modèle de toutes les bienséances et de toutes les vertus : la Dame ? n'est-elle pas à juste titre notée d'infamie[1] ?

Excommuniés aussi le divorcé et la divorcée, ces apostats de la Religion matrimoniale. Les raisons de cette excommunication ont été trop bien déduites par d'autres pour qu'il soit utile de les rappeler. Il n'est pas un penseur de nos jours, depuis Max Nordau jusqu'aux frères Margueritte[2], qui n'ait percé à jour le mensonge social du discrédit jeté sur les divorcés.

Terminons par l'excommunication classique, celle qui frappe le mari trompé, le légendaire Sganarelle. Cette excommunication revêt une forme spéciale : le ridicule. Mais cela ne change rien à son caractère. Le ridicule est une brimade sociale ; il est un correctif, un remède anticipé, une vindicte préventive qui châtie les actes désagréables ou nuisibles au

---

1. L'enfant naturel est tout de suite un paria. Qu'on se rappelle le début de *Jack* de Daudet. La mère du petit Jack présente son fils au supérieur d'une pension bien pensante et fréquentée par les enfants de la riche bourgeoisie. — Le supérieur fait entendre à la mère avec une politesse mielleuse et toute ecclésiastique que le petit Jack ne peut être admis dans son établissement.

2. Paul et Victor Margueritte. Brochure sur le Divorce.

groupe. Pour le comprendre, il faut faire intervenir ici l'esprit de corps des gens mariés et l'esprit de corps des femmes.

Les gens mariés en veulent à Sganarelle de déparer la corporation, d'en diminuer le prestige. En le montrant au doigt, il faut croire qu'il est une exception parmi l'unanimité des ménages corrects et décents. Plus d'un mari qui se sait à n'en pas douter le confrère de Sganarelle crie plus fort que les autres. Tel un voleur, sur le point d'être reconnu, crie lui-même : Au voleur !

Le cas de Sganarelle est dangereux pour l'institution du mariage. Paul Adam l'a très bien expliqué : « Si Sganarelle, coupant dans le pont de l'honneur du mari, fait du bruit, réclame le divorce, le voilà honni par tous. Les gamins lui font des cornes ; les vaudevillistes le bernent sur tous les tréteaux. Quant à l'épouse, elle obtient la sympathie de la galerie, les déclamations du dramaturge..., etc. » — « Sganarelle, continue M. Paul Adam, veut bien rire aussi, puisque tout le monde se plait à la farce. Seulement les jeunes célibataires profitent de la leçon ; ils négligent d'encourir un risque inutile [1]. »

Voici le point précis où Sganarelle commence à devenir un être scandaleux et antisocial. Ce qu'on lui reproche au fond, ce n'est pas sa mésaventure ; c'est de l'avoir divulguée ; c'est de n'avoir pas imité le silence décent de tant d'autres. On voit le caractère préventif que prend le Ridicule jeté sur Sganarelle. Cela lui apprendra désormais à se tenir coi, à être un mari docile, souple et correct. Dans la pièce de Strindberg, on voit Laure menacer très carrément de cet épouvantail le capitaine révolté : « Songe à ce que tu vas faire, gare au ridicule qui vous guette en pareil cas. » Et le capitaine répond : « C'est vrai ; j'aurai le rôle comique tandis que tu seras, toi, l'héroïne sympathique... Ah ! voilà pourquoi toute lutte avec vous est impossible. »

1. Paul Adam, *Le Divorce*. (*Journal* du 1ᵉʳ décembre 1899.)

Sganarelle froisse autrement encore l'esprit de corps des femmes. Un des articles de foi de la Religion de la Dame est la croyance à l'impeccable éducation des jeunes filles. Cette éducation doit être un sûr garant pour le mari. Toutes les jeunes filles sont pour le moins remarquablement, admirablement, supérieurement élevées. Le cas de Sganarelle laisserait supposer le contraire. Cela ne peut être toléré. Voilà pourquoi Sganarelle a toujours tort; voilà pourquoi le clan des bonnes dames, comme un chœur de pies-grièches, ne se fait pas faute de le déchirer à coups de becs.

A l'esprit de corps des gens mariés et à l'esprit de corps des femmes, d'autres influences sociales s'ajoutent pour renforcer le préjugé contre Sganarelle. Ce sont celles qui tiennent au milieu et au cercle professionnel. Il est à remarquer que la vindicte sociale contre Sganarelle est surtout intense dans les petits milieux à mentalité conservatrice et ratatinée, dans les petites villes, dans les petites bourgeoisies collet-monté, dans les administrations de fonctionnaires.

Dans ces dernières, il est de tradition de regarder Sganarelle comme un homme fini, comme un homme qui a fait son temps. Qu'on se rappelle dans *Anna Karénine* l'attitude que les collègues du comte Alexis prennent à son égard, le vide qui se fait autour de lui, le souci qu'on prend d'accentuer sa démonétisation administrative. « Alexis Alexandrovitch, en même temps qu'il avait été abandonné par sa femme, s'était trouvé dans la situation pénible pour un fonctionnaire de voir s'arrêter la marche ascendante de sa carrière. Seul, peut-être, il ne s'apercevait pas qu'elle fût terminée. Sa position était encore importante ; il continuait à faire partie d'un grand nombre de comités et de commissions; mais il paraissait être de ceux dont on n'attend plus rien. Il avait fait son temps. Tout ce qu'il proposait semblait vieux, usé, inutile [1]... » Ailleurs, le comte Alexis Karénine, abordant ses collègues

1. Tolstoï, *Anna Karénine*.

au ministère, « remarque dans leurs yeux le même éclair de joie triomphante qu'il avait remarqué dans les yeux de sa femme [1] ». La vulgarité native de ses rivaux est flattée par la grossièreté même de l'arme avec laquelle ils triomphent d'un homme qui leur est supérieur.

Donc, désormais, silence à Sganarelle. Qu'il ne se hasarde surtout pas à contredire, à émettre le moindre paradoxe. Il vérifierait bientôt l'observation si fine de M. Challemel-Lacour. « Si vous êtes d'une santé fragile, si vous avez été assez maltraité par la fortune pour qu'on puisse vous supposer aigri, il faut vous en tenir désormais à commenter des axiomes, si vous ne voulez pas qu'on vous réponde d'un accent qui ne laisse pas de réplique ces mots écrasants : « Vous êtes malade [2]. »

Telles sont les excommunications frappées par la Morale Familiale. Elles attestent le droit de contrôle que la Société s'arroge sur la vie privée de ses membres. La vie affective d'un homme ne lui appartient plus ; elle est devenue la chose de la société. Celle-ci prétend régler les mouvements des cœurs, toucher avec sa lourde patte à ces choses délicates qui sont les passions et les douleurs d'un être humain.

Une institution utile et décorative dont il faut sauvegarder l'intégrité, voilà ce que la société voit dans le mariage. Comme la famille est la base de l'édifice social, c'est à la relation familiale que l'on subordonne toutes les autres. Parlant de l'honneur du mari, Schopenhauer dit quelque part : « Les relations sexuelles sont une affaire secondaire pour l'homme, vu la multiplicité et l'importance de ses autres relations [3]. » La société n'en juge pas ainsi. C'est au contraire, cette relation qu'elle met au-dessus de toutes les autres et qu'elle surveille de plus près comme la plus importante.

1. Tolstoï, *loc. cit.*
2. Challemel-Lacour, *Études et Réflexions d'un pessimiste*, p. 39.
3. Schopenhauer, *Aphorismes sur la Sagesse* (Paris, F. Alcan), p. 91.

C'est quand la société intervient dans les brouilles de ménage qu'elle est le plus curieuse à observer. Tantôt cette intervention a lieu sous forme de conseils, d'exhortations, d'avertissements directs ; tantôt elle est faite de cette influence anonyme, diffuse, ambiante, indéfinissable, que le vœu général fait planer autour d'un homme. C'est comme une influence orageuse qui est dans l'air, et à laquelle on ne peut résister. Un exemple du premier cas se trouve dans l'*Anneau d'Améthyste*. C'est quand Anatole France nous montre les petites manœuvres des dames de la société dont l'intraitable vertu fait une loi à madame Bergeret de ne pas se réconcilier avec son mari. Un exemple du second cas est cet étrange sentiment d'intolérabilité sociale qui oppresse Alexis Karénine quand il voudrait se réconcilier avec sa femme : « Plus il allait, plus il se rendait compte que le monde ne lui permettrait pas de se contenter de cette situation, qu'elle ne serait admise par personne. En dehors de la force morale qui le guidait intérieurement, il sentait l'existence d'une autre force brutale, mais toute puissante, qui dirigeait sa vie malgré lui et ne lui accorderait pas la paix[1]. »

On voit les caractères et les conséquences de cette Morale Familiale.

Le caractère essentiel de cette morale, c'est la tyrannie sociale s'exerçant sur l'Individu ; c'est l'absolu dédain des convenances personnelles, des vœux, des préférences, des sympathies et des antipathies, des amours et des révoltes de l'Individu. Rien de plus conforme à cette morale que ces mariages que l'Ellida d'Ibsen appelle « marchés conjugaux », marchés où n'entrent en ligne de compte que des intérêts de famille ou de classe. Tel est encore le mariage que, dans la nouvelle de P. Bourget, intitulée : *Le Luxe des autres*, madame Le Prieux — un joli type de Dame — veut imposer à sa fille.

---

1. Tolstoï, *Anna Karénine*.

Le second caractère de cette morale matrimoniale est d'engendrer la lutte des sexes.

Ce phénomène, s'il n'est pas nouveau, est du moins plus accentué de nos jours qu'à aucune autre époque. Des semences de haine antiféminine ont germé dans le cœur de l'homme; des défiances et des révoltes antimasculines ont troublé le cœur de la femme. Le duel des sexes est partout : dans le roman, au théâtre, dans la vie. Strindberg a magistralement mis en scène ce phénomène troublant dans des drames tels que *Mademoiselle Julie* et *Père*. Dans le roman de Marcel Prévost, *Frédérique*, un souffle de haine antimasculine traverse plus d'une fois le verbe enflammé des féministes adeptes de Romaine Pirnitz. Un psychologue allemand que nous avons déjà cité, madame Laura Marholm, raconte une petite scène dont elle fut témoin sur une plage de la mer du Nord. « Je vis, dit-elle, mes voisins d'hôtel occupés à un travail assez particulier. Sur la plage, une demi-douzaine de dames aidaient une jeune dame à enterrer son mari. Le mari, un homme de belle apparence, à la fleur de l'âge, était couché sur le dos, immobile comme une statue, la tête reposant sur un petit tas de sable. Sa jeune femme, brune et maigre, dont la mise semblait être celle d'une personne appartenant à l'enseignement, travaillait plus que tous les autres et s'essoufflait avec ardeur à enterrer son mari. A l'aide des mains et des bêches, une colline de sable s'éleva bientôt sur le patient. Ce dernier disparut presque entier, à l'exception de la pointe des pieds et du bout du nez. Lorsqu'il fut ainsi enfoui au point de ne pouvoir bouger, la jeune femme saisit la main d'un jeune homme d'une vingtaine d'années, qui assistait indifférent à cette scène, et elle se mit à danser avec lui sur la tombe du mari au milieu des cris de joie. Les autres se tenaient autour et saluaient de leurs rires sympathiques cette scène instructive[1]. » Ce petit jeu de société, pour

---

1. Laura Marholm, *Zur Psychologie der Frau*, p. 19.

être un peu tudesque, n'en a pas moins sa valeur symbolique. A notre époque, la lutte des sexes aidant, ces sortes d'enterrements conjugaux sont à l'ordre du jour.

Le duel des sexes n'est pas seulement une revanche de l'Instinct contre la servitude sociale. Souvent aussi ce duel dissimule la lutte de deux familles et de deux classes. La vanité de classe, ce sentiment prédominant de l'âme bourgeoise, est le ver rongeur de plus d'un ménage. — L'un des époux, s'il est ou se croit d'une famille socialement supérieure à celle de l'autre se fera un devoir d'opprimer son conjoint au nom de sa prétendue supériorité de classe, au nom de l'indéracinable orgueil familial. — Il importe peu que cette volonté de domination se rencontre chez l'homme ou chez la femme. Cette dernière est aussi bien armée pour la lutte que son adversaire masculin. On ne coupe plus aujourd'hui dans le pont de la « faible femme ». — En bourgeoisocratie, il n'y a que deux forces : l'argent et les « relations », les « influences ». Celui des deux adversaires qui dispose de ces forces est vainqueur. L'issue du duel entre Laure et son mari, dans le drame de Strindberg, en est un exemple.

De la lutte des sexes sont nés le Misogynisme et le Féminisme.

Le Misogynisme et le Féminisme sont la mise en théorie des rancunes, des défiances et des haines de sexe. Le Misogynisme est la protestation de l'homme contre le despotisme féminin et la rouerie féminine. Le Féminisme est une revendication de la femme contre l'Égoïsme masculin.

Le Misogynisme est une doctrine jusqu'à présent peu répandue en France. Elle a peu de chances de s'y acclimater jamais. Ajoutons que c'est heureux. Car le Misogynisme est une erreur. Il repose sur une confusion : la confusion entre la Dame et la Femme. Heureusement la Dame n'est pas la Femme. Elle n'en est que la déformation et la caricature.

Au fond et dans ce qu'il a de légitime, le Misogynisme

est une révolte contre le despotique matriarcat moderne : le règne de la Dame.

Le Féminisme est une doctrine de plus d'avenir. C'est la révolte de la femme opprimée par l'égoïsme masculin. Mais qu'on ne s'y trompe pas. Le Féminisme n'est pas tant une lutte contre le sexe masculin que contre l'organisation sociale tout entière, y compris ses privilégiés du sexe féminin. Le Féminisme est par certains côtés une protestation de la femme du peuple, de la travailleuse, de l'éternelle Cendrillon contre sa sœur hautaine, oisive et impérieuse : la Dame. — Il est aussi une protestation de la femme qui ne s'est pas mariée, de la *bachelor-woman*, contre la dépréciation sociale que le préjugé bourgeois lui fait subir au profit de la Dame[1].

Nous croyons avoir suffisamment expliqué les caractères de la Morale Familiale et de l'Esprit de Famille.

La Famille bourgeoise est une entreprise économique qui veut se donner des airs de Morale sacro-sainte. Le mariage est, suivant le mot d'un personnage de Strindberg[2], une « association commerciale ». Dans ces familles nombreuses et ambitieuses qui aspirent à jouer le rôle de grandes dynasties bourgeoises, cette entreprise commerciale devient une exploitation en grand, une sorte de trust népotique, une mise en coupe réglée, par l'ambition et la cupidité familiales, de toutes les influences, de toutes les fonctions, de toutes les places, de tous les avantages sociaux accessibles.

L'ambition des anciennes aristocraties nobiliaires revit dans ces dynasties bourgeoises avec, en moins, l'affinement et l'élégance de l'esprit, avec, en plus, je ne sais quoi de fruste et de brutal dans l'appétit de conquête. — Pour se donner l'impression de cette mentalité familiale, il faut voir à l'œuvre

---

1. Voir dans *Frédérique*, de Marcel Prévost, ce que dit Romaine Pirnitz de ces délaissées du mariage qui ne seront plus « exclues de toute influence dans la société de l'avenir » (p. 454).

2. Strindberg, *Père*, acte II.

quelques-unes de ces familles de proie. Surtout quand elles sont de race campagnarde, armées de brutalité et d'astuce paysanne, avec des appétits tout neufs et une revanche à prendre des ataviques servages, il faut voir ces tribus népotiques s'élancer à l'assaut de l'argent, des influences, des postes et des places. Il faut voir les membres de ces familles se faire la courte échelle, se pousser dans le monde par tous les moyens, pratiquer l'écrasement sans scrupule des faibles et l'intrigue sans vergogne auprès des puissants. C'est devant ces familles que la sottise moutonnière de nos contemporains s'extasie avec ces mots béats : Quelle belle famille !

Ces coalitions familiales sont fermées, jalouses, hostiles à l'étranger comme on l'était dans le clan primitif. Plus la famille est unie, plus cet esprit de jalouse occlusion familiale est puissant ; plus les sentiments haineux pour l'étranger se font jour. — L'être d'un autre sang, d'une autre race est méprisé, traité en intrus et en paria. — Entre-t-il par mariage dans la famille? Ces sentiments ne s'effacent pas. La tendance est de le réduire au conformisme familial, d'abolir ses façons propres de sentir, de penser ou de vouloir, de le mater, de le domestiquer, de le plier aux volontés du groupe. C'est ainsi que s'explique l'hostilité bien connue que le gendre ou la bru rencontrent souvent dans la famille où ils sont entrés. Michelet[2], ce chantre de l'amour conjugal bourgeois, a lui-même noté ce trait : la lutte sourde de la famille de la jeune femme contre le mari de cette dernière ; les complots sournois, les railleries, les dénigrements insidieux qui s'efforcent de la détacher de lui. Tel est l'Égoïsme familial ou Esprit de Famille. Cet égoïsme familial est le vouloir-vivre social élémentaire, le père de tous les autres vouloir-vivre sociaux.

L'Égoïsme familial est un vouloir vivre-collectif, une commune volonté de conquête, de puissance et de vie. Ce vou-

---

1. Michelet, *L'Amour*.

loir-vivre broie tranquillement les sentiments et les passions de l'individu haï, quand il y trouve une satisfaction d'intérêt, d'orgueil, de vanité ou simplement de méchanceté.

Comme ce vouloir-vivre familial est le plus intense de tous et qu'il tient aux racines les plus délicates et les plus profondes de l'être humain, il s'épanouit en une efflorescence particulièrement exubérante de passions conquérantes, dominatrices, envahissantes, accaparantes, usurpatrices, meurtrières et torturantes : amour, haine, jalousie, ambition, envie, défiance, rancune, vengeance, passions complexes qui s'enchevêtrent et se ramifient en mille sens, mais à travers lesquelles circule une même sève nourricière : le sang de la race, le génie familial, composé d'obscurs et inquiétants atavismes, armé implacablement contre l'être d'un autre sang et d'une autre race.

Sur cette pousse première d'Égoïsme familial, la Société greffe ses égoïsmes à elle, tout le système compliqué de ses passions, de ses préjugés, de ses rancunes, de ses haines et de ses peurs, toutes ses tyrannies et toutes ses hypocrisies, toutes ses défiances ombrageuses contre l'Individu. De tout cela se forme un inextricable réseau de tyrannies qui s'emparent de l'individu et enveloppent de leurs mille tentacules sa pensée et sa volonté. Toutes ces influences sociales font un suprême effort pour mater l'être qui veut maintenir son indépendance, et la camisole de force dans laquelle Laura fait coudre le capitaine, à la fin du drame de Strindberg, n'est que le symbole des ligatures dont la Société couvre l'individu récalcitrant.

Quel est l'avenir réservé à l'Esprit de Famille et à la Morale Familiale ?

Dans cet Illusionisme qu'est sur tant de points notre morale traditionnelle, la Morale familiale semble être le mensonge le plus tenace.

M. Ed. Rod a décrit dans sa *Seconde vie de Michel Tessier*

l'âpre lutte d'une individualité énergique contre les colères sociales qu'ameute celui qui ose être un irrégulier, un non-conformiste. Il a montré combien l'égoïsme bourgeois est têtu. C'est contre cet égoïsme que Michel Tessier a ce mouvement de révolte : « J'ai trop senti le poids de ces traditions, de ces institutions, de ces croyances que vous voulez conserver. J'ai trop souffert de leur vaine tyrannie ! Je ne les connais plus que comme une inutile entrave imposée à notre vie. Je les secoue et je les condamne ! » — M. Camille Mauclair, dans un récent article de la *Revue Socialiste*, explique que sur ces questions, les préjugés sont restés aussi forts dans l'âme populaire que dans l'âme bourgeoise. « Quand on voit Parnell entravé et paralysé par un adultère, on est stupéfait et on proclame qu'il a fallu le *cant* anglais pour cela ; mais cette absurdité peut tout aussi bien se produire en France et je mets en fait que les ouvriers disent sur des cas analogues des choses parfaitement bourgeoises[1]. »

Ces préjugés disparaîtront-ils ? Une morale familiale plus humaine se substituera-t-elle à celle qui est en vigueur ?

Diverses solutions ont été proposées.

Tolstoï propose un retour au sentiment chrétien. A la sensualité jalouse et à l'égoïsme charnel qui causent l'issue tragique du ménage de *la Sonate à Kreutzer*, Tolstoï oppose la douceur et la tendresse chrétienne du ménage Lévine[2].

On peut douter de l'efficacité du moyen proposé par Tolstoï. Le propre du Christianisme est de courber l'individu devant la société, de placer les intérêts et les convenances sociales au-dessus des aspirations et des convenances individuelles. Le Christianisme prêche trop la résignation. Le précepte tolstoïen de la non-résistance au mal est dangereux. Le mal, ici comme partout, c'est le despotisme social, c'est l'Égoïsme

---

1. Camille Mauclair. *L'OEuvre sociale de l'Art moderne* (*Revue Socialiste*, juin 1901).
2. Dans *Anna Karénine*.

de groupe qui foule aux pieds sans scrupule l'individu. Si ce dernier, suivant le précepte de Tolstoï, ne regimbe pas, les despotes sociaux ne verront dans sa résignation qu'un sentiment de peur et leur audace en sera encore accrue. Ceux qui entretiennent les préjugés moraux et sociaux dans leur intérêt et dans celui de leur caste ne comprennent rien à la douce morale d'un Tolstoï quand il dit : « Ne résistez pas au méchant. » Leur psychologie à eux et leur pratique sociale se résumeraient au contraire dans l'aphorisme :

Oignez vilain, il vous poindra.

Certains comptent sur les moyens légaux pour réformer la constitution morale de la Famille. — Les moyens légaux ont sans doute une certaine action ; moins grande pourtant qu'on ne pourrait croire.

Que notre législation garde le mariage légal, ou qu'elle décrète l'union libre, ou qu'elle adopte la solution mitigée proposée par le président Magnaud [1] et qui rappelle le dualisme du mariage dans la législation romaine, cela importe au fond assez peu. Car les mœurs façonnent les lois plus qu'elles ne sont façonnés par elles. L'action des lois sur les mœurs est une action indirecte et à très longue échéance. En tout les lois suivent les mœurs. M. Magnaud le reconnaît : « On peut, dit-il, attendre que l'union libre, qui existe en fait de tous côtés, devienne aussi fréquente que le mariage pour reconnaître qu'elle peut constituer une famille et qu'il peut être utile socialement de le constater légalement. »

Il n'en est pas moins vrai que l'esprit de la législation sera à l'avenir de réduire au minimum les entraves légales. De plus en plus dans le mariage, le sacrement légal sera, comme le sacrement religieux, l'élément accessoire et facultatif. L'élément essentiel sera la libre volonté des individus.

1. La Plume. *Enquête sur le mariage* (numéro du 1er août 1901).

Pour modifier les mœurs dans ce sens, il faut surtout compter sur l'influence des changements économiques et sociaux.

Une nouvelle organisation économique, en donnant à tous l'indépendance matérielle, ne contraindra plus les jeunes filles au mariage avec le premier épouseur venu. La femme sera indépendante de l'argent masculin. Inversement le jeune homme sera affranchi de la sujétion humiliante où le place aujourd'hui la recherche de la dot qui fait de lui à l'avance le débiteur et l'homme-lige de la famille où il entre.

La suppression de l'héritage détruira l'esprit de famille bourgeois dans ce qu'il a de sordidement égoïste et d'accapareur.

De plus, l'émancipation économique de l'individu, la complication et la mobilité croissantes de la vie sociale, la multiplication autour de l'individu des cercles sociaux et de leurs influences rivales ou interférentes feront que chaque homme, vivant davantage, aura un sentiment plus profond, plus délicat et plus vrai de la vie. Il ne comprendra plus rien à nos blâmes, à nos ostracismes, à nos morales collet-monté. Il répudiera les mensonges inventés par les habiles et entretenus par les sots pour contrarier le libre vœu de la nature.

Ainsi s'épanouira, même sur le terrain de la Morale Familiale, l'esprit individualiste. — Proudhon reproche au Socialisme d'être l'ennemi de la femme. « Le socialisme, dit-il, veut changer le rôle de la femme ; de reine que la société l'a établie, il veut en faire une prêtresse de Cotytto[1]. » — Le socialisme ne mérite pas cette accusation. Le socialisme veut l'émancipation féminine autant que l'émancipation masculine, et il prend pour cela le meilleur chemin : le chemin de la réforme économique qui assurera à tous l'indépendance matérielle. La réforme morale sera la conséquence de la réforme économique. Elle se fera sans sermons, sans morale éducative.

---

1. Proudhon, *Contradictions économiques*, t. II, ch. II.

L'être humain, ayant une vie plus large, plus riche, plus complète, sera plus intelligent et plus libre.

On voit quelle est l'attitude du socialisme dans ce problème. Son but est de substituer au règne occulte et despotique de la Dame l'indépendance matérielle et morale de la Femme.

Un personnage d'un roman allemand sur la question des femmes dit : « Je ne vois qu'un but à l'émancipation des femmes : former des mères libres de fils libres. A présent, la femme appartient aux puissances rétrogrades. Elle est la tutrice de la foi aveugle et des sots préjugés. Elle est toujours prête à couper les ailes à ses fils les plus riches d'énergie, de peur qu'ils ne se brisent dans leur vol. Nous avons besoin de mères libres pour des fils libres. C'est pourquoi je suis avec vous quand vous luttez pour l'émancipation de l'intelligence féminine [1]. »

La Dame est hostile au féminisme comme au Socialisme. La Dame s'imagine n'avoir rien à gagner à un changement social et avoir au contraire tout à perdre. — En dépit des apparences, cela n'est pas sûr. La Dame, cet être de vanité et de luxe, la Dame, avec ses prétentions, sa soif de paraître, ses ambitions mesquines, son souci de ne pas voir diminuer le chiffre des visites de « son jour » et de ne pas se laisser distancer par Madame Une Telle, — La Dame, cette reine de la Foire aux Vanités, a une vie au fond assez vide et assez triste. — Si elle est intelligente, elle doit se rendre compte de ce vide et de cette tristesse. — Gardienne d'une étiquette surannée, reine d'un royaume de mensonges, sa vie doit lui paraître une vie factice, une destinée manquée. Telle n'est-elle pas l'impression que laisse l'existence d'une madame Le Prieux, par exemple, dans la nouvelle de Bourget, et de tant d'autres. Plus d'une peut-être, pousserait le cri déses-

---

1. E. de Wolzogen, *Das dritte Geschlecht* (Berlin, Ekstein, 1898), p. 63.

péré de madame Alving dans les *Revenants :* « Ah! les prescriptions! les conventions! la loi! Parfois je crois presque que tous les malheurs en découlent[1]! »

Que sera la Femme de l'avenir, l'Eve future, comme on dit dans le vocabulaire féministe? La femme nouvelle ne sera pas sans doute la jeune fille bourgeoise actuelle dont les qualités sont gâtées par une éducation prétentieuse, et qu'on transforme à plaisir en une petite dinde, farcie d'orgueil familial et bardée de sottise bourgeoise. — Elle ne sera pas davantage cet être à peine définissable que certains se sont imaginé à tort comme l'idéal féministe, un être qui ne garderait plus rien de féminin, qui aurait les allures, les occupations et les préoccupations masculines, qui ne se différencierait que le moins possible de l'homme par le costume, par l'intelligence et par le cœur. C'est cet être bizarre que l'écrivain allemand que nous citons plus haut a flétri de l'épithète de « Troisième Sexe » (*Das dritte Geschleht*), et que Miss Rhoda Broughton a satirisé dans son roman de *Dear Delphina.*

Mais rien ne nous force à concevoir sur ce type la femme future. — Celle-ci, tout en restant femme par ses qualités affectives, par sa sensibilité plus fine, pourra être un libre esprit, une intelligence virile. Elle cessera d'être une poupée vaniteuse, de s'asservir aux conventionnelles évaluations, pour devenir une vraie femme, capable de penser et d'agir par elle-même. Elle répudiera l'héritage des ruses ataviques, ce qui reste en elle de la symbolique Lilith, à qui Satan a dit : « Je te donnerai l'homme ; je le mettrai en ton pouvoir, afin que tu l'asservisses, afin que ses larmes soient ridicules[2]. »

La femme pourra ainsi être, suivant le mot que nous citons, la « mère libre de fils libres ». — Car la vraie voca-

---

1. Ibsen, *Les Revenants*, acte II.
2. Rémy de Gourmont, *Lilith*, p. 87.

tion de la femme restera l'amour et la maternité. Georg Ortsen a raison quand il dit à Léa, détournée de lui par les doctrines antimasculines de Pirnitz : « La gloire de la femme est d'être mère... Viens ; ce que tu voulais dépenser d'efforts pour élever de petites inconnues, tu le donneras plus utilement à tes propres enfants[1]. » Mais l'amour et la maternité ne doivent pas étouffer la libre personnalité de la femme.

Notre conclusion sur la Morale Familiale est que toute réforme doit tendre à soustraire la relation sexuelle à la juridiction et au contrôle de la société, à faire que la famille soit chose privée et non plus chose d'État, chose sociale.

M. Fournière a bien défini cet idéal individualiste : « La famille, dit-il, est faite pour l'individu et non l'individu pour la famille[2]... »

Sur ce terrain, comme sur les autres, le but est de libérer l'être humain ; d'éviter l'asservissement de l'individu à un autre individu ou son asservissement à la Société.

1. Marcel Prévost, *Frédérique*, p. 482.
2. E. Fournière, *Essai sur l'Individualisme* (Paris, F. Alcan, 1901), p. 140. — Voir tous les développements que M. Fournière consacre à la question de la famille (pp. 139-143).

V

L'ESPRIT DE CLASSE. L'ESPRIT ÉTATISTE. L'ESPRIT DE LIGUE. L'ESPRIT DÉMOCRATIQUE ET L'ESPRIT GRÉGAIRE [1]

Une classe est une catégorie économique. De tout temps on a appelé lutte de classes la lutte des riches et des pauvres. Mais pour ne voir que cela dans l'idée de classe, il faut la volontaire absence de psychologie sociale où s'arrêtent les marxistes. En réalité l'idée de classe se compose d'un faisceau extrêmement complexe d'influences, de sentiments, d'ambitions, de vanités, de jalousies, de dédains, d'admirations et de réprobations, de conventions et d'obligatoires mensonges. Sudermann a donné dans l'*Honneur* une meilleure définition de l'Esprit de classe que ne le feraient nos sociologues à prétentions plus ou moins scientifiques. « Il y a des castes ici aussi, dit le baron Trast ; non pas séparées par des lois somptuaires, des interdictions de mariage et des prescriptions d'étiquette religieuse : ce ne seraient que des bagatelles... Ce qui met entre elles une barrière infranchissable, c'est l'abîme du sentiment. Chaque caste a son honneur à elle, sa sensibilité, son idéal, et même son langage à elle [2]. »

La division entre riches et pauvres, propriétaires et prolétaires est trop simpliste. L'idée de classe représente dans les groupes humains un principe de division à l'infini. C'est la division éternellement renaissante de la classe en sous-classes, de la caste en sous-castes, de la coterie en sous-coteries.

1. *La Plume*, 15 septembre 1902.
2. Sudermann, *L'Honneur*, acte I.

Voyez déjà les élèves au lycée. Il y a dans une classe un esprit de corps plus ou moins latent des internes contre les externes. La réciproque n'est pas également vraie parce que les externes sont soustraits davantage aux influences de la vie en commun.

Pour ne pas quitter la vie du lycée, signalons aussi la rivalité souvent notée entre les élèves de l'enseignement classique et ceux de l'enseignement moderne.

Dans la vie de caserne comme dans la vie d'internat, ces rivalités se retrouvent. Par exemple entre officiers sortant d'écoles différentes. Il en est de même dans la marine. Les *Maritimes* ont évoqué de façon plaisante ces mépris traditionnels de caste à caste dans le personnel d'un bateau.

L'esprit de classe touche ici de très près à l'esprit de corps. M. Faguet a finement montré les racines professionnelles de l'animosité assez générale de l'universitaire contre les deux corporations rivales : l'armée et le clergé [1].

La bourgeoisie ne forme pas le bloc compact qu'on se représente quelquefois. Là aussi il y a des divisions et des subdivisions. Il y a les petits bourgeois et les grands bourgeois, le petit et le grand commerce. Dans le fonctionnarisme, cette fleur de bourgeoisisme, il y a aussi de subtiles nuances sociales, des hiérarchies mondaines à côté des hiérarchies officielles.

Tout cela est indestructible. Dostoiewski note dans ses *Souvenirs de la maison des morts* que les forçats se groupent au bagne d'après leur ancien rang social.

La classe ouvrière ne fait pas exception à cette loi. Là aussi des sous-classes se forment parmi les ouvriers suivant leur degré d'intelligence, leur degré de culture générale ou professionnelle, suivant le taux des salaires, suivant le bien-être déjà acquis ou espéré dans un avenir prochain. Il y a

---

1. Émile Faguet, *Psychologie du socialisme. Revue Latine* du 25 juin 1902.

ainsi les ouvriers de métier et ceux qui n'ont pas de métier spécial, les *skilled* et les *unskilled*, etc.

Dans le socialisme, il y a les intellectuels et les manuels. Les manuels ne veulent pas des intellectuels pour les diriger. Et les intellectuels s'anathématisent entre eux sous les noms de vrais et de faux intellectuels. Les tentatives faites pour rapprocher des hommes de genre de vie tout différent ont échoué d'une façon instructive. Les intellectuels essaient vainement de fusionner avec les manuels. Il y a de la part de ces derniers une défiance presque irréductible. C'est en vain qu'on parle à l'ouvrier de ses frères, les prolétaires intellectuels. L'ouvrier ne verra jamais son frère dans un monsieur qui porte un chapeau haut de forme et des gants, qui voyage en première classe et qui va aux eaux. C'est toujours avec une arrière-pensée qu'il écoutera cet apôtre, si éloquent soit-il, dans les parlottes d'Universités populaires. Il se groupera économiquement et politiquement — ce mouvement est déjà visible aujourd'hui — autour d'ouvriers comme lui.

Si l'on parcourt l'échelle des classes, on peut faire cette remarque que le sentiment de classe se complique au fur et à mesure qu'on s'élève vers ce qu'on appelle les classes dirigeantes[1]. Ce qui fait ici l'esprit de classe, ce n'est plus seulement une solidarité économique ; c'est une solidarité vaniteuse et ambitieuse, une commune volonté de prestige social, un

---

[1]. La distinction des catégories et des fonctions sociales est une idée si profondément ancrée dans l'esprit du public, qu'on la voit se marquer dans les plus menues circonstances. Dans une petite ville de province où fonctionnait une société de conférences, nous avons vu le public faire généralement très bon accueil au conférencier quand ce dernier était un avocat, un professeur, un médecin, parce que faire des conférences paraissait à ce public une attribution naturelle de ces représentants des classes dirigeantes. Mais ce même public ne pouvait se faire à l'idée qu'un ouvrier, un commerçant, un employé des postes, de mairie ou de préfecture pussent eux aussi faire des conférences. Quand le fait se produisait, le public se montrait moins bien disposé à l'égard du conférencier qui lui paraissait « sortir de son rang ».

souci commun d'entretenir les mensonges et les trompe-l'œil utiles à la classe. Bref c'est ce qu'on appelle l'honneur de classe.

On sait combien cet honneur est exigeant et quels ostracismes il prononce. Malheur à celui par qui le scandale arrive dans la classe. Malheur au sincère, au clairvoyant, à l'ironiste et au dilettante qui se rit de la sottise de la classe. « Malheur aussi, dit Sudermann, à celui qui s'est fourvoyé hors de sa caste et qui n'a pas le courage de s'en libérer en conscience. »

Mais malheur surtout à celui qui est devenu le contempteur de sa propre classe. On sait le *tolle* d'indignation que s'attirent les libres esprits qui osent décrire leur classe ou leur corporation dans quelque roman hardi et sincère.

Qu'un officier de marine écrive les *Maritimes* ; qu'un professeur s'amuse à décrire le monde universitaire ; qu'un médecin décrive le monde morticole, qu'un robin d'esprit indépendant décrive le monde de la basoche ; qu'un rond de cuir à l'esprit critique (il s'en trouve) ait l'audace de crayonner les « cartons verts », voilà aussitôt dans le Landerneau corporatif un joli remue-ménage, un joli chœur de grenouilles furieuses coassant dans le marais.

On accablera le livre et l'auteur ; on parlera d'œuvre de dépit, de rancune ; le mot de renégat, peut-être même de traître, sera prononcé. On mettra aussi en avant le fameux proverbe : « On ne tire pas sur ses propres troupes. »

Tout cela est l'expression de l'Esprit de classe ; de cet esprit qui veut qu'un homme qui appartient à une classe, à une caste, à un corps, soit en tout et pour tout le serviteur de cette classe, de cette caste, de ce corps ; qu'il ne soit plus rien par lui-même ; qu'il n'ait ni yeux pour voir, ni oreilles pour entendre, ni lèvres pour sourire ; qu'il dépouille, qu'il abdique entre les mains du groupe tous les droits de la libre individualité.

A travers tous les antagonismes de classes, de castes et de

corps, à travers tous les conflits d'intérêts, de sentiments, de passions et de vanités qui en résultent, un seul sentiment rapproche les âmes : le Respect de l'argent. On se rappelle, dans *l'Orme du Mail*, l'amusante anecdote du concierge de M. Bergeret qui reçoit avec dédain les cent sous d'étrennes donnés par le modeste professeur, tandis qu'il accueille avec respect la pièce de cent sous du riche locataire du premier. Trait admirable d'une âme de concierge. Mais combien d'hommes sont concierges sur ce point !

Il convient toutefois d'ajouter que ce sentiment : le respect de l'argent, tend à s'émousser chez le prolétaire des grandes villes imbu d'idées révolutionnaires et anti-bourgeoises. D'une manière générale les populations arriérées des campagnes et des petites villes ont gardé beaucoup plus que les autres le sentiment des castes, le respect de la fortune, de la position et du rang.

On trouverait difficilement dans les faubourgs des grandes villes ouvrières ces sortes de chromolithographies si répandues par les colporteurs dans les campagnes bretonnes ou dans celles des Flandres, et où sont représentées comme autant d'archétypes hiérarchisés les diverses professions et les divers rangs sociaux. Naïf témoignage de la persistance de la manie respectante dans l'âme des simples.

Il résulte assez de ce qui précède que l'Esprit de classe et un esprit essentiellement déprimant et asservissant pour l'individualité. Rien n'abêtit et ne tyrannise son homme comme ce fléau : la vanité de classe.

J'écris ces lignes d'une petite plage fréquentée par une petite et moyenne bourgeoisie déjà un peu collet-monté. Si j'étais misanthrope, je m'amuserais férocement à voir ces imbéciles si mal employer leur temps et, au lieu de savourer sans arrière-pensée la paix du site, la douceur de l'air et la féerie du panorama, poursuivre bêtement jusqu'en ce coin de terre enchanté leurs petites luttes de vanité. Il faut voir à table d'hôte les messieurs ventripotents se regarder en chiens de faïence, prendre des airs de supériorité méprisante pour leur voisin, et imiter le silence majestueux de la salle à manger du Rigi-Kulm, dans *Tartarin sur les Alpes*. Il faut voir les dames asséner sur les toilettes de leurs voisines des regards de pies-grièches en colère. Tout ce petit tableau m'est une exquise illustration de l'Esprit de classe.

L'atmosphère morale de caste, de classe, de corps, sent le moisi. Elle est chargée de toutes sortes de vieux miasmes et de vieux mensonges. Bien différente est une foule qui peut avoir aussi ses brutalités et ses cruautés, mais qui du moins reste spontanée. Celui qui est habitué à vivre dans une atmosphère de caste et qui se retrouve par hasard au milieu d'une foule respire plus à l'aise. Il éprouve quelque chose du sentiment du docteur Faust quand il se promène au milieu de la foule joyeuse éparpillée dans la campagne le jour de Pâques : « Chacun s'empresse aujourd'hui de chercher le soleil. Ils célèbrent la résurrection du Seigneur, car ils sont eux-même ressuscités. Arrachés aux réduits obscurs de leurs basses maisons, aux chaînes du métier et du trafic, à la nuit vénérable des églises, ils sont tous amenés à la lumière. C'est ici le vrai ciel du peuple ; ici je suis libre, ici j'ose l'être[1]. »

La lutte des classes est une mêlée complexe, un fourmillement d'intérêts, d'égoïsmes et de vanités de groupes. Il se forme dans cette mêlée quelques grands courants mobiles et instables analogues à ceux qu'on voit parfois se former à travers les remous et le ressac d'une mer agitée. Ces grands courants sont les partis politiques.

Il est inutile de dire qu'aborder la question politique c'est entrer sur celui de tous les domaines sociaux où l'Esprit grégaire triomphe avec la plus plate et la plus sereine insolence. C'est ici le royaume par excellence du mensonge de groupe, de la duperie mutuelle, de l'illusionnisme social.

1. *Faust*, première partie.

Toute la vie politique est un perpétuel psittacisme. On sait comment à la seule véritable question qui se trouve en cause : Lequel des clans bourgeois détiendra l'influence, le pouvoir et les places ? — les politiciens substituent toutes sortes de questions trompe-l'œil sur quoi s'exaspère la bêtise de l'électeur et où viennent prendre racine des passions aussi féroces que celles qui ensanglantent l'île de Gulliver à propos de la question de savoir si l'on doit manger les œufs à la coque par le gros ou par le petit bout.

On sait la vanité des dénominations des partis. Leurs formules politiques ont juste autant d'importance que les formulettes que chantent en alternant les rondes de petites filles.

L'État n'est que la classe qui a réussi à obtenir l'hégémonie. Qu'on soit en monarchie ou en démocratie, peu importe. C'est toujours une oligarchie qui est maîtresse. Parler d'une démocratie véritable, c'est parler d'une sphère carrée, d'un bâton sans bout. « Il n'a jamais existé de démocratie véritable, dit Proudhon, et il n'en existera jamais [1]. » « Ce qu'on appelle le gouvernement, dit encore Proudhon, est une recette au moyen de laquelle, en l'absence même de toute royauté, aristocratie, sacerdoce, on peut toujours faire servir la collectivité du peuple au parasitisme de la minorité et à l'oppression du grand nombre. »

Tout pouvoir est une conspiration permanente contre le réveil possible des classes non dirigeantes. Et le Droit étatiste, comme l'a montré Anton Menger, n'est que l'expression des rapports légaux les plus propres à maintenir le parasitisme des dirigeants.

Il serait donc naïf de s'illusionner sur le compte de l'État, cette Papauté nouvelle. On connaît l'amusante théorie de Hegel sur l'État. Cet idéologue voyait dans l'État une personnification de la Loi morale, de la Divinité elle-même. Cet optimisme

---

1. Proudhon, *Idée générale de la Révolution au XIXᵉ siècle.* 3ᵉ étude.

étatiste a fait son temps. Schopenhauer a dit là-dessus le mot vrai : « L'État et le Royaume de Dieu sont choses si différentes, que le premier est une parodie du second, une ironie négatrice de la justice. » Et Proudhon, formulant l'essence de tout État, dit non moins justement : « Il est de l'essence de l'État, comme de toute réunion d'hommes, de favoriser les plus méchants et les plus intrigants. »

Toute doctrine politique, si généreuse qu'elle soit dans l'apparence et même dans l'intention, du jour où elle arrive au pouvoir, où elle se convertit en système de gouvernement se convertit par là même en système de mensonge. Et l'on est en droit d'adresser aux représentants de ce système la même ironique question qu'Alfred de Vigny veut qu'on pose toutes les fois qu'on rencontre un homme caparaçonné d'un pouvoir : « Comment va votre mensonge social ce matin ? Se soutient-il [1] ? »

Il convient donc de réduire à leur valeur les exagérations optimistes des fauteurs de la superstition étatiste. La vérité est que l'État est un pis-aller, un mal nécessaire sans lequel peut-être toutefois le triomphe de l'injustice serait sinon plus complet, du moins plus brutal et le monde serait peut-être encore plus inhabitable.

Une coterie nouvelle qui arrive au pouvoir n'a pas même besoin de créer son outillage de police. Elle le trouve tout fait. Il n'est autre que ce mécanisme administratif, anonyme, immuable, qui sert tous les régimes et qui leur survit à tous. Chef-d'œuvre d'égoïsme gouvernemental qui fait que Napoléon, son créateur, vit et règne parmi nous, plus réel, plus vivant que les divers chefs d'oligarchies qui se sont succédé après lui.

On peut se demander quelle est, dans ce réseau compliqué d'influences de classes et de partis, la part de liberté laissée à l'individu.

1. Proudhon, *loc cit.*

Pour s'en rendre compte, il faut partir d'un principe qui est un fait avéré d'expérience sociologique : c'est que l'individu est d'autant plus libre, d'autant plus indépendant matériellement, intellectuellement et moralement, qu'il participe ou peut participer à un plus grand nombre de cercles sociaux indépendants les uns des autres et même en un certain sens concurrents, rivaux et ennemis. Pour l'individu, la formule de libération est vis-à-vis de la société : *Divide ut liber sis.* Hors de là pour l'individu, point de liberté, point de salut.

Se figure-t-on par exemple quelle serait la situation d'un citoyen qui relèverait d'un seul cercle social — sa corporation par exemple — pour la totalité de ses actes et qui serait même soumis, au point de vue juridique, au droit spécial de cette corporation ? Ce serait la plus abominable tyrannie qu'on pût rêver.

L'État centralisé est un cercle social qui englobe tous les autres et auquel on n'échappe pas. Toutefois dans certains cas l'État pourrait devenir, semble-t-il, pour l'individu une sauvegarde. Cela serait concevable dans l'hypothèse où l'individu pourrait en appeler à la juridiction supérieure de l'État contre tel pouvoir particulier ou local par lequel il aurait été lésé.

Malheureusement, dans l'immense majorité des cas, cette sauvegarde n'a pas lieu.

Les divers pouvoirs sociaux — l'État comme les autres — au lieu de se contrebalancer et au besoin de se combattre pour faire triompher le bon droit de l'individu, s'unissent contre lui. Car il est le faible.

Un exemple de cette invariable coalition des divers pouvoirs sociaux contre l'individu se trouve dans un roman récent : *les Jeux de la Préfecture.* On se rappelle dans ce roman l'histoire d'un professeur de philosophie qu'un maire de petite ville, petit despote de chef-lieu, veut faire déguerpir, parce que ce professeur lui porte ombrage. Le préfet, au lieu de résister au despote local, lui obéit et demande le déplacement du professeur. Ce dernier pourrait espérer trouver un recours dans l'administration universitaire qui se devrait à elle-même de défendre son fonctionnaire et de ne pas céder aux injonctions des tyranneaux locaux. Mais tel n'est pas, si je me souviens bien, le dénouement de l'histoire. En règle générale, c'est l'individu, c'est l'isolé, c'est le faible qui a toujours tort.

La forme de liberté la plus atteinte en tout cela, c'est la liberté sociale, je veux dire la liberté de la vie privée, la liberté des relations et des amitiés, la liberté de vivre comme on veut. Il va sans dire que cette dernière est autrement précieuse pour l'individu que la soi-disant liberté politique. Car la liberté de la vie privée est une liberté de tous les instants; tandis que la liberté politique se réduit à déposer un bulletin de vote une fois tous les cinq ans dans l'urne civique.

Malheureusement les partis, qui se réclament tous de la liberté politique, sont les bourreaux nés de la liberté sociale. Un parti veut accaparer son homme et réglementer les menus gestes de sa vie privée. Un fait récent parmi cent autres est instructif. Il s'agit d'un déjeuner fait par un député radical chez un évêque. Ce déjeuner a fait grand bruit dans le monde politique où il a été jugé sévèrement par les orthodoxes des deux partis. Un critique du *Temps* dit fort justement à ce sujet : « Rien n'est plus périlleux que de manquer à l'esprit de corps, si ce n'est que de dédaigner les menus potins. Évêque et député en font, pour l'heure, la dure expérience... Nul n'aurait songé à s'étonner, il y a quelques années, d'une aventure aussi naturelle. Nous ne nous croyions pas obligés à ne fréquenter que les gens qui pensaient comme nous, et les sympathies, les amitiés se trouvaient, comme il convient, dans une région fort supérieure à celle où se tiennent à l'affût les pipelets de tout poil, en mal de cancans². »

1. Alfred de Vigny, *Stello*, p. 235.
2. *Le Temps* du 30 juin 1902. Menus propos.

L'affectation de vertu — plaie des démocraties — la « pose morale », comme l'appelle Nietzsche, engendre partout la manie inquisitoriale, moralisante et prédicante.

De là cette triste floraison de pontifes moraux de tout genre ; de là la menace d'une morale d'État ; de là aussi la menace du pharisaïsme descendant des hautes classes et empoisonnant jusqu'au peuple. Stendhal prévoyait ce danger : « L'inconvénient du règne de l'opinion, qui d'ailleurs procure la liberté politique, c'est qu'elle se mêle de ce dont elle n'a que faire, par exemple : la vie privée. De là la tristesse de l'Angleterre et de l'Amérique[1]. » Stendhal a raison. Rien de plus insupportable à cet égard que la vie anglaise et américaine. Ceux qui en parlent autrement n'ont assurément jamais mis le pied sur ces terres de pseudo-liberté.

La tyrannie inquisitoriale qui tend à prévaloir en politique fait que l'individu a un grand intérêt à ce qu'il y ait dans le pays le plus grand nombre possible de partis et de fractions de partis aux prises. C'est toujours notre formule : *Divide ut liber sis*, à laquelle il faut en revenir. La guerre civile n'aurait peut-être pas été si terrible dans l'île décrite par Swift si au lieu de deux partis : les *gros boutistes* qui voulaient qu'on mangeât les œufs par le gros bout et leurs adversaires les *petits boutistes*, il y avait eu une bonne demi-douzaine de partis rivaux. Leur nombre même rend les partis moins féroces. Ils s'usent et s'affaiblissent les uns les autres. C'est là un grand bienfait pour l'individu.

Un symptôme inquiétant à cet égard, et qui semble marquer une recrudescence de l'Esprit grégaire, c'est la formation des Ligues, de ces ligues politiques qui rayonnent dans le pays tout entier, et qui le divisent en deux ou trois partis très forts et très compacts.

Le nom de ligue rappelle le temps des guerres de religion.

---

1. Stendhal, *Le Rouge et le Noir*.

Il faut craindre que le virus politique ne remplace le virus religieux. En instituant des ligues, le but des politiciens est visible : cela simplifie leurs opérations en leur permettant de parquer tous les citoyens en deux ou trois troupeaux faciles à dénombrer et à marquer. Cela facilite les pointages électoraux en temps d'élection. Cependant les Français marchent aux urnes, en hordes serrées, sous la conduite de leurs pasteurs, au cri de liberté. Une fois affilié à une Ligue, l'individu n'ose généralement plus s'en retirer. Car il encourrait alors l'épithète la plus redoutée des âmes grégaires : celle de *lâcheur*. On ne saurait trop méditer en politique comme ailleurs le conseil de Descartes qui « mettait entre les excès toutes les promesses par lesquelles on retranche quelque chose de sa liberté ».

Mais le pis incomparablement qui puisse arriver pour l'individu, ce serait le triomphe absolu, définitif, irrévocable et incontestable d'un parti. L'unité morale au sein d'un tel État serait la mort sans phrases de la liberté.

C'est pourquoi, à nos yeux, une véritable philosophie sociale individualiste s'accommode parfaitement — sur le terrain politique, social et moral — de la thèse sociologique qui affirme la pérennité et la nécessité de la lutte.

Seul un démocratisme faux, utopique, ennemi de l'individualité, peut aspirer à la complète unité morale d'un peuple, à la communion dans un même dogme politique et social. Un tel état social coïnciderait soit avec l'assoupissement, soit avec l'asservissement universel des intelligences.

La vérité est que l'individu doit se défier des scientocraties et des pédantocraties autant que des théocraties. La lutte seule, la lutte toujours renaissante des idées, des croyances, des désirs, est capable de soustraire l'individu à la soif d'uniformité qui est un des appétits de l'âme grégaire.

Par là nous résolvons une question grave : celle des rapports de l'Esprit démocratique et de l'Esprit grégaire. Cette question est à l'ordre du jour. Elle est agitée par divers sociologues, notamment par M. Eugène de Roberty dans son remarquable livre sur *Frédéric Nietzsche*[1].

M. de Roberty est un optimiste social. Il n'accepterait point la formule pessimiste de Proudhon : « Il n'y a jamais eu, il n'y aura jamais de démocratie véritable. » Pour lui, l'Esprit démocratique est le plus bel épanouissement, la plus haute floraison de l'Esprit collectif.

M. de Roberty ne méconnaît pas les tendances à l'asservissement, à la médiocrité, à la lâcheté, à toute la misère intellectuelle et morale que résume l'Esprit grégaire. Mais, d'après lui, l'Esprit grégaire n'est qu'un ingrédient de l'Esprit collectif. L'Esprit collectif renferme — outre l'Esprit grégaire qui est en lui l'ingrédient inférieur et mauvais — des tendances plus nobles : des aspirations à l'égalité, à la science, à la justice.

D'autres sociologues sont d'un avis différent. Ils estiment que pour un esprit qui tire logiquement jusqu'au bout les conséquences d'un principe, la condamnation de l'Esprit grégaire semble devoir entraîner la condamnation de l'Esprit démocratique, car il est incontestable que l'Esprit grégaire entre pour une bonne part, peut-être pour le tout, dans la composition de l'Esprit démocratique.

A notre avis, pour résoudre cette question, il faut faire un départ entre les divers éléments, les diverses tendances qu'on doit distinguer dans l'Esprit démocratique.

Cet examen donne raison dans une large mesure aux pessimistes sociaux. L'esprit démocratique, tel que nous le voyons fonctionner, renferme une part énorme de tendances grégaires et anti-individualistes. Il n'a fait que généraliser, que multiplier à des milliers d'exemplaires les vices grégaires des époques monarchiques et aristocratiques. Les intrigues de

---

[1]. E. de Roberty, *Frédéric Nietzsche* (Paris, F. Alcan, 1902).

cour pour l'obtention des grandes faveurs sont remplacées par des milliers, des millions de petites intrigues, d'appels à toutes sortes de misérables népotismes et favoritismes, du haut en bas de l'échelle administrative démocratique. Depuis le cabinet du bureaucrate de préfecture qui distribue les nominations de facteur rural et de garde-champêtre jusqu'au cabinet du ministre qui dispose des grosses prébendes et des grands postes, c'est le même chassé-croisé de recommandations, la même mise en mouvement de députés, de sénateurs, d'hommes politiques de tout acabit, la même lutte d'influences de famille, d'amitié et d'intérêt. Le « piston » est en France une institution qui fonctionne avec une sûreté et une perfection automatiques.

La démocratie multiplie les âmes de solliciteurs, d'intrigants et d'arrivistes. A un petit nombre de supériorités sociales qu'autrefois la tradition, la faveur du prince ou le mérite personnel élevait en un rang éclatant, elle substitue une multitude immense d'infimes différenciations sociales, « une immense batrachomyomachie de glorioles, de petits égoïsmes, d'impuissances prétentieuses, de menus spécialismes[1] ».

Tout cela est de nature à donner raison aux partisans du pessimisme social. La démocratie n'a pas créé sans doute ces vices grégaires ; mais elle n'a pas réagi suffisamment contre eux. Il est donc malheureusement hors de doute que pour une large part l'Esprit démocratique s'identifie avec l'Esprit grégaire.

Faut-il en conclure à la condamnation de l'Esprit démocratique ?

Suivant nous, la vérité est que l'Esprit grégaire est sans doute indestructible dans l'âme humaine où il représente l'héritage d'animalité, de passivité et de bêtise bestiales. Il

---

1. E. Barthélemy, Thomas Carlyle et la Démocratie (*Mercure de France*, août 1901).

serait injuste par conséquent de rendre la démocratie responsable de cet esprit et de ses méfaits persistants.

La démocratie, comme tout régime social, renferme des éléments bons et mauvais, des éléments de servitude et des éléments d'affranchissement. La raison en est simple. C'est que ce n'est pas dans un régime social quel qu'il soit que résident les germes de progrès et d'ennoblissement humain. Ces germes résident uniquement et exclusivement dans les âmes individuelles qui sont assez énergiques pour s'aristocratiser elles-mêmes, pour s'affranchir de la tyrannie du troupeau.

Les nobles esprits qui ont été les théoriciens de l'idéal démocratique ont en réalité défendu sous ce nom d'idéal démocratique les droits de l'idéal individualiste. Tel a été un Proudhon.

Il y a donc deux choses à distinguer dans la démocratie. Il y a d'une part l'idéal démocratique qui est essentiellement un idéal individualiste, un idéal d'aristocratisation et d'individualisation pour tous ceux qui ont la force et le courage d'être eux-mêmes. A l'heure présente cet idéal est essentiellement un idéal de révolte et de lutte contre le règne bourgeois de l'argent, contre tout le règne des mœurs bourgeoises et des idées bourgeoises qui représentent un filet où se débat aujourd'hui toute libre individualité. Il y a d'autre part ce même idéal individualiste mis en contact avec les groupes grégaires, avec les foules grégaires, et par là même dénaturé, rabaissé exploité par des sentiments, des instincts et des intérêts inférieurs.

Ce conflit de l'idéal et du réel n'est pas neuf. Il reste toujours douloureux.

Il convient de l'accepter stoïquement. Rien d'ailleurs n'est perdu. Car il nous reste la lutte, la lutte éternelle, la lutte chère à Zarathoustra, la lutte pour le droit des individualités.

La Boétie écrivit son traité sur la *Servitude volontaire*

pour montrer la sottise et la lâcheté qu'il y a à consentir au pouvoir d'un seul. Il y a une servitude plus humiliante encore : c'est celle qui consiste à consentir à la tyrannie anonyme de tous, à la tyrannie du troupeau, de la classe, du corps, du clan quel qu'il soit.

Comme l'esprit grégaire est indestructible, la lutte de l'individu contre la société est un phénomène également indestructible et éternel. Cette lutte constitue, suivant une expression de M. de Roberty, « le sombre et mystérieux drame se jouant sans interruption, tenant sans relâche l'affiche de l'histoire[1] ».

1. E. de Roberty, *Frédéric Nietzsche* (Paris, F. Alcan, 1902), p. 145.

VI

L'ESPRIT MONDAIN EN DÉMOCRATIE[1]

Le souci des usages et des devoirs mondains a gardé une grande force dans nos sociétés démocratiques. Ici comme ailleurs, l'Imitation a agi. C'est par une cascade d'imitations que des usages qui étaient autrefois le privilège d'une élite se sont propagés dans la masse. Ici comme ailleurs, la grande, la moyenne et même la petite bourgeoisie ont voulu singer l'aristocratie. L'ancien cérémonial de cour a fait place à celui — moins noble — des soirées officielles de Préfecture et de Sous-Préfecture. Les *belles manières* des marquis d'ancien régime sont devenues le *chic* de nos jeunes fils de famille ou de nos jeunes fonctionnaires arrivistes. La petite bourgeoise qui a « son jour », la femme de fonctionnaire bouffie de vanité de caste et qui, comme dans la *Petite ville allemande* de Kotzebüe, se décorerait volontiers du titre de son mari, rappellent, un peu il est vrai comme des caricatures, la femme de qualité, la grande dame.

Après comme avant 1789, l'Esprit de Caste s'épanouit en moues de mépris à l'adresse des inférieurs, en méticuleuse observance des distances sociales, en signes maçonniques auxquels les gens d'une certaine société se reconnaissent entre eux. On dit d'un homme : M. X... est un homme qu'on peut fréquenter... il est du monde, du vrai monde... Ces formules shibolétiques vous classent de suite un homme. Le

---

1. *La Plume*, août 1903.

mot « Monde » lui-même se prononce avec une intonation spéciale, avec une nuance de vénération et de dévotion.

Si vous n'êtes pas du « Monde », si vous ne faites pas partie des initiés, des paroissiens de la Religion du monde, vous êtes un être sans conséquence ou plutôt, à vrai dire, vous n'existez pas.

Car le Monde a ses dévots et ses fanatiques. Ce type est fréquent dans les cercles mondains du fonctionnarisme provincial. Tel est ce jeune Receveur-Rédacteur de l'enregistrement portraicturé dans un roman récent [1] : « Les devoirs du monde occupaient son existence. Il vivait pour faire des visites, dîner en ville et danser. Il avait appris par cœur le jour de toutes les dames de Châteauneuf, et les soirs de bal il les récitait avec joie sur leur demande. Il menait le cotillon d'une grâce quasi religieuse... » Ailleurs on voit ce jeune homme se livrer à d'inquiètes consultations près de ses amis pour savoir s'il doit paraître à une soirée « avec l'habit rouge et la culotte courte ou l'habit noir et le gilet de soie ». Le culte du Monde est parmi nous la manifestation tenace, triomphante, indéracinable, de ce que Beyle appelait la *manie respectante*, cette manie si naturelle dans un pays de sociabilité moutonnière et despotique.

Qui n'a noté pour son édification ou pour son amusement la hiérarchie des « sociétés » dans une ville de province ? Il y a là généralement quatre ou cinq mondes superposés, impénétrables, formant hiérarchie, de telle sorte que ceux qui appartiennent aux étages d'en bas seraient honorés d'être admis, ne fût-ce que par faveur momentanée, aux étages d'en haut. La vieille noblesse authentique ou prétendue telle méprise la petite noblesse de pacotille. Celle-ci ne fraie pas avec le monde de l'industrie et du commerce ; moins encore avec le monde fonctionnaire... Ce dernier, qui est au plus bas degré de l'échelle, n'est pas le moins prétentieux.

1. *Les Jeux de la Préfecture*, par A. Coulangheon.

Les fonctionnaires d'une petite ville ne se voient guère qu'entre eux et leur isolement les rend particulièrement méticuleux et susceptibles sur le chapitre des devoirs mondains. Dans une petite ville où l'élément fonctionnaire domine, le premier soin du fonctionnaire nouveau venu, au débarqué du train, est de se procurer la listes des dames avec leur jour. Cela rentre dans son devoir professionnel au même titre ou même plus encore que son installation dans sa chaire de lycée ou devant son pupitre administratif.

Dans le curieux roman de mœurs de M. Vergniol, *l'Enlisement,* on voit un jeune Receveur-Rédacteur de l'Enregistrement (il est permis de se demander pourquoi les romanciers qui décrivent ces milieux semblent s'être concertés pour imposer à ce genre de fonctionnaire le rôle de fantoche mondain), lequel est morigéné par son directeur parce qu'il ne se hâte pas de subir le supplice de la « liste ». On ne lui cache pas qu'il va ainsi au-devant d'une mise en quarantaine qui sera d'un fâcheux effet pour l'Administration.

C'est que, dans le monde fonctionnaire, les relations mondaines sont un moyen d'entretenir la solidarité corporative. Les fonctionnaires forment une sorte de franc-maçonnerie qui s'étend sur tout le pays. Ils se retrouvent souvent au cours de leur carrière. Ils se rappellent qu'ils se sont rencontrés déjà à Pont-à-Mousson ou à Aurillac. Généralement leur travers est de considérer leur résidence actuelle comme un trou, bien inférieur à Pithiviers d'où ils viennent et à Brives où ils ont séjourné. Ils considèrent invariablement les gens du pays, les « indigènes », comme des gens plus ou moins infréquentables. Le monde pour eux, c'est la colonie fonctionnaire. Beaucoup croient d'ailleurs sincèrement à la supériorité sociale du fonctionnaire. Les dames du fonctionnarisme renchérissent encore sur cette flatteuse évaluation. Elles rendent leurs dédains aux dames de la bourgeoisie locale. Il faut avoir entendu des femmes de fonctionnaires à 2 ou 3.000 francs de traitement parler sur un ton de pitié de Mme X..., ou de Mme Z..., qui *ne sont que* des femmes de commerçants. Donc le monde fonctionnaire tend à se regarder comme une élite dirigeante. Comme tel, ce petit monde attribue à ses faits et gestes une importance exagérée. Il s'imagine que le public a les yeux sur lui ; il croit nécessaire en conséquence de représenter, de parader, de pontifier. Les relations mondaines, les visites, les soirées lui semblent de nature à rehausser son prestige et rentrent pour lui, par suite, dans les fonctions obligatoires d'une aristocratie en vue.

Est-il besoin de dire la grandeur de cette illusion qu'explique seule la vanité coopérative ? Aujourd'hui, même dans les lointaines et vagues provinces, on prête peu d'attention aux faits et gestes des grands et des petits Manitous du fonctionnarisme. L'indigène ignore profondément les petits potins, les petites intrigues, les petits mots d'ordre, les petites ambitions et les petits préjugés de la société fonctionnaire. Tout au plus le jour de l'An, à l'heure des réceptions officielles, le petit monde des boutiquiers regarde-t-il avec une curiosité un peu amusée le défilé des hordes de fonctionnaires se dirigeant par un morose matin d'hiver, à travers les rues du chef-lieu, vers l'Hôtel de la Préfecture ou de la Division.

Il y a dans la mondanité du fonctionnaire quelque chose de guindé, de circonspect et de gauche. C'est que, même dans un salon, en visite ou en soirée, le fonctionnaire n'oublie jamais qu'il est fonctionnaire. Il n'oublie jamais qu'il représente quelque chose : les Finances, ou l'Enregistrement, ou l'Enseignement, ou la Magistrature. Il a toujours à ses propres yeux une valeur symbolique qui le rend particulièrement méticuleux, attentif au point d'honneur corporatif, soucieux de ne pas commettre de gaffes et d'être « bien noté » mondainement. Dans le roman de mœurs de M. Vergniol que nous avons cité plus haut, il y a la jolie anecdote d'un jeune substitut qui suffoque d'indignation corporative parce qu'une jeune pimbêche de la petite noblesse a refusé de danser avec lui. Il en réfère à son chef hiérarchique et ne songe à rien moins qu'à demander des explications aux maîtres de la maison pour l'injure faite en sa personne à la Magistrature.

D'ailleurs le souci des nuances professionnelles et des petits classements corporatifs n'est jamais oublié dans ce monde spécial. On peut se rappeler, dans les *Maritimes*, l'accueil fait par des femmes d'officiers à la femme d'un commissaire de la marine.

Il y a lieu aussi de noter, dans un corps de fonctionnaires, la distinction qui s'établit entre ceux qui vont et ceux qui ne vont pas dans le monde. Les premiers se montrent généralement très dédaigneux à l'égard des seconds. Ils ont conscience d'une dignité sociale supérieure. Ils affectent devant les autres des airs d'initiés. Ils parlent des petits incidents ou des petits potins mondains, devant les non-initiés, avec des mines mystérieuses et des réserves de secret professionnel. Parfois leur zèle mondain va jusqu'à les rendre agressifs à l'égard des pauvres diables qui ne les imitent pas. Cela, il est vrai, ne se rencontre guère que chez les jeunes néophytes.

Dans les *Scènes de la Vie Universitaire* [1] de Vergniol il y a une exquise peinture d'un jeune professeur mondain et de son impertinence rageuse vis-à-vis de ses collègues non-mondains.

A la vérité, dans certaines petites villes où l'esprit de société est particulièrement despotique, il peut être assez dangereux pour un fonctionnaire de ne pas aller dans le monde. Cette abstention peut entraîner pour lui plus qu'une légère disqualification ; cela peut aller jusqu'à un discrédit réel. Nos mœurs politiques et administratives aidant, cela peut avoir des inconvénients. Car alors les calomnies, les délations et les dénon-

---

1. Parues en feuilleton dans le *Temps*.

ciations politiques ou autres auront beau jeu contre l'isolé qui ne sera défendu par personne, comme ne faisant pas partie des clans obligatoires.

Si nous insistons sur la Mondanité du Monde fonctionnaire, c'est que cette mondanité représente assez exactement ce que peut être l'Esprit de Caste dans une démocratie comme la nôtre. La société fonctionnaire, d'ailleurs, se ressemble partout. Essentiellement nomade, elle se retrouve la même ici ou là. C'est ce qui, en province, la distingue des autres fractions de la « Société ». En province la société autochtone, que ce soit l'aristocratie nobiliaire ou l'aristocratie de l'industrie et du commerce, est plus ou moins attachée au sol ; elle nourrit des traditions, un esprit local et particulariste. La société fonctionnaire est toujours et partout semblable à elle-même. L'Esprit Mondain qui y règne est toujours le même. Il n'est qu'une forme du sempiternel, obsédant, despotique et comique Esprit de corps fonctionnariste. C'est pourquoi c'est dans le fonctionnarisme qu'il faut voir s'épanouir la morgue, la pose et la suffisance de caste dans ce qu'elles ont de plus plat. Thackeray a déjà noté ce trait dans son *Livre des Snobs*. Tous ces fils ou petits-fils de rustres, tous ces ambitieux de carrière, tous ces arrivistes et ces serviles, tous ces administratifs et tous ces roublards, tous ces Mascarille et tous ces Jocrisse, tous ces Trissotin et tous ces Vadius, tous ces Crispin et tous ces Scapin, tous ces Tartufe et tous ces Prud'homme — flanqués de « leurs dames » — ont une façon d'être mondains qui serait à mourir de rire si on en avait le temps. Il faut voir tout ce monde s'initier aux élégances mondaines et plaquer sur sa vulgarité native un vernis mondain. C'est ici un cas spécial de cette manie qui a été décrite sous le nom de Bovarysme. J'entends par là la rage de se concevoir et de vouloir être autre que ce qu'on est réellement. Ce Bovarysme spécial pourrait s'appeler le Bovarysme philistino-mondain. C'est l'éternelle histoire du personnage de La Fontaine qui veut s'essayer à des grâces auxquelles ne le destinaient pas son inélégance naturelle et ses longues oreilles.

Reconnaissons d'ailleurs qu'à tous les étages sociaux, la vie de société est moins une chasse au plaisir, une façon d'orner la vie et d'alléger l'ennui des heures, qu'une façon d'affirmer les distinctions sociales et de faire triompher la vanité de classe. Qu'il s'agisse du Prestige nobiliaire, ou de l'Orgueil de l'Argent, ou de la Vanité fonctionnariste, c'est toujours un Egoïsme de groupe qui défend ses positions sociales.

Le Monde est un théâtre où les gens « comme il faut » s'exhibent, paradent, officient, pontifient. Ils rendent ainsi service à leur classe. Ce n'est pas là un amusement ; c'est bel et bien un devoir de classe, comme l'indique l'expression d'*obligations* mondaines.

Non, ce n'est pas pour s'amuser qu'on va dans le monde, dans notre utilitaire démocratie. C'est pour se montrer ; pour se créer des relations utiles, ces fameuses relations, « cent fois plus précieuses que la fortune elle-même », au dire de M. le préfet Worms-Clavelin, pour se tenir au courant des intrigues, à l'affût des occasions, pour être prêt à entrer au moment opportun dans les groupements de convoitises et les coalitions d'intérêts. Ainsi le savoir-vivre n'est qu'un mode du savoir-faire.

Le Monde est l'éternel champ de lutte des égoïsmes et des vanités. C'est l'échiquier dont parle Beyle dans la *Chartreuse de Parme*, où se joue une délicate et difficile partie dont il faut bien connaître les règles. Seulement, depuis Beyle, ce jeu d'échecs s'est démocratisé et embourgeoisé. Il s'est mué en une bourgeoise partie de loto ou de nain-jaune, avec des enjeux modestes, mais autour desquels s'aiguisent des appétits également féroces. Non, elle n'est pas trop poussée au noir, cette peinture d'une soirée mondaine berlinoise, que

M. Max Nordau esquisse au début de ses *Paradoxes sociologiques*, avec son fourmillement de grotesques, d'imbéciles, de gredins, de scalpeurs de chevelures des deux sexes. Et ce dénigrement fait un pendant utile à la béate et dévotieuse génuflexion de tant de gens cultivés devant cette idole falotte : le Monde.

L'Esprit Mondain, ainsi démocratisé et embourgeoisé, affiche partout ses prétentions à l'hégémonie sociale. En province, surtout dans une petite ville bourgeoise, posséder une certaine situation mondaine, pouvoir donner des soirées, est indispensable pour percer dans la politique. Une soirée annoncée y provoque dans les clans et les partis une grande émotion d'attente, de curiosité, de commentaires, d'espérances, d'ambitions et de jalousies. Dans le roman *l'Enlisement* on voit une soirée donnée par un personnage qui a des visées politiques, dans le but d'opérer la « fusion des classes » dans la petite ville. On compte beaucoup sur cette soirée pour modifier l'assiette des partis, pour nouer des amitiés, pour préparer ou contracter des alliances. Comme si le fait de se mêler quelques heures dans les mêmes salons et de manger des sandwichs au même buffet pouvait changer les sentiments des clans hostiles et créer entre eux des liens durables !

La Dame, personnification des influences sociales que résume l'Esprit Mondain, intervient dans les luttes des partis. De nos jours les Ligues de Dames se multiplient. Dans une période électorale récente, nous avons eu la joie de voir des clans de Dames faire à la bonne cause le sacrifice héroïque de dépenses ordinairement consacrées à de plus frivoles objets. Cette levée de jupons bien pensants dans la mêlée électorale n'aura pas été un des spectacles les moins réjouissants de ce temps.

L'hégémonie sociale de l'Esprit Mondain se fait jour jusque dans les préoccupations des éducateurs et des administrateurs.

Dans les discussions récentes qu'a soulevées la question de la *Crise de l'Enseignement secondaire*, certains ont cru trouver un remède au dépeuplement des lycées, en augmentant le traitement des Proviseurs, pour relever leur situation mondaine et leur permettre de recevoir. Comme si le public qui envoie ses enfants au lycée s'occupait de ces insignifiances ! Comme si un thé hebdomadaire ou mensuel donné par la Proviseuse pouvait avoir la vertu inexplicable d'amener même une seule nouvelle recrue à l'établissement !

C'est ce même préjugé qui fait qu'il y a dans le dossier des professeurs une note spéciale pour les relations mondaines. On s'imagine sérieusement que quelques visites faites par eux dans le monde fonctionnaire de l'endroit relèvent le prestige du lycée. — Dieu soit loué ! Désormais l'esprit de l'Université va s'élargir et se moderniser. L'assiduité au thé du Proviseur et au jour des Dames va constituer le meilleur titre à l'avancement et signalera de suite un jeune fonctionnaire d'avenir.

Les raisons de ce triomphe de l'esprit mondain sont faciles à trouver. La principale consiste en ce que l'esprit mondain représente la morale conservatrice des mensonges sociaux utiles aux classes dirigeantes. C'est ce qui fait qu'un bel avenir lui est promis dans notre stade de civilisation sournoise.

Comme tout esprit de caste, l'esprit mondain a sa morale à lui. Il a sa juridiction spéciale qui peut varier sur tel ou tel point de détail, suivant les divers clans mondains, mais qui reste le même dans les grandes lignes. Comme ce code mondain constitue ce que Carlyle appelait le catéchisme des Dandys qu'il posait en antithèse de celui des Gueux, il se fonde avant tout sur le respect de l'argent.

Dans les classes riches, c'est une hypothèse convenue qu'un homme ou une femme du monde sont au-dessus des questions et des préoccupations d'argent.

Y faire allusion est déplacée. Qu'on se rappelle le froncement de sourcils de Mme de Rénal quand Julien Sorel exprime le regret de ne pouvoir lutter à armes égales avec les jeunes gens de la classe riche. Ce propos scandalise Mme de Rénal. « Élevée dans l'idée qu'elle était fort riche, il lui semblait chose convenue que Julien l'était aussi. » Il résulte de cette convention qu'une femme qui doit recourir à une profession pour vivre n'a pas accès dans le monde. — Pour l'homme le cas est différent. La convention admet qu'un homme peut et doit s'occuper. C'est sous le couvert de cette convention qu'un fonctionnaire pourra être reçu dans les milieux mondains. — Il va sans dire que dans la société fonctionnaire proprement dite cette convention perd de sa force comme étant trop évidemment en contradiction avec la situation réelle de la grande majorité des fonctionnaires.

Une autre règle du code mondain consiste à improuver un mariage qui peut passer pour une mésalliance, un déclassement de celui qui le contracte. Même dans le monde fonctionnaire, il y a mise en quarantaine pour le jeune homme qui épouse une petite bourgeoise qui n'a pas de dot et qui n'est pas de la « Société ».

Par contre, comme on sait, rien n'est mis au-dessus d'un mariage qui assure une brillante situation mondaine.

M. Paul Adam a bien défini les points les plus curieux du code moral et social mondain. « C'est, dit-il, ce code qui oblige à *vivre selon sa position ;* c'est-à-dire à porter au maximum les dépenses de vanités... C'est lui qui impose le mariage de convenance et de vanité pour que les jeunes ménages recommencent la même vie idiote... Expédier aux colonies un fils oisif, suivre aux pays sauvages un fiancé entreprenant et débrouillard, c'est pour une femme se déclasser, entrer en concurrence avec le premier venu, en cas d'insuccès exposer un homme du monde aux métiers inavouables des Abraham Lincoln et des Jay Gould lors de leurs débuts ; c'est en un mot risquer la déchéance... Il est admis qu'un homme ruiné a la ressource de s'engager dans la cavalerie, parce qu'il est convenu qu'à balayer le crottin de la caserne on ne déroge pas, au contraire ; tandis qu'il faudrait peut-être s'encanailler pour mener la vie large et intelligente aux colonies et conquérir la fortune [1]. »

Les jugements mondains se fondent de propos délibéré sur une échelle des valeurs sciemment menteuse. Ils substituent aux valeurs réelles fondées sur la valeur personnelle de l'individu, sur son énergie, sur son initiative, sur son intelligence, sur sa propre faculté de marcher de l'avant et de ne pas tenir compte des mensonges sociaux, une échelle factice, favorable à la veulerie des oisifs, des faibles, des dociles, des paresseux, des médiocres et des nuls. Cette facticité voulue des jugements mondains fait comprendre l'excellence du précepte de Julien Sorel, qui s'était voué à « ne jamais dire que des choses qui lui sembleraient fausses à lui-même ».

La Dame, gardienne de ce code conventionnel, est la grande puissance mondaine, on pourrait dire la grande puissance sociale de notre époque dévirilisée. — Ne régnant que par la convention, elle la défend jalousement. Le Monde est le royaume de la Dame. C'est pourquoi le monde a pour principal but et principal effet d'asseoir, de maintenir et de consolider le règne de la Dame. La morale mondaine tout entière n'est qu'un *instrumentum regni* destiné à faire triompher l'esprit de corps des « Dames ».

La morale sexuelle surtout est sous la dépendance de cet Esprit de corps. Tout ce qui touche à ces questions est soumis aux verdicts mondains prononcés par l'arbitre souverain : la Dame [2].

---

1. Paul Adam, *La Dame et L'Avenir*. Journal du 27 novembre 1899.

2. L'anticléricalisme actuel n'a nullement affaibli dans les cercles mondains le prestige du Sacrement Mariage. — La mentalité cléricale survit à l'anticléricalisme. — Le seul changement, c'est que le mariage civil gagne en respectabilité et en prestige ce qu'a pu perdre le mariage à l'église.

On en trouve une preuve typique dans l'éclat qu'on tend à donner aujourd'hui à la bénédiction nuptiale à la mairie et qui est destiné à remplacer la pompe de la cérémonie religieuse.

Dans le duel des sexes le monde avantage d'une manière décisive la femme, la Dame. La menace terrifiante de la démonétisation mondaine qui frappe le mari trompé a pour but d'assurer l'omnipotence de la femme dans le ménage et dans le monde. La plupart du temps, le mari trompé garde le silence par crainte des représailles mondaines. Car s'il a le mauvais goût de ne pas garder l'attitude résignée et complaisante que réclame l'Esprit de corps des femmes, il est mis irrévocablement à l'index ; il est mort mondainement.

C'est que le monde est intraitable sur tous ces points de morale. Il est despotique. Il ne tolère pas qu'on discute ou qu'on enfreigne ses codifications. Même si on voit pleinement, ce qui est aisé, l'absurdité de ces contraintes, il faut faire semblant de les respecter. Si on ne le fait pas, on passe pour un esprit mal fait, pour un renégat de sa classe. « Celui qui occupe une certaine position, dit un personnage de Tolstoï qui fait partie d'un certain monde, doit se ranger à certaines traditions ; il doit épouser certains intérêts, faute de quoi, il est un renégat de sa classe [1]. »

Au contraire, être un fervent de la Religion du Monde, en épouser toutes les opinions, cela est une bonne note sociale. Cela équivaut à ce qu'était autrefois le billet de confession. Cela prouve qu'on a de saines idées, qu'on tient son rang, qu'on n'est pas un déclassé ni un transfuge de sa classe ; cela est un brevet de bonne mentalité sociale.

C'est ainsi que la Morale Mondaine, suprême ligature sociale destinée à renforcer et à sceller toutes les autres, achève de mater l'individu. Cette tactique sociale s'explique. Mais ce qui est prodigieux, c'est la docilité, la mansuétude, l'abnégation, l'humiliation avec laquelle des hommes d'esprit se plient à cela.

Car l'intellectualité mondaine est, on le sait, au niveau de la

---

[1]. Tolstoï, *Résurrection*.

moralité mondaine. Le monde bannit de parti pris toute question dangereuse, tout problème neuf ou scabreux. Au XVIIIᵉ siècle, la vie de société était tout autre. Les salons célèbres de cette époque étaient de petites sectes littéraires, philosophiques, politiques et sociales, très hardies pour le temps, philonéistes avec engouement, comme aujourd'hui ce que nous appelons le Monde est misonéiste avec effroi.

Alors le règne bourgeois de la Dame ne sévissait pas. La liberté de l'esprit accompagnait et parait la liberté superbe des mœurs de ce siècle. Les femmes qui donnaient alors le ton ignoraient le cant bourgeois ; elles ne s'étaient pas encore instituées les prêtresses de l'Hypocrisie sociale, de l'abêtissante Religion Bourgeoise.

Mais aujourd'hui la Dame règne. Un respect de commande entoure nos falottes et piteuses aristocraties. Le Philistinisme et le Pharisaïsme ont tout envahi.

Stendhal raconte dans la *Chartreuse de Parme* qu'après 1815 un vent de pruderie dévote souffla sur les salons de l'aristocratie. Aujourd'hui, dans la société bourgeoise et surtout dans le monde fonctionnaire, cette pruderie dévote est remplacée par une vertu anglo-saxonne, laïque, hypocrite et pédante qui n'est pas moins tyrannique que l'autre et dégage une non moins asphyxiante odeur de *moraline*.

Cette atmosphère étouffante du Bourgeoisisme fait trouver douce par contraste la compagnie des gens du peuple. On se rappelle les sentiments du prince Nékludoff quand, partant pour son exil volontaire en Sibérie, il fait route dans son wagon de troisième classe avec les paysans, les ouvriers qui s'en vont avec lui vers une tâche de labeur et vers une vie nouvelle. « Le voici, le grand monde, le *vrai grand monde*, disait-il, en se rappelant la phrase française du prince Korchaguine et tout ce misérable monde des Korchaguine, avec la vanité et la bassesse de ses intérêts. Et plus profondément que jamais il éprouvait le sentiment joyeux du voyageur qui vient de découvrir une terre nouvelle, une terre fertile en fleurs et en fruits. »

Transportons la scène en France. Nous aurons la consolation de pouvoir penser que les fils ou les petits-fils de ces ouvriers et de ces paysans seront peut-être à leur tour des « gens du monde ».

VII

L'EMBOURGEOISEMENT DU SENTIMENT DE L'HONNEUR[1]

Le sentiment de l'Honneur a subi une évolution qui l'a amené à un étiolement et à un engourdissement progressifs, sous l'influence de la morale de Troupeau. Aujourd'hui ce sentiment abdique, embourgeoisé qu'il est, enlisé dans l'actuelle platitude grégaire. Il s'est mué en ce sentiment bourgeois : l'*Honorabilité*.

Voyons comment s'est opérée cette transformation.

Si l'on veut se rendre compte de ce qu'a été d'abord le sentiment de l'Honneur, il ne sera pas inutile de faire une petite incursion sur le terrain de la Biologie. On verra que peut-être l'Honneur a joué dans la conservation des groupes sociaux le même rôle que joue la Beauté, l'éclat des couleurs et la grâce des mouvements dans la conservation des espèces végétales et animales.

On sait l'importance de cette fonction que certains biologistes ont appelée la fonction *vexillaire*. Chez les plantes d'abord. Le botaniste Müller a posé cette loi : « Toutes choses égales d'ailleurs, une fleur est d'autant plus visitée par les insectes qu'elle est plus voyante. » De même chez les animaux. Un autre physiologiste a pu poser cette autre loi : « Chez les organismes supérieurs, la concurrence vitale sous sa forme sexuelle est la principale, sinon l'unique source de la Beauté, et partant du sentiment et de l'idée de la Beauté. » Dans la lutte qui s'institue entre les groupes humains et entre

---

1. *La Plume*, 1ᵉʳ juillet 1902.

les diverses fractions d'un même groupe, la Beauté (j'entends par là toutes les qualités éclatantes, séduisantes et charmeresses), joue également un rôle de sélection. Cette beauté qui chez les plantes n'est ni sentie ni connue, s'accompagne chez l'homme d'une émotion et d'une idée. Elle agit puissamment dès lors dans les groupes humains, comme principe de sélection sociale. Et l'on peut dire que dans la société comme dans la nature vivante et sentante, le sentiment du beau n'est à l'origine que « le plaisir de se distinguer ou d'être distingué [1] ».

L'idée de l'Honneur, dans les groupes humains, n'est autre que l'idée d'un certain idéal de Beauté où se résument les qualités les plus utiles à la conservation, à la prospérité et à la vitalité du groupe, et par lesquelles se distinguent les meilleurs exemplaires du groupe. Le sentiment de l'honneur est le sentiment de cette supériorité. Il est l'indice d'une noblesse, d'une utilité sociale prédominante, d'un prestige et d'une suprématie sociale. L'honneur est le signe vexillaire auquel se reconnaissent les belles plantes humaines ; à un degré supérieur, ces superbes plantes tropicales dont parle Nietzsche : « ces êtres d'élite qui pourront s'élever jusqu'à une tâche plus noble et jusqu'à une *existence* plus noble, semblables à cette plante grimpante d'Asie, ivre de soleil, — on la nomme Sipo-Matador, — qui enserre un chêne de ses lianes multiples, tant qu'enfin, bien au-dessus de lui, mais appuyée sur ses branches, elle puisse développer sa couronne dans l'air libre, étalant son bonheur aux regards de tous [2]. »

Tel a été l'Honneur, signe d'élection aristocratique pour les individus et pour les groupes.

En instituant, en consacrant et en consolidant ce senti-

---

1. Voir sur cette conception de la Beauté le tout récent livre de M. L. Bray : *Du Beau*, essai sur l'origine et l'évolution du sentiment esthétique (Paris, F. Alcan, 1902).

2. Nietzsche, *Par delà le Bien et le Mal*, § 258.

ment, les groupes humains, tribus, castes, etc., ont obéi à la loi naturelle de conservation.

Ajoutons que le contenu de l'idée d'Honneur a dû varier suivant que l'intérêt vital des groupes leur faisait préférer à tel moment telle ou telle qualité. Ce qui dans la vie sociale détermine les associations d'idées des hommes, c'est l'utilité vitale de ces associations. « L'homme, dit M. Rémy de Gourmont, associe les idées non pas selon la logique, selon l'exactitude vérifiable, mais selon son plaisir et son intérêt[1]. » Cela est vrai de l'idée d'Honneur comme des autres.

L'idée d'Honneur est l'idée femelle apte à recevoir tels ou tels éléments adventices variables suivant le temps, le milieu, le degré de l'évolution sociale. Au moyen âge, l'Honneur chevaleresque implique les vertus utiles alors et admirées : la force, la bravoure, la franchise, la loyauté, l'horreur de la forfaiture, la protection des faibles. Dans les bandes de condottieri de la Renaissance italienne, telles que cette bande du prince Colonna que Stendhal décrit dans *l'Abbesse de Castro*, le contenu de l'idée d'Honneur devait être assez différent. L'astuce sans scrupule, la fourberie obligatoire à cette époque devaient y rentrer pour une bonne dose. M. Rémy de Gourmont remarque qu'après 1870, en France, on associa étroitement l'idée d'Honneur et l'idée de militaire. « L'association se forma, dit-il à la suite des événements d'il y a trente ans, lorsque le peuple prit le parti d'exalter le soldat pour s'encourager soi-même[2]. » En général et de tout temps, chez nous, Français, épris de grâce et d'élégance conquérante, l'idée d'Honneur enveloppa celle d'un charme vainqueur, séducteur, fascinateur ; l'idée d'aigrette et de panache, de bravoure spirituelle et légère, de toutes les qualités et de toutes les attitudes capables d'attirer les yeux et les cœurs. N'oublions pas ici le rôle que joue dans le sentiment de l'hon-

---

1. Rémy de Gourmont, *Culture des idées*, p. 83.
2. Rémy de Gourmont, *loc. cit.*, p. 89.

neur la sélection sexuelle. Dans les tournois de la chevalerie le prix était décerné par les dames. Aujourd'hui encore, les survivances actuelles des mœurs chevaleresques : le point d'honneur et le duel attestent la puissance ici du suffrage féminin. La crainte de paraître lâche aux yeux d'une femme est la pire des perspectives.

Cela se voit jusque chez les mondains bourgeoisants que Sudermann met en scène. Dans son entretien avec le jeune Lothaire Brandt, où il est question des duels du jeune snob, Lenore Mühling dit : « Ah ! je sais. Nous sommes là pour offrir le laurier au vainqueur [1]... » Cela ne confirme-t-il pas la justesse de notre assimilation de l'honneur et de la fonction vexillaire dans la série biologique ? Est-ce autrement que le mâle fait étalage de ses ornements et déploie ses parades de force et de bravoure devant la femelle ?

Cette fonction vexillaire de l'honneur a déployé ses effets tant que les plantes humaines ont désiré croître et s'épanouir.

Le besoin de *distinction*, essence de la Beauté, a agi dans les groupes humains tant qu'il y a eu un riche fond de sève humaine.

Aujourd'hui, est-ce l'effet d'une dégénérescence provisoire ou définitive ? La plante humaine semble chercher son salut et son bonheur dans l'*absence de distinction*, dans l'uniformité des tons, des teintes et des couleurs. L'absence de distinction, l'absence d'originalité, voilà la loi vitale de nos sociétés grégaires.

Un plat mimétisme social s'impose à la plante humaine qui veut végéter parmi les autres. Qu'elle se garde bien de se parer de couleurs voyantes, de trancher sur les tons ambiants, de donner une impression tropicale luxuriante et fière au sein de nos végétations sociales rabougries et tirées au cordeau.

1. Sudermann. *L'Honneur*, acte II.

L'esprit grégaire — envieux et timoré — qui fait le fond de nos foules bourgeoises, met en interdit tout ce qui a l'outrecuidance de trancher sur les moyennes, tout ce qui pourrait paraître scandaleusement beau, fier et noble. Le bourgeois se défie de « l'enthousiasme », c'est-à-dire de l'instinct de la Beauté dans les choses morales et sociales. Chaque jeune bourgeois suit instinctivement le conseil que le comte Mosca donne au jeune Fabrice dans la *Chartreuse de Parme* : de ne jamais laisser soupçonner qu'il puisse éprouver de l'enthousiasme. C'est que l'enthousiasme fait partie d'une mentalité antisociale. Il suppose des perspectives lumineuses et colorées qui froissent la jugeotte de M. Prudhomme. Donc, plus d'enthousiasme, plus de parure humaine, plus de choquante noblesse des individualités.

L'honneur, signe vexillaire des êtres d'élite, fait place à l'*Honorabilité*, marque de troupeau des bourgeois respectables.

Honneur et honorabilité ; qu'on note la nuance entre ces deux termes. L'honneur est une distinction, une qualité positive. L'honorabilité n'a qu'une signification négative. L'honorabilité est une présomption, une possibilité, une plausibilité ; c'est la vague hypothèse que l'homme qu'on a devant soi n'est pas une ostensible canaille, qu'il n'a pas fait preuve jusqu'ici d'une rosserie particulièrement ignominieuse et avérée.

La considération bourgeoise implique surtout que celui qui en est l'objet n'a rien fait ni rien dit qui pût porter atteinte à la sacro-sainte Propriété. En ce sens, l'honneur consiste à « ne devoir rien à personne », à « ne faire du tort à personne », moyennant qu'on est la « crème des honnêtes gens ». Il faut aussi avoir de la tenue dans sa conduite. Cela s'appelle « vivre bourgeoisement[1] ».

---

1. Dans certaines villes de province, cette expression « vivre bourgeoisement » a un sens spécial dans le dialecte des propriétaires loueurs

L'honorabilité bourgeoise se concilie d'ailleurs très bien avec le fait d'avoir subi toutes sortes de camouflets et d'avanies, d'avoir empoché des tas de soufflets et d'insultes, d'avoir avalé toutes sortes d'insultes, à la condition que cela soit resté caché ou à peu près. Dans la pièce de Sudermann, *l'Honneur*, le fabricant Muhling dit à sa fille : « Regarde ma tête grise, beaucoup d'honneur s'y est accumulé et pourtant je ne me suis jamais inquiété de ce qu'on nomme le sentiment de l'honneur. Ah ! ce qu'on doit en avaler dans ce monde, sans même oser dire « Hum [1] ». Là est toute l'honorabilité bourgeoise. C'est tout et c'est peu. Mais l'honorabilité n'en est pas moins chère au bourgeois. Car en lui domine le souci de l'estime du voisin, le « tremblement devant l'opinion du voisin », comme dit un personnage de Gorki.

Ce tremblement est le trait essentiel de l'honorabilité bourgeoise. C'est ce qu'expriment bien les définitions qu'ont données de l'honneur les modernes analystes de l'âme bourgeoise. « L'honneur, dit Schopenhauer, est la certitude acquise et renouvelée de la bonne opinion des hommes [2]. » « Ce que nous appelons couramment l'honneur, dit Sudermann, n'est autre chose que l'ombre que nous projetons quand le soleil de l'estime publique nous éclaire [3]. » Et celui qui a perdu cette estime est comme le Pierre Schlémyl, de Chamisso, qui a perdu son ombre. Ce souci de l'estime du voisin est la marque de tous ceux qui ont pris pour règle de morale le proverbe chinois : « Rapetisse ton cœur. » Le bourgeois souffre, suivant le mot de Pascal, « de ne pas être

---

d'appartements garnis. Cela veut dire : ne pas amener de femmes dans la maison. Nous avons connu un propriétaire qui, comme un de ses locataires avait enfreint cette clause, se plaignait que ce locataire avait « déshonoré » sa maison. Cet honnête homme de propriétaire avait d'ailleurs autrefois vaguement pratiqué la traite des blanches.

1. Sudermann, *L'Honneur*, acte IV.
2. Schopenhauer, *Aphorismes sur la Sagesse dans la Vie* (Paris, F. Alcan).
3. Sudermann, *L'Honneur*, acte II.

dans l'estime d'une âme », fût-ce l'âme de son semblable, en quoi il ne se montre vraiment pas difficile.

L'exigence dominante de la conscience de troupeau étant l'interdiction de se distinguer ou d'être distingué, le premier précepte du code de l'honorabilité bourgeoise, — en antithèse avec ce que nous avons dit de la fonction vexillaire de l'Honneur — consistera à « être comme tout le monde ». C'est ce qu'exprime le lieu commun : « Être comme il faut. » M. Léon Bloy, commente ainsi ce lieu commun : « Exclusion, élimination immédiate et sans passe-droit de tous les gens supérieurs. Un homme comme il faut doit être avant tout un homme comme tout le monde. Ce lieu commun exprime avec une énergie singulière le mandement évangélique de l'Unité absolue : *Sint unum sicut et nos*. Le bourgeois accomplit à sa façon ce précepte, en exigeant que le bétail humain soit un immense et uniforme troupeau d'imbéciles [1]... »

L'idée d'Honneur s'est détachée de l'Individu et des qualités qui font la noblesse individuelle pour s'appliquer aux masses humaines.

Cela est logique dans l'actuel règne des masses, des groupes, des collectivités. Il n'est plus guère question aujourd'hui de l'honneur tout court, mais des variétés diverses de l'honneur collectif : l'honneur du corps, l'honneur des familles, l'honneur national, l'honneur du sexe, l'honneur des gens mariés, etc.

C'est à ces variétés d'honneur collectif que s'applique ce que Schopenhauer dit si finement de « l'orgueil à bon marché ». « Cet orgueil trahit chez celui qui en est atteint l'absence des qualités individuelles dont il puisse être fier... Tout piteux imbécile qui n'a rien au monde dont il puisse s'enorgueillir se rejette sur cette dernière ressource d'être fier de sa nation ou de sa corporation [2]. » On en vient à

---

[1]. Léon Bloy, *Exégèse des lieux communs*.
[2]. Schopenhauer, *Aphorismes sur la Sagesse dans la Vie*.

s'honorer d'être un électeur, un contemporain, un homme du xxᵉ siècle. Cela s'est vu, cela s'est dit et cela s'est écrit.

Les variétés d'honneur que nous avons citées se ramènent à un certain conformisme avec les conventions admises dans un groupe donné concernant les rapports sociaux, familiaux, sexuels, corporatifs, etc. Parlant de « l'Honneur des Familles », M. Léon Bloy dit encore : « Autrefois, lorsque l'abolition du sens des mots n'avait pas encore été promulguée, l'honneur d'une famille consistait à donner des Saints et des Héros; tout au moins d'utiles serviteurs de la chose publique... Aujourd'hui, l'honneur des familles consiste uniquement, exclusivement, à échapper aux gendarmes [1]. »

A notre époque caractérisée par le règne de la Dame, le code sexuel conventionnel en correspondance avec cette domination tient une grande place, la place prépondérante dans l'honorabilité bourgeoise. Le genre d'honorabilité qui prime les autres est l'honorabilité conjugale. C'est que cette honorabilité spéciale met le mari à l'entière discrétion de la femme, comme l'a si bien montré Strindberg.

Quand un homme a perdu ce qu'on est convenu d'appeler l'honneur conjugal, il est entamé du même coup dans les autres formes de l'honorabilité bourgeoise. On l'atteindra, ou on cherchera à l'atteindre, dans sa considération professionnelle, dans son honnêteté et sa probité privées. On s'étonnera presque qu'il vive encore, qu'il voie encore la lumière du soleil. Cette religion du soi-disant honneur conjugal va à des excès particulièrement comiques. On sait que certains Shakespearisants et certains Moliérisants ont cru utile à la mémoire des grands hommes dont ils cultivent la gloire de la défendre contre une tradition désobligeante et ils se sont attachés à prouver au moyen d'enquêtes érudites que Molière et Shakespeare n'avaient pas éprouvé, quoi qu'on raconte, le sort de Sganarelle. Et ce n'était pas un spectacle

---

1. Léon Bloy, *Exégèse des lieux communs*.

d'une médiocre gaieté que de voir ces critiques bien pensants faire comparaître ces deux grands hommes devant le tribunal des préjugés bourgeois pour les renvoyer finalement absous et munis d'un certificat d'intacte honorabilité bourgeoise.

Au fond il est aisé de voir que tout ce code de l'honorabilité bourgeoise n'est destiné qu'à servir des intérêts et des préjugés de classe. Plat et bête dans ses préceptes, il est très profond comme tactique sociale anti-individualiste. Le but et l'effet de ce code est de plier l'individu au conformisme des idées bourgeoises. Malheur à qui est en contravention avec ce code! — Il sera permis, presque prescrit, à tout piteux imbécile de lui décocher le coup de pied de l'âne. Les âneries du code de l'honneur bourgeois sont érigées en dogmes par les pédants du fonctionnarisme collet-monté qui se croit particulièrement le gardien de la saine morale. Autour de cette forteresse de l'honneur bourgeois montent la garde toutes les passions haineuses et lâches que Schopenhauer a si bien dénommées « le Pandémonium des puissances diaboliques » ; la joie savourée au spectacle de la souffrance d'autrui, l'orgueil bête, la curiosité indiscrète, la manie espionne et inquisitoriale, le dénigrement grégaire, l'hypocrisie tatillonne et papelarde... Mais l'orgueil surtout, et quel orgueil, et chez quelles gens!

Quand on en voit les effets, on est tenté d'en aboutir à la sagesse de l'abbé Jérôme Coignard : « Tous les maux des sociétés polies viennent de ce que les citoyens s'y estiment excessivement et qu'ils élèvent l'honneur comme un monstre sur les misères de la chair et de l'esprit. Ce sentiment les rend fiers et cruels. Un animal qui mange et qui boit et qui fait l'amour est pitoyable, intéressant peut-être et même agréable parfois. Il n'est honorable que par l'effet du préjugé le plus absurde et le plus féroce [1]. »

---

[1]. Anatole France, *Les opinions de Jérôme Coignard*. p. 211.

Concluons que l'honorabilité bourgeoise n'est qu'un des aspects, particulièrement ostensible et insolent, de la vilenie bourgeoise. Si dans son sens primitif et ancien, l'honneur doit être identifié à une prééminente *distinction* individuelle, à une manifestation supérieure de vie, de puissance et de noblesse, laquelle se confond elle-même avec l'idée de Beauté, par contre, le moderne concept de l'honorabilité bourgeoise, consistant dans l'*absence de distinction,* dans l'uniformité obligatoire, mérite d'être identifié à l'idée de platitude morale et de laideur.

En présence de cette laideur où aboutit forcément tout sentiment humain au contact des influences de la morale de troupeau, un parti reste possible : Détacher l'idée et le sentiment de l'honneur de la conscience de troupeau pour les ramener à la culture, à la mise en valeur du mérite personnel, de l'énergie, de l'initiative, de l'indépendance, de l'originalité, du talent, du génie individuels.

L'aveulissement du sentiment de l'honneur tient à l'erreur qui a bouleversé toute l'échelle des valeurs en exaltant de soi-disant valeurs collectives au détriment des seules valeurs réelles : les valeurs individuelles, j'entends celles qui résident dans le cœur, dans la tête et dans la volonté de l'individu.

Le sentiment de l'honneur pourra garder une signification pour ceux-là seuls qui seront des *individualistes* en pensée et en volonté.

Ou le sentiment de l'honneur n'est rien ; ou il est — uniquement et exclusivement — un sentiment intense et impérieux de l'individualité, une conscience supérieure des droits de l'individualité.

Ce sentiment pourra revêtir des formes diverses suivant la variété des types humains. Autre il sera chez les actifs et les énergétiques ; autre chez les sensitifs, les délicats et les tendres. Chez les énergétiques, le sentiment de l'honneur sera la conscience d'une intense puissance intérieure, impatiente de déborder et de s'utiliser au dehors. Ce sera, suivant l'expression de Guyau, « la conscience d'un pouvoir intérieur et supérieur ». Ce sera une aspiration fière et libre au maximum de vie individuelle, à l'épanouissement intégral de la Belle Individualité.

Chez les sensitifs, le sentiment de l'honneur ne présentera plus ce superbe épanouissement d'énergie. L'honneur sera ici une solitude d'âme résignée, hautaine, stoïque et triste. C'est l'isolement noble qu'une âme sait se faire à elle-même, fût-ce au milieu du bruit des foules et du réseau compliqué des servitudes sociales. Tel est l'honneur, ainsi que l'a compris Vigny. Isolement d'âme qui fait que certains hommes donnent à ceux qui les coudoient dans la vie je ne sais quelle sensation de lointain et de mystère. Ils ressemblent à ce personnage dont Villiers de l'Isle-d'Adam a dit : « En l'examinant, on eût cherché autour de lui de l'espace et de la solitude [1]. »

De tels hommes ne sont pas aimés du troupeau. Car ils ne livrent pas leur formule et le mystère enclos dans les replis de leur individualité irrite la jalouse curiosité des groupes. Cet isolement tient surtout à un sentiment profond, irréductible de l'antinomie qui existe entre ces deux termes : *Association, Individualité*. Antinomie que Vigny a bien exprimée en signalant la vraie nature de toute association, de toute solidarité grégaire : « La *Solitude est sainte*, dit-il ; toutes les associations ont tous les défauts des couvents [2]. »

Quoi qu'on dise et quoi qu'on fasse, l'association tend à opprimer l'individu au point de vue intellectuel et moral.

La claire aperception de cette antinomie, l'impatience de cette contrainte, la rébellion légitime contre cette mainmise du groupe sur l'individu ; voilà la racine véritable et impérissable du sentiment de l'honneur.

1. Villers de l'Isle-Adam, *Contes Cruels, l'Inconnue*.
2. A. de Vigny, *Stello*.

La marche de l'évolution multipliera et compliquera de plus en plus autour de l'individu les liens de la solidarité ; mais il faut toujours en revenir à la distinction entre solidarité économique et solidarité morale. L'individu pourra bénéficier de la solidarité économique et il pourra aussi en conséquence avoir intérêt à y participer et à s'y dévouer. Mais il sera de plus en plus dans la nécessité de se défier de la solidarité morale, de voir en elle non une panacée, mais un pis-aller et une menace.

En dépit des tyrannies grégaires, le sentiment de l'honneur *individualiste* survivra dans les âmes. Ce sentiment a quelque chose d'éternel en tant qu'il résume en lui les puissances de noblesse incluses en l'humaine nature. En ce sens, il s'élève au-dessus des variations des états sociaux. Il s'affirme et continuera de s'affirmer comme une revendication supérieure du droit de l'individualité.

Il a pour refuge la conscience individuelle. Et il est dans cette conscience la petite fleur de noblesse qui rachète les bassesses et les lâchetés du troupeau.

VIII

LE MENSONGE DE GROUPE [1]

Aristote a défini l'homme un animal politique ; on pourrait avec autant de vérité le définir un animal menteur. Le mensonge semble être l'atmosphère naturelle de la vie sociale. L'être social ment à autrui et se ment à lui-même. Il ment par égoïsme individuel et par égoïsme collectif ; il ment comme unité et comme groupe. Le mensonge que nous voulons étudier ici est le mensonge de groupe. Nous entendons par là un mensonge commun à tout un groupe social (caste, secte, classe, etc.), un mensonge concerté en vue d'un intérêt collectif et érigé en dogme obligatoire pour les membres du groupe.

Pour ne point paraître disserter dans le vide, nous énumérerons quelques exemples de mensonges collectifs.

L'eux d'eux est le mensonge *optimiste* [2], si bien décrit par Schopenhauer. Toute société a besoin, dans l'intérêt de sa conservation, d'entretenir chez ses membres une certaine dose d'optimisme très propre à les inciter à agir et à déployer le maximum d'effort utile. Il importe que le jeune homme débutant dans la vie soit persuadé que ce monde lui offre la promesse d'un bonheur qui n'échappe qu'aux maladroits et aux

---

[1]. *Revue Philosophique*, août 1900.

[2]. Nous n'entendons pas dire que toute philosophie optimiste est nécessairement un mensonge. — Il ne peut être question de mettre en doute la sincérité du haut optimiste intellectualiste d'un Spinoza par exemple. Nous voulons parler de cet optimisme de commande qui est une des habiletés de la tactique sociale et qui resterait mensonger, même dans l'hypothèse où une certaine métaphysique optimiste serait vraie.

faibles. Comme le jeune homme ne se range jamais dans cette catégorie, il s'élancera vers l'action avec la présomptueuse confiance dont la société aime à le voir animé [1]. « La difficulté de se pénétrer de la vérité sur le monde, dit Schopenhauer, est encore augmentée par cette hypocrisie du monde dont je viens de parler et rien ne serait utile comme de la dévoiler de bonne heure à la jeunesse... La parade sociale et les magnificences dont elle s'entoure sont pour la plupart de pures apparences, comme des décors de théâtre, et l'essence de la chose manque... Ainsi des vaisseaux pavoisés, des coups de canon, des illuminations, des timbales et des trompettes, des cris d'allégresse, etc., tout cela est l'enseigne, l'indication, l'hiéroglyphe de la joie; mais le plus souvent la joie n'y est pas; elle seule s'est excusée de venir à la fête [2]. » — Schopenhauer appelle *philistin* l'homme qui se laisse duper par ces apparences et qui prend au sérieux la parade sociale. « Je voudrais définir les philistins en disant que ce sont des gens constamment occupés et le plus sérieusement du monde d'une réalité qui n'en est pas une [3]. » — Ajoutons que le philistin est très attaché aux illusions dont on l'a nourri. S'il rencontre quelque philosophe ou quelque romancier qui, par une vision plus aiguë de la réalité, met à jour la faiblesse de son plat optimisme, il s'en écarte avec horreur, semblable à ce philosophe écossais dont parle Taine et qui recula épouvanté, quand il vit que sa famille elle-même allait disparaître dans le gouffre du nihilisme de David Hume [4].

---

1. Voir sur ce point Schopenhauer, *Aphorismes sur la Sagesse dans la Vie*, p. 134.
2. Schopenhauer. *Aphorismes*. p. 158.
3. Schopenhauer, *Aphorismes*, p. 49.
4. Le mensonge optimiste tend à persuader à l'individu que l'organisation de la société où il vit est irréprochable. L'idéal serait que l'individu fût tellement imbu de cet optimisme social qu'il attribuât ses déboires, ses mécomptes ou ses souffrances non à un vice quelconque de la société,

Un autre mensonge collectif également étudié par Schopenhauer est le respect qu'on affiche pour les décisions de l'opinion publique, à tel point que celui qui ne partage pas cette vénération est regardé comme un esprit mal fait. La raison en est claire. Le groupe social a intérêt à ce que ses membres ne jugent point les choses par eux-mêmes, mais s'en rapportent au tribunal de l'opinion, qui ne peut manquer de juger d'après les conventions admises. C'est ce qui fait que tant de gens placent, comme le dit Schopenhauer, « leur bonheur et l'intérêt de leur vie entière dans la tête d'autrui ». On se rappelle qu'Ibsen en a également fait justice dans sa pièce *Un ennemi du peuple*, de ce culte fétichiste de la « majorité compacte ».

Voici un autre mensonge de groupe qui joue également un rôle important dans la tactique sociale.

La société n'a aucun intérêt à permettre aux individualités supérieures par leur intelligence et leur pénétration de se faire une place prépondérante qui découragerait la médiocrité. Elle a intérêt au contraire à favoriser la médiocrité que le manque d'esprit critique rend inoffensive et qui ne court pas le risque de diminuer le prestige des conventions établies. « La soi-disant bonne société, dit Schopenhauer, apprécie les mérites de toute espèce, sauf les mérites intellectuels. Ceux-ci y sont même de la contrebande. Elle impose le devoir de témoigner une patience sans bornes pour toute

mais à sa propre faute. C'est ainsi que l'optimisme est l'auxiliaire naturel du conservatisme social.

A ce conservatisme social se rattache également le mensonge que Nietzsche décrit en ces termes : « La raison est menée *dans une direction fausse et artificiellement détournée* des choses journalières et prochaines qui intéressent directement l'individu. Les prêtres, les professeurs et la sublime ambition des idéalistes de toute espèce, de la grossière et de la fine, persuadent à l'enfant déjà qu'il s'agit de tout autre chose : du salut de l'âme, du service de l'État, du progrès de la science, ou bien de considération et de propriété comme du moyen de rendre service à l'humanité entière, au lieu que les besoins de l'individu, ses nécessités grandes et petites, dans les vingt-quatre heures du jour sont, dit-on, quelque chose de méprisable et d'indifférent. » (*Le voyageur et son ombre*.)

sottise, pour toute folie, pour toute absurdité. Les mérites personnels au contraire sont tenus de mendier leur pardon et de se cacher : car la supériorité intellectuelle, sans aucun concours de la volonté, blesse par sa seule existence [1]. »

Terminons cette liste de mensonges — qui pourrait être fort allongée — par un des exemples cités par M. Max Nordau : le mensonge politique. Ce mensonge est celui qui interdit à l'individu de se faire jour dans la concurrence politique par ses mérites personnels, sans l'appui d'un comité électoral. « Ni un Rousseau, ni un Kant, ni un Gœthe, ni un Carlyle n'eussent jamais obtenu par leurs propres ressources, sans l'appui d'un comité électoral, un mandat de député dans une circonscription rurale ou même dans une grande ville. — Le candidat ne se trouve jamais en face de l'électeur. Entre les deux se trouve un comité qui ne doit ses pouvoirs qu'à sa propre audace [2]. »

On voit assez par ce qui précède qu'il est impossible de méconnaître l'importance sociale des mensonges de groupe. Aussi la sincérité, loin d'être une qualité, est-elle généralement tenue en suspicion dans un groupe, dans une secte ou une caste. On se défie des esprits sincères, parce qu'on sait qu'ils refuseront de rentrer dans le mensonge général ; on les écarte ou on les exécute en les traitant de naïfs ou d'utopistes.

Quel est le trait commun à tous ces exemples de mensonges que nous venons de citer ? Il n'y en a pas d'autre qu'une contradiction intime dans la conscience de ceux qui adhèrent à ces mensonges, ou encore une contradiction entre leurs pensées et leurs paroles ou leurs actes. Par exemple ceux qui professent l'optimisme de commande, qui est de mise dans la société, ne peuvent s'empêcher de remarquer à certains

---

1. Schopenhauer, *Aphorismes*, p. 178.
2. Max Nordau, *Les Mensonges conventionnels de notre civilisation*, p. 171. (Paris, F. Alcan.)

moments le démenti que donne à cet optimisme béat le spectacle des douleurs individuelles et sociales. Dans le cas du mensonge politique, on peut remarquer la contradiction qui existe entre la théorie de gens qui affirment bien haut la sincérité du suffrage universel et leur pratique électorale qui consiste à vicier cette sincérité par des manœuvres plus ou moins grossières. Ce sont de telles contradictions qui, suivant la remarque de M. Max Nordau, sont la cause de l'inquiétude et du malaise qui pèsent sur la société contemporaine.

Une société où l'individu est asservi aux mensonges de groupe et où dominent les dogmes formalistes et les psittacismes imposants n'apparaît plus, à qui l'envisage de près, comme une réalité solide, mais comme une ombre fantomatique faite, suivant l'expression de Shakespeare, « de l'étoffe dont sont faits les songes ».

Le groupe devient le prisonnier des mensonges qu'il a lui-même forgés. Il ressemble à ce magicien qui, ayant évoqué un esprit malin, ne pouvait plus par la suite se débarrasser de lui. — Et s'il y a quelque grandeur dans les mensonges diplomatiques ou politiques qu'une individualité puissante (un Metternich ou un Bismarck) met au service de ses desseins et dans lesquels il déploie du moins des qualités supérieures d'initiative et d'audace, il y a par contre quelque chose d'étrangement plat et mesquin dans ces mensonges anonymes que l'individu accepte passivement et dont il se fait le complice par faiblesse intellectuelle et morale.

Il importe de se demander ici quelles sont les causes les plus générales qui engendrent les mensonges de groupe.

1° La cause la plus générale ressort déjà suffisamment de ce qui vient d'être dit. « L'homme, dit le Dr Tardieu, est un animal qui garde son fond sauvage, malgré l'effort des pédagogies prétentieuses; la civilisation la plus parfaite est celle qui fabrique le plus de muselières [1]. » C'est de ce fonds indi-

---

1. Dr Tardieu. *L'Ennui.* (Paris, F. Alcan.)

viduel qu'émergent les poussées de spontanéité et d'indépendance que le groupe, entité compressive, cherche à réprimer. Mais une fiction est aussi propre qu'une vérité à assurer la discipline sociale. M. Tarde en fait la remarque. « Parmi les conditions d'unification nationale, dit-il, M. Seeley place avec raison la communauté de race *ou plutôt la croyance à cette communauté*... Dans les temps les plus modernes comme dans les temps plus antiques, ce qui importe *c'est moins la consanguinité réelle que la consanguinité fictive ou réputée réelle*[1]. » En un mot, peu importe pour la conservation du groupe que son conformisme soit fondé sur un mensonge.

2° De même que toute société en général tend à s'ériger en entité supérieure aux individus, de même chacun des groupes particuliers qui sont comme les organes différents de l'organisme social, tend à attribuer à sa fonction spéciale dont l'importance n'est que relative une valeur absolue. M. Simmel met en lumière cette tendance : « La bureaucratie, dit-il, nous offre de cet antagonisme un exemple relativement inoffensif, mais significatif. Cet organe en vient souvent à oublier son rôle d'organe et se pose comme une fin en soi. On pourrait sur ce point comparer la forme bureaucratique aux formes logiques de l'entendement. Celles-ci sont à la connaissance du réel ce que celle-là est à l'administration de l'État; c'est un instrument destiné à organiser les données de l'expérience, mais qui précisément n'en peut être séparé sans perdre tout sens et toute raison d'être. Quand la logique perdant le contact avec la matière des faits dont elle n'est que l'expression schématique, prétend tirer d'elle-même une science qui se suffise, le monde qu'elle construit et le monde réel se contredisent nécessairement... Le Droit lui-même n'échappe pas toujours à cette tendance. Qu'il s'agisse de la bureaucratie ou du formalisme juridique, cette transformation

---

1. Tarde, *Les Lois de l'imitation*, p. 347. (Paris, F. Alcan.)

d'un moyen en fin est d'autant plus dangereuse que le moyen est d'après les apparences plus utile à la société [1]. » On ne peut mieux rendre compte de la tendance qu'ont certains groupes sociaux à exagérer leur influence et leur prestige social au moyen de vains simulacres.

3° Cessons de considérer un groupe dans ses relations avec les groupes rivaux ou antagonistes. — Pris en lui-même, ce groupe subit une évolution au cours de laquelle des conflits se produisent nécessairement entre le passé et le présent. De là ces duels logiques dont parle M. Tarde et dont la succession constitue l'histoire d'une société. Une croyance, une discipline sociale conserve, quoique surannée, des défenseurs. Il y a dans une société des classes entières d'hommes qui se vouent à la défense des vérités d'hier devenues, suivant le mot d'Ibsen, des mensonges d'aujourd'hui. Ajoutons que dans ces duels logiques, aucune des deux parties en présence ne peut revendiquer le monopole du mensonge organisé. Il peut se faire que les novateurs substituent simplement de nouveaux mensonges aux mensonges anciens. Les sectes révolutionnaires ne sont pas plus sincères, par définition, que les sectes conservatrices. Il y a pourtant plus de chances de trouver parmi elles des esprits sincères, que parmi les défenseurs de croyances qui ont fait leur temps et dont l'expérience a dévoilé l'insuffisance.

Une question qui se pose maintenant est celle de savoir comment l'individu en vient à reconnaître le caractère mensonger des illusions que le groupe organise autour de lui. On peut répondre que l'individu prend conscience de ce qu'est le monde social, de la même manière qu'il arrive à se rendre compte de la véritable nature du monde extérieur. C'est en présence des erreurs et des contradictions des sens que le moi renonce au dogmatisme naïf qui lui faisait admettre tout

---

1. Simmel, *Comment les formes sociales se maintiennent*. (*Année sociologique*, 1898, p. 92.)

d'abord l'objectivité de ses perceptions. Désormais il fera un tri parmi ces dernières; il déclarera vraies et réelles celles-là seules qui ne se contrediront pas entre elles. Il rejettera les autres comme irréelles et hallucinatoires. De même ce sont les contradictions qui se manifestent au sein de l'organisation sociale qui font sortir l'individu du dogmatisme social qui est sa primitive attitude. Ces contradictions le déconcertent et font naître en lui le doute libérateur. Les institutions et les disciplines sociales, au lieu de lui apparaître comme des édifices aux murailles solides et inébranlables contre lesquelles vient se heurter l'insensé assez audacieux pour les nier, ne sont plus pour lui que des ombres molles et opaques qui, comme dans les ténèbres de la nuit, reculent devant celui qui s'avance vers elles.

Mais quelle est dans l'individu la faculté libératrice? Comment l'individu qui n'est après tout qu'un tissu d'influences sociales interférentes, en vient-il à poser son existence indépendante comme juge et mesure de l'être et du non-être social? Il semble qu'on pourrait peut-être recourir pour résoudre cette question, à l'ingénieuse et profonde hypothèse développée par M. Bergson dans son livre : *les Données immédiates de la Conscience*. On sait comment ce philosophe oppose au *moi social*, moi superficiel et illusoire, un moi intime et profond dont le premier n'est que l'infidèle symbole. La philosophie n'a d'autre but, d'après M. Bergson, que de retrouver ce *moi* vrai sous les symboles qui les recouvrent, pour le saisir « dans sa fuyante originalité[1] ». — La vie sociale répondrait à une illusion, l'inévitable illusion par laquelle la conscience humaine a déroulé le temps dans l'espace et placé la succession au sein même de la simultanéité. « Quand je mange d'un mets réputé exquis, le nom qu'il porte, gros de l'approbation qu'on lui donne, s'interpose entre ma

1. Bergson, *Matière et mémoire*. Avant-propos. (Paris. F. Alcan.)

sensation et ma conscience; je pourrai croire que la saveur me plaît alors qu'un léger effort d'attention me prouverait le contraire. Bref, le mot aux contours bien arrêtés, le mot brutal qui emmagasine ce qu'il y a de stable, de commun et par conséquent d'impersonnel dans les impressions de l'humanité, écrase ou tout au moins recouvre les impressions délicates et fugitives de notre conscience individuelle... Nous croyons avoir analysé notre sentiment; nous lui avons substitué en réalité une juxtaposition d'états inertes, traduisibles en mots et qui constituent l'élément commun, le résidu impersonnel des impressions ressenties dans un cas donné par la société entière... Que si maintenant quelque romancier déchirant la toile habilement tissée de notre moi conventionnel, nous montre sous cette logique apparente une absurdité fondamentale, sous cette juxtaposition d'états simples une pénétration infinie de mille impressions diverses qui ont déjà cessé d'être au moment où on les nomme, nous le louons de nous avoir mieux connus que nous ne nous connaissions nous-mêmes... Il n'en est rien cependant et par cela même qu'il déroule notre sentiment dans un temps homogène et en exprime les éléments par des mots, il ne nous en présente qu'une ombre à son tour; seulement, il a disposé cette ombre de manière à nous faire soupçonner la nature extraordinaire et illogique de l'objet qui la projette; il nous a invités à la réflexion en mettant dans l'expression extérieure quelque chose de cette contradiction, de cette pénétration mutuelle qui constitue l'essence même des éléments exprimés. Encouragés par lui, nous avons écarté pour un instant le voile que nous interposions entre notre conscience et nous; il nous a remis en présence de nous-mêmes[1]. »

Nous n'avons pas à discuter ici dans son ensemble l'hypothèse de M. Bergson. Nous ne nous demanderons pas s'il faut

---

[1]. Bergson, *Les Données immédiates de la conscience*, p. 100. (Paris. F. Alcan.)

admettre ou rejeter ce moi intime et profond qui se cacherait, fuyant et mystérieux, sous l'enveloppe des verbalismes auxquels s'arrête notre *moi* social. Nous nous demanderons seulement si ce moi intime, à supposer qu'il existe, peut nous servir pour résoudre le problème que nous avons posé plus haut, c'est-à-dire comment l'individu est-il capable de percer les mensonges sociaux?

Au premier abord, l'hypothèse de M. Bergson semble très propre à remplir un pareil office. En effet, ne nous ferait-elle pas saisir en nous-mêmes un principe supérieur au monde social et indépendant de lui, par conséquent très propre à devenir le juge et la mesure de l'être et du non-être social ? Et pourtant à y regarder de plus près, on voit qu'il n'en est rien. En effet, dans l'hypothèse de M. Bergson, tout, dans notre représentation du monde social, est également mensonger. Il n'y a plus aucune distinction à faire entre la sincérité et l'insincérité, entre la vérité et le simulacre. Le moi cherchant la vérité sociale ne sait plus où se prendre ; il s'anéantit lui-même dans le rêve dont il est le créateur. La conséquence directe de la conception de M. Bergson est un illogisme et comme un nihilisme social absolu. En effet, qui dit science dit distinction de genres et d'espèces, opposition et combinaison de catégories. Or la psychologie de M. Bergson est la négation de tout genre, de toute espèce, de toute catégorie. Comment ce moi mystérieux et fuyant serait-il capable de découvrir les contradictions qui sont les indices révélateurs des mensonges sociaux, alors qu'il est lui-même la négation de toute logique? M. Fouillée semble avoir prévu la conception de M. Bergson quand il dit quelque part à propos du moi nouménal de Kant : « J'ai besoin d'avoir une activité personnelle là où j'agis, là où je connais mon action et son milieu, là où je me connais moi-même [1] ».

---

1. Fouillée. *L'évolutionnisme des idées-forces*. Introduction. (Paris. F. Alcan.)

Nous ne recourrons donc pas au *moi* pur de M. Bergson pour expliquer comment l'individu peut percer les illogismes et les mensonges sociaux. Il ne reste dès lors qu'une réponse possible au problème. Elle consiste à charger de cet office les facultés ordinaires de la conscience empiriques : comparaison, jugement, raisonnement.

Ajoutons que les sociétés évoluent et que cette évolution introduit un facteur nouveau dans le problème. A mesure que l'évolution sociale se poursuit, la conscience individuelle, par suite de la complexité croissante de la vie sociale, devient elle-même plus complexe, plus délicate, plus consciente d'elle-même et de son milieu. Elle devient par suite de plus en plus apte à découvrir les illogismes des systèmes sociaux qu'elle traverse. Un individu qui n'appartient qu'à un groupe sera forcément dupe des mensonges de ce groupe. Mais s'il appartient à la fois à un grand nombre de cercles sociaux différents et variés, il sera capable de faire un tri parmi ces influences multilatérales et de les faire comparaître devant le tribunal de la raison individuelle. C'est un des mensonges de groupe les plus caractéristiques que celui qui consiste à juger de la valeur d'un individu d'après son étiquette sociale. M. Bouglé remarque que la variabilité croissante des modes ôte beaucoup de sa force à ce mensonge. « Il se produit un changement perpétuel qui nous fait voir les mêmes modes portées par des individus très différents et des modes très différentes par un même individu... L'esprit qui a vu se succéder tant d'assimilations différentes se déshabitue de juger les gens sur l'étiquette qu'ils prennent et essaie de découvrir sous l'uniforme momentané des collectivités, la valeur propre à l'individu [1]. »

Une dernière question se poserait maintenant : celle de savoir quel est celui des deux termes antagonistes — la vérité

---

1. Bouglé. *Les idées égalitaires*, p. 164. (Paris, F. Alcan.)

ou le simulacre qui aura le dernier mot dans l'histoire de l'humanité.

Sur cette question, plusieurs conceptions ont été soutenues. D'après Schopenhauer, toute société est essentiellement « insidieuse ». Par sa constitution même, elle est condamnée à duper l'individu par des simulacres variés qui changent au cours des civilisations, mais dont l'effet est toujours le même : stimuler le vouloir-vivre de l'individu et le faire servir aux fins sociales. L'histoire se répète sans cesse. « Il faut comprendre que l'histoire, non seulement dans sa forme, mais dans sa matière même, est un mensonge ; sous prétexte qu'elle parle de simples individus et de faits isolés, elle prétend nous raconter chaque fois autre chose, tandis que du commencement à la fin, c'est la répétition du même drame avec d'autres personnages et sous des costumes différents [1]..» Les sociétés se succèdent, mais leur tactique ne change pas ; elles dupent éternellement l'individu au moyen des mêmes simulacres.

Ibsen est un de ceux qui ont été le plus vivement frappés de l'intérêt que présente le problème du « mensonge de groupe ». On sait que le sujet de beaucoup de ses drames est la lutte de l'individu contre les mensonges sociaux. Et l'on peut dire qu'aucun poète n'a dramatisé d'une manière plus intense ce qu'un personnage de son théâtre appelle « le mensonge vital ». On sait avec quelle énergie Ibsen dresse contre les hypocrisies sociales ce qu'il appelle quelque part « la revendication de l'Idéal ». Certes, dit un des critiques d'Ibsen, si Kant pouvait revenir à la vie, comme il exulterait de voir si admirablement dramatisé son rigorisme moral ! comme il rayonnerait de voir son impératif catégorique adapté et approprié à la scène ! » Mais on ne serait peut-être pas fondé à conclure de là qu'Ibsen ait cru au triomphe final de la sincérité. Il semble croire parfois comme Schopenhauer qu'il y a

---

[1]. Schopenhauer, *Le Monde comme volonté et comme représentation*. T. III, p. 215. (Paris, F. Alcan.)

toujours quelque chose de pourri dans notre vérité et que l'humanité ne fait que substituer le mensonge au mensonge.

La conception de Carlyle est plus nette. D'après lui les médiocres sont caractérisés par « l'intelligence vulpine » ; les héros, moteurs de l'histoire, par l'absolue sincérité. La sincérité et la vérité l'emporteront un jour, car l'évolution humaine est dominée par une idée divine qui se réalise progressivement dans les grands hommes.

Ces diverses solutions répondent à une question qui dépasse manifestement l'expérience et que nous ne chercherons pas à résoudre ici. En restant sur le terrain de l'expérience, tout ce qu'il nous est permis de dire, c'est que l'individu peut, dans un ensemble donné de conditions sociales, arriver à reconnaître les mensonges de groupe et à se prémunir contre eux.

IX

L'IMPUNITÉ DE GROUPE[1]

Aujourd'hui l'action individuelle est remplacée par l'action collective. Sur le terrain économique, politique, moral et social, tout se fait par masses, par groupes. Sur le terrain industriel, ce sont les syndicats financiers et ouvriers; en politique, ce sont les comités et les ligues; sur le terrain social et moral, ce sont les administrations officielles, les corps constitués, les clans mondains, les églises et les chapelles de tout genre, avec leurs mots d'ordre, leurs disciplines concertées d'admirations et de réprobations convenues, leurs préjugés et leurs morales de groupe.

La Pensée même, l'ombrageuse et solitaire Pensée, s'embrigade et n'a plus d'audaces que sous les plis d'une bannière qui précède les penseurs comme le fanion orné de couronnes et de médailles s'avance en tête d'un Orphéon ou d'une Société de gymnastique. Partout l'initiative individuelle est négligée, méprisée, suspectée. Il faut être plusieurs pour agir, plusieurs pour prendre une décision, plusieurs pour oser penser ou parler. — Aujourd'hui plus que jamais malheur à l'isolé!

L'individu, pris dans le réseau compliqué de nos liens sociaux n'échappe à une maille qui commençait à l'enserrer que pour s'emprisonner aussitôt dans une autre.

Initiative et responsabilité vont de pair. L'éclipse de l'initiative individuelle entraîne l'éclipse du sentiment de la responsabilité. La caractéristique des âmes contemporaines; c'est l'horreur de la responsabilité personnelle; c'est le désir de

---

1. *La Plume*, 15 mars 1902.

noyer cette responsabilité personnelle dans la responsabilité collective.

Responsabilité collective! Le mot est étrange. Il a été inventé par certains moralistes, en correspondance sans doute avec la mentalité que nous venons d'esquisser. Pour nous, nous sommes arrêtés par ce vocable. Nous n'en voyons pas nettement le sens. Il n'y a de responsabilité que la responsabilité personnelle, que celle qui est portée par un *moi*. On peut être responsable de soi et pour soi. Mais qu'est-ce que la responsabilité d'un être anonyme, d'une foule, d'une administration, d'un corps, d'un clan mondain? — Il ne faut pas confondre responsabilité collective et responsabilité partagée. Cette dernière expression peut s'entendre. Dans certains cas, une responsabilité partagée est possible parce qu'elle est susceptible d'être répartie entre les personnes qui ont participé à l'acte. Par exemple, un vol est commis. On en sait les circonstances et les détails. On sait qui a été l'instigateur, qui a fait le guet, qui a opéré l'escalade ou l'effraction, qui a été le recéleur. — Ici on peut parler de responsabilité, parce que la part d'initiative de chacun, et par conséquent sa part de responsabilité, peuvent être déterminées. Tout autre est le cas quand il s'agit d'une foule, d'un corps constitué, d'un clan mondain ou encore quand il s'agit de ces mille influences sociales anonymes, fugaces et insaisissables et pourtant tenaces et toutes puissantes, qui forment à un moment donné ce qu'on appelle l'opinion. C'est en vain qu'ici vous essaierez de fixer des responsabilités; il n'y a ici qu'une responsabilité anonyme, c'est-à-dire une responsabilité nulle. C'est là l'idéal cher à la veulerie contemporaine: l'*Impunité du groupe*. — L'impunité du groupe couvre la rosserie des individus.

Car il ne faut pas être dupe de cette expression : un groupe. — Un groupe est une abstraction. Dans tout groupe il y a des meneurs et des menés, des donneurs de mots d'ordre et des suiveurs. A notre stade de civilisation que Sighele appelle si bien le « stade hypocrite » et qu'il oppose à la criminalité violente des âges antérieurs, les meneurs aiment à ne pas se compromettre. Ils aiment à rester dans l'ombre. — A vrai dire, la distinction faite par Sighele entre l'âge de la Violence et l'âge de la Ruse est peut-être trop absolue. On peut évoquer comme type d'époque intermédiaire la Renaissance italienne, se rappeler par exemple ce prince Colonna dont Beyle a esquissé la figure dans l'*Abbesse de Castro* et qui donnait comme mot d'ordre à ses soldats de ne jamais dire la vérité, dans aucune circonstance, même quand ils ne soupçonneraient pas l'utilité de ces mensonges.

Il n'en reste pas moins vrai, en gros, que parmi nous la mentalité de groupe, favorisée par la multiplication et la complication croissante des cercles sociaux, se caractérise par un besoin croissant de dissimulation, par une horreur pour le coup droit qui démasque le tireur, par une sympathie pour la tartuferie et le pharisaïsme de groupe.

Dans tout groupe il y a une certaine quantité disponible de méchanceté humaine, une certaine quantité de cruauté virtuelle, de dispositions latentes à la raillerie, à la calomnie, au dénigrement, à l'agression sournoise.

Cette énergie spéciale tend, comme toute énergie, à s'écouler et se déployer suivant la ligne de la moindre résistance. Elle s'attaque d'instinct à l'être faible et sans défense, de même que la goutte d'eau s'écoule suivant la pente la plus facile. Cela est visible dans tous les groupes, petits ou grands, durables ou passagers.

Qu'on se rappelle la table d'hôte de la pension Vauquer dans Balzac et les brocards qui se concentrent sur le père Goriot. Qu'on se rappelle aussi dans la nouvelle de Maupassant intitulée *l'Héritage* les sarcasmes à jet continu des employés du ministère contre le père Savon. Il est rare de voir un groupe sans un souffre-douleur, un pâtiras. Il y a là quelque chose de semblable à ce qui se passe chez les animaux domestiques, quand on voit une basse-cour se ruer sur un poulet malade pour l'achever à coups de bec.

Eh ! bien ! le talent du meneur, dans notre stade de criminalité sournoise, consiste à capter, à canaliser et à diriger au gré de ses intérêts ou de ses rancunes cette force spéciale qui est la méchanceté de groupe. C'est là la technique qui est au fond de toutes les moqueries concertées, de toutes les délations, de toutes les intrigues sordides, de toutes les niaiseries méchantes, de toutes les mises en quarantaine sociales, de tous les coups de pieds de l'âne au mérite qui sont aisément observables dans les corps, les clans et les coteries de tout genre. D'ailleurs dans la société, le *faible* n'est pas nécessairement faible intellectuellement ou moralement. C'est simplement l'isolé, l'indépendant, ou encore le sincère, très supérieur la plupart du temps à ceux qui ameutent autour de lui les ricanements grégaires.

Contre l'isolé le meneur hypocrite a beau jeu. Il dirige à coup sûr contre lui la méchanceté et la lâcheté du groupe. Pour lui, il reste dans la coulisse, couvert par l'anonyme complicité des autres.

La criminalité de groupe veut l'impunité et elle l'obtient à coup sûr. Cependant si l'isolé s'avise à un moment donné de se rebiffer contre le groupe, ce dernier feint l'indignation et entonne le chœur connu :

> Cet animal est très méchant :
> Quand on l'attaque il se défend.

Par privilège spécial, un groupe doit échapper aux conséquences de ses méfaits. Il veut être lâche et féroce impunément. Lorsque des haines de groupe se sont acharnées sur un individu, elles ne veulent pas le laisser se relever. Même quand le groupe ne semble rien avoir à redouter de l'individu qu'il a annihilé, il prévoit toujours des représailles possibles.

Il applique instinctivement le précepte de Machiavel qui

dit « qu'il faut achever les blessés sans pitié, afin qu'ils ne surgissent pas guéris et aptes à de nouvelles batailles. Si médiocre que soit un vaincu, sa colère est toujours à craindre ; c'est pourquoi l'extermination est nécessaire ».

Les groupes exercent aujourd'hui la véritable omnipotence. « Le pouvoir de tous ne compte avec personne », dit quelque part Balzac [1]. Or, aujourd'hui le pouvoir de tous, c'est le pouvoir des groupes. Car tout le monde est embrigadé. — On peut aussi appliquer à la politique des groupes le mot de Casimir Périer [2] : « Tout pouvoir est une conspiration permanente. » Aujourd'hui, le pouvoir résidant dans les groupes, on peut dire que tout groupe est une conspiration permanente. Il est une conspiration contre la liberté des individus, contre l'originalité des consciences individuelles.

Telle est l'impunité de groupe. Cette lâcheté collective est bien en germe dans la nature humaine. Sighele remarque que les enfants, quand ils se trouvent ensemble, deviennent plus méchants et plus cruels... « La niche un peu hardie, le petit vol, l'escalade d'un mur qu'aucun n'aurait osé faire ou même méditer tout seul, ils y songent et ils le font, quand ils se trouvent beaucoup ensemble. Nous-mêmes, nous autres hommes, nous devons reconnaître que s'il est un cas où nous pouvons faillir aux lois de la délicatesse ou à celles de la pitié, c'est alors justement que nous sommes plusieurs ensemble. Car le courage du mal s'éveille alors en nous [3]. » — Mais cette disposition naturelle est renforcée par les particularités de notre état social. Au premier rang on peut noter l'influence de l'esprit fonctionnariste. — Tolstoï donne un bon exemple d'irresponsabilité fonctionnariste. C'est à la fin de la deuxième partie de *Résurrection*. — Plusieurs forçats partant pour la Sibérie sont morts a cause de la chaleur exces-

---

1. Balzac, Préface de *Catherine de Médicis*.
2. Cité par Balzac, Préface de *Catherine de Médicis*.
3. Sighele, *Psychologie des Sectes*, p. 215.

sive et aussi à cause de l'imprévoyance des fonctionnaires chargés de régler le départ. Mais la responsabilité de cet incident ne retombe sur personne. Chacun des fonctionnaires est couvert par un ordre. D'ailleurs, en cette occurrence les divers fonctionnaires sont moins préoccupés de porter secours à ceux qui souffrent que d'accomplir les formalités pour faire enregistrer les décès et pour mettre à couvert leur responsabilité. — Nos administrations ont parfaitement vu les avantages de l'anonymat. Les décisions sont de moins en moins prises par des individus ; elles sont prises — en apparence — par des comités, des commissions, c'est-à-dire des entités à peu près anonymes et irresponsables.

L'impunité de groupe est un fait social significatif et peu rassurant. C'est un symptôme de rapetissement intellectuel et moral, c'est un indice d'une moindre intensité de vie. C'est une forme d'humanité diminuée. Guyau avait mis en lumière la noblesse de ce sentiment, l'*Amour du risque* et Nietzsche a célébré en termes magnifiques l'homme qui « peut faire des promesses », l'homme qui sait être soi, qui peut compter sur lui-même et sur qui on peut compter [1]. Ici comme ailleurs, l'absorption dans le collectif abolit la valeur de l'individualité. Les groupes sont un néant fluide, une lâcheté inconsistante.

Notre état social exclut-il absolument la noblesse de la responsabilité personnelle ? L'esprit grégaire est-il destiné à étouffer toute spontanéité et toute valeur ?

Aujourd'hui, si dans le fonctionnarisme, dans les corps constitués et les administrations, l'individu est forcément amoindri, s'il est destiné à noyer sa pâle personnalité et sa fuyante responsabilité dans l'anonymat, il est possible du moins à l'homme indépendant de courir des risques. C'est là le cas de l'industriel, de l'ingénieur, de l'artisan, de l'artiste, du colonisateur, du savant, de l'écrivain, du penseur. Mais

---

1. Voir Nietzsche. *Généalogie de la Morale*, Ed. du *Mercure de France*, p. 88.

il faut distinguer ici le risque économique et le risque moral.

Beaucoup osent courir le risque économique. Peu osent courir le risque moral ; j'entends par là entrer en conflit avec les préjugés de l'opinion grégaire, avec la mentalité de groupe, avec la Peur de groupe, génératrice de la morale.

Que deviendra demain le sentiment de l'initiative individuelle et de la responsabilité personnelle ? Ces sentiments se concilieront-ils avec le triomphe du solidarisme et du socialisme ?

M. Gide, l'apôtre du solidarisme, a tenté une conciliation originale de l'idée de responsabilité personnelle avec l'idée de solidarité. Suivant lui, la solidarité, loin d'abolir le sentiment de la responsabilité personnelle, l'exaltera. « Ce qui fait l'individu, dit-il, c'est la responsabilité que la solidarité exalte en donnant à l'homme la conscience d'être responsable, non seulement de sa propre destinée, mais encore de celle d'autrui. Quelle gravité prendront nos actes quand nous serons pénétrés de cette pensée ! Les rois ne sont grands que parce qu'ils sont responsables ; comme eux, au lieu du « moi » individualiste, nous proférerons le « nous » souverain sous un régime de solidarité, car c'est être roi que de savoir que l'on tient dans ses mains les destinées d'un grand nombre d'hommes, et que chacun de nos gestes se répercute, bien au delà des horizons visibles, en longues ondulations de souffrance ou de joie ? [1] ... » Ces paroles sont belles. Mais il faut distinguer ici la solidarité économique et la solidarité morale. Par la solidarité économique, l'individu peut librement s'associer à ses semblables et les aider comme il est aidé par eux. Mais dans la solidarité morale, il est trop souvent passif, étouffé par des égoïsmes honteux et hypocrites auxquels on l'invite à se dévouer.

Nous voyons aussi par là quelle place le sentiment de la

---

1. Ch. Gide. Conférence faite au Cercle des Étudiants libéraux de Liége, le 3 mai 1901.

responsabilité personnelle pourra garder dans le socialisme. Le socialisme a cet immense avantage, en brisant les hypocrites solidarités bourgeoises, de libérer les initiatives individuelles, d'anéantir les clans grotesques qui, à l'heure présente, étouffent l'initiative et dissimulent la responsabilité personnelle. Mais il ne faut pas qu'il substitue à ces solidarités d'autres solidarités oppressives ou hypocrites. Un socialisme étatiste, un socialisme fonctionnariste et administratif, plus ou moins calqué sur nos administrations actuelles, étoufferait la responsabilité, comme l'initiative individuelle et serait la mort de la culture. Mais il y a place pour un socialisme pénétré d'individualisme qui sauvegarderait la liberté de l'individu dans toutes les formes de son activité, en dehors de la tâche économique qu'il aurait librement assumée. Sous n'importe quel régime social, l'individu ne doit jamais se donner tout entier. Il doit toujours se réserver quelque chose — le meilleur — de lui-même ; il doit échapper dans la mesure du possible à l'embrigadement social ; il doit être lui-même et avoir en horreur cette forme d'humanité aveulie : l'Impunité de groupe.

X

LA TÉLÉOLOGIE SOCIALE ET SON MÉCANISME[1]

L'idée de finalité est la citadelle du Dogmatisme sociologique. Tous ceux qui érigent la société en entité antérieure et supérieure aux individus professent explicitement ou non une téléologie sociale. Ils reprendraient volontiers, en le généralisant et en l'étendant à la vie sociale tout entière, l'aphorisme qui sert de devise au livre capital d'Ihering : *Der Zweck ist der Schöpfer des ganzen Rechtes*.

L'idée de finalité est une forme vide. C'est pourquoi les sociologues ont introduit dans cette forme un contenu variable. Les uns ont dit que la fin de la Société était l'accomplissement de la volonté de Dieu; d'autres, que c'était le triomphe de l'Idée dans le monde; d'autres ont dit que c'était le progrès de l'Espèce, ou encore l'Harmonie générale et le Bonheur universel, etc.

Nous ne nous proposons pas de discuter en détail ces diverses conceptions de la finalité sociale. Car elles présupposent la question préalable : Y a-t-il une finalité sociale?

Pour répondre à cette dernière question, nous essaierons de retracer les lois suivant lesquelles s'est déroulée en fait l'évolution sociale. A nos yeux, le seul côté scientifiquement observable de la finalité est son côté mécanique.

Il nous faut remonter jusqu'aux premières époques de la vie des hommes en société. C'est là que nous pouvons saisir les premiers rudiments et les premiers essais du mécanisme

---

1. *Revue philosophique*, août 1902.

psychologique d'où sortira lentement l'idée d'une téléologie sociale.

Nous croyons avec M. Ferrero que la première loi de ce mécanisme n'est autre que la loi d'Inertie mentale avec son corollaire, la loi du moindre travail. L'inertie mentale est une donnée psychologique qu'on a vainement tenté de contester. L'homme, surtout l'homme de l'humanité primitive, a un penchant à employer les processus mentaux qui lui coûtent la moindre fatigue. « L'évolution sociologique tout entière, dit M. Ferrero, nous prouve que cette loi du moindre effort règle l'activité psychique de l'homme. Toutes les institutions sociales un peu complexes que les peuples civilisés possèdent, n'ont pas été créées d'une pièce et en une seule fois ; elles ont été créées peu à peu, par de nombreuses générations dont chacune a apporté sa petite innovation ; et toutes additionnées ont formé avec le temps les institutions actuelles, telles qu'elles sont dans leur extrême complexité. C'est donc une complexité se composant d'une somme très grande d'inventions simples, dont chacune a nécessité un effort mental très petit[1]. » M. Ferrero prend pour exemple les modernes ministères d'État, une des institutions les plus compliquées de notre vieille civilisation. Il montre comment les plus hauts fonctionnaires de l'État, civils et militaires, n'étaient à l'origine que des serviteurs attachés à la personne du roi, chargés de son service personnel ; comment ces serviteurs purent être accidentellement et en cas d'urgence, chargés de quelques-unes des affaires publiques ; comment enfin, ces affaires se compliquant de plus en plus, l'accidentel et le provisoire devinrent définitifs[2]. M. Ferrero retrace de la même manière la genèse de l'idée des appointements du fonctionnaire, idée qui paraît aujourd'hui si naturelle dans nos sociétés bureaucratiques.

---

1. G. Ferrero, *Les lois psychologiques du Symbolisme*, p. 18. (Paris, F. Alcan.)
2. Ibid., *loc. cit.*

Il ne faut pas croire d'ailleurs que dans leurs essais pour résoudre avec le moindre travail possible les problèmes de l'existence, les hommes aient visé d'emblée au mieux, au plus achevé, au plus commode, au plus parfait. Ils choisissaient le moyen le plus propre à leur épargner de la peine, même si ce remède était passager, même s'il était compensé par des inconvénients ou des dangers, même parfois s'il compliquait encore plus les maux qu'il devait faire disparaître. C'est pour cela que l'évolution sociale s'est déroulée par petites secousses et par petits progrès. Tout s'est fait par de petites adaptations partielles, nullement coordonnées à l'origine, par de petits expédients toujours imparfaits et provisoires. M. Ferrero a appliqué cette vue à la genèse des innombrables symboles qui peuplent la vie sociale de l'homme. Dans un autre ordre d'idées, M. Michel Bréal a expliqué par la même loi du moindre travail les transformations du langage. Critiquant les vues d'Ampère sur le passage des langues synthétiques aux langues analytiques, l'auteur de la *Sémantique* dit : « Ainsi ce serait pour réparer des ruines, pour remédier à un mal, pour sortir de la confusion, que des procédés nouveaux auraient été inventés. Présenter les choses de cette façon, c'est méconnaître la vraie succession des faits; c'est rendre inintelligible l'histoire des langues. En réalité, il n'y a pas eu à réparer de ruines. Il n'y a ici qu'à faire intervenir la loi de *spécialité*, forme de la loi du moindre effort. Une tendance de l'esprit qui s'explique par le besoin de clarté, c'est de substituer des exposants invariables, indépendants, aux exposants variables, assujettis. Il y a là une tendance conforme au but général du langage qui est de se faire comprendre aux moindres frais, je veux dire avec le moins de peine possible[1]. »

M. Berthelot a montré de même par quelle suite de tâton-

---

[1]. Michel Bréal, *Essai de sémantique*, p. 13 et 14.

nements, de recherches partielles et incohérentes, la chimie moderne est sortie de l'alchimie. Il résulte de ses études que les premiers savants n'avaient nullement l'idée de *loi* scientifique et par suite ne faisaient nullement des expériences *pour* trouver les lois; mais c'est de leurs tâtonnements et de leurs expériences qu'est sortie l'idée de loi.

Il est inutile d'insister sur ce point. A la racine de toutes les innovations et de toutes les transformations sur tous les domaines de l'activité sociale, la seule loi qui se laisse saisir est celle de l'inertie mentale et du moindre travail. Cette loi est toute instinctive et les dispositions qu'elle inspire sont adaptées à la difficulté immédiatement urgente. La paresse mentale de l'homme l'attache d'abord au présent et le maintient dans le cercle étroit des contingences du moment.

Mais ce premier mode d'activité psychologique n'a pas tardé à se transformer, sous l'influence des résultats déjà obtenus.

A l'origine, l'homme a un cercle de prévision et de calcul des plus restreints. Son acte n'a de conséquence que pour lui-même et pour les autres hommes qui forment son entourage immédiat, sa famille, sa tribu. Mais plus tard les cercles sociaux s'élargissent. Les relations sociales se compliquent. Au fur et à mesure que les conséquences de l'acte d'un individu embrassent un plus grand nombre d'hommes, et s'étendent à un avenir plus lointain, le champ de sa prévision et de son calcul s'accroît. En même temps, par l'exercice, ce calcul se précise. Il se trouve, il est vrai, en présence de problèmes plus compliqués; mais il a à sa disposition, pour les résoudre, plus d'expériences passées, plus de cas analogues déjà résolus, plus d'habileté acquise. Dès lors, l'homme ne s'arrête plus à l'utilité sociale immédiate; il arrive à l'idée d'une utilité plus large en vue de laquelle les résultats déjà obtenus peuvent servir de moyens. En tout, il conçoit une utilité non seulement présente, mais future et lointaine, qu'il dépend de lui de rendre plus ou moins complète et plus ou moins bien adaptée à ses besoins et à ceux de son groupe.

C'est ainsi que la première loi psychologique toute instinctive de l'inertie mentale et du moindre travail se transforme en la loi bien connue des économistes : la loi du *maximum d'effet*, ou, pour être plus précis, la loi du *maximum des effets obtenu avec le minimum de l'effort*.

Cette loi caractérise des états sociaux déjà plus avancés.

Cette loi n'est plus instinctive comme la loi d'inertie mentale. Elle n'est plus simplement l'expression de l'instinct de paresse si puissant dans l'humanité primitive ; elle marque un éveil de l'humeur énergique jusque-là étouffée par l'humeur paresseuse. Et cette humeur énergique va se fortifier et se manifester d'une manière croissante dans les stades supérieurs de l'évolution humaine.

Cette deuxième loi présente des caractères inverses de la première. Elle est voulue au lieu d'être instinctive ; elle est née de nos efforts au lieu d'être naturelle ; elle agit d'une manière durable et systématique, au lieu d'être intermittente. Elle n'est plus purement mécanique, mais téléologique, au sens psychologique du mot, c'est-à-dire qu'elle implique une représentation, au moins vague, des buts à atteindre et d'une subordination des buts les uns aux autres. Ici l'idée de la division du travail et celle de la loi de la facilité croissante du travail apparaissent d'une manière nette dans la conscience sociale.

Quelles sont les conséquences de cette loi nouvelle ?

Ces conséquences sont doubles. Elles consistent d'une part dans la médiatisation croissante et d'autre part dans la dépersonnalisation croissante des valeurs sociales.

Les valeurs sociales, d'immédiates qu'elles étaient à l'origine, tendent à se médiatiser de plus en plus et à s'éloigner de l'individu. Celui-ci n'a plus cherché la satisfaction immédiate de ses appétits; mais ce qui pouvait lui servir de moyen pour se procurer cette satisfaction. A la fin, ce moyen est devenu un but en lui-même. La richesse, le confort, la puissance, la science sont des valeurs médiates. Et avec la marche de l'évolution, elles se médiatisent de plus en plus. La richesse n'est plus recherchée pour satisfaire ses besoins ou se procurer des jouissances; elle est recherché pour elle-même.

En même temps que la médiatisation, s'accentue le phénomène de la dépersonnalisation croissante des valeurs. Les valeurs portent de moins en moins l'empreinte de l'individu qui les crée ou en jouit. La propriété se dépersonnalise. Le lien de l'individu à sa propriété devient de plus en plus abstrait et lointain. Quoi de plus impersonnel que les actions d'une mine d'or ou de diamants qui se négocient en bourse sans que parfois les vendeurs ni les acheteurs connaissent même l'emplacement de la mine?

Le travail se dépersonnalise. A l'organisation familiale du travail a succédé le travail à l'atelier; puis le machinisme de la grande industrie qui fait de l'individu un simple *bras* dans un mécanisme impersonnel.

L'art, qui n'est que la forme supérieure du travail, se dépersonnalise lui aussi. Les procédés industriels remplacent l'inspiration et le goût individuels. L'ouvrier du moyen âge pouvait être un artiste. L'esclave du machinisme moderne ne le peut plus.

La littérature, elle aussi, se dépersonnalise. Elle se passe de plus en plus de l'inspiration individuelle. Elle emprunte ses inspirations forcément superficielles aux courants passagers de la vie politique et sociale, à la mode, à la vogue, à l'engouement des foules. C'est pourquoi elle produit souvent des idées impersonnelles, plates et sans relief comme de vieilles monnaies usées.

Sur le terrain moral, il en est de même. L'uniformité tend

à prévaloir. La grande valeur moderne, l'argent, domine toute la morale des pays industriels de bourgeoisie ploutocratique. Il n'y a plus chez les hommes de nuances dans le sentiment moral, dans la conception de la vie. La morale tend partout à être la même morale ploutocratique, tutrice au fond, comme l'a montré Menger, des intérêts économiques des plus puissants. Rien de plus impersonnel et de plus monotone au fond que la morale ploutocratique bourgeoise dans tous les pays ; rien de plus plat et de plus insipide que les mensonges usés sur lesquels elle repose, que les mots d'ordre partout répétés avec la même absence de conviction et la même obligatoire hypocrisie.

Ici apparaît, sous son aspect moderne, l'éternelle antinomie de l'individu et de la collectivité.

La loi du maximum d'effet utile et de la facilité croissante du travail industriel favorisent le bien de la société ; mais elles entraînent d'autre part certaines conséquences qui asservissent et diminuent l'individu. La loi du maximum d'effet utile et de la division du travail, appliquée à des cercles sociaux de plus en plus larges, à des étendues de territoire de plus en plus vastes, à des entreprises embrassant des durées plus longues et des bénéfices à plus longue échéance, produit un accroissement énorme de la richesse humaine, une pléthore industrielle qui a trouvé sa formule dans la théorie de certains économistes qui n'ont pas craint de soutenir que la richesse n'est pas faite pour les hommes, mais les hommes pour la richesse. L'univers est devenu une immense machinofacture où la division du travail a été appliquée aux nations du globe comme elle l'est aux ouvriers d'une usine.

Mais quelle est la situation de l'individu ? Nous avons dit. L'individu tend de moins en moins à concentrer en lui la jouissance harmonique et intégrale des valeurs sociales, esthétiques ou morales. Il n'est plus un homme complet. Il y a rupture de son unité fonctionnelle. L'individu n'est plus qu'un rouage dans un mécanisme ; il est une machine à produire des valeurs et non plus un consommateur artiste, intelligent et délicat de ces valeurs. Au dehors de lui, les valeurs sociales sont dissociées et désintégrées, par suite de leur extrême médiatisation. Cette désintégration se répercute en lui. Il y a anarchie dans l'échelle sociale des valeurs et aussi dans les âmes individuelles.

Tels sont les effets sociaux et individuels de l'application à outrance de la loi du *maximum des effets utiles*. Les effets sociaux sont la désorganisation et les crises économiques. Les effets sur l'individu sont également funestes ou même encore davantage.

En présence de cette situation, l'individu veut donner une direction nouvelle à son activité, à ses croyances et à ses désirs.

Il veut échapper à l'uniformité industrielle et revenir à la diversité esthétique. Si ce retour ne se fait pas, ce sera la mort de notre industrie qui se dévorera elle-même, de notre art, de notre culture tout entière. Ainsi, c'est spontanément que tend à se faire une transvaluation des valeurs et que veut s'instaurer une téléologie sociale nouvelle.

Ici une troisième loi tend à se faire jour dans le monde moderne : ce n'est plus la loi maximum des effets utiles pour l'accroissement de la *richesse sociale ;* mais la *loi de l'organisation de l'activité humaine en vue d'une vie individuelle plus harmonieuse et plus ardente.*

Déjà la question s'est posée dans le domaine de l'industrie. Ne pourrait-on échapper, en partie au moins, au machinisme ? Tel procédé technique, par exemple l'utilisation des chutes d'eau pour le transport de la force, ne pourrait-il arracher l'homme à la servitude industrielle et le rendre à lui-même ? Certains économistes ont opposé ainsi à la houille noire la « houille blanche ». « Une force qui peut se distribuer à domicile, dit M. Gide (tel est le cas chez les canuts de Lyon) ne provoque plus aux agglomérations compactes ; elle tend plutôt à rappeler la ville vers la montagne et vers les fleuves ; elle est en même temps productrice de beauté. L'eau n'est plus une grande dame comme la houille ; elle se fait petite pour porter la force jusque sous la lampe de l'ouvrier, afin qu'il puisse travailler au milieu des siens. Un tel changement ne se répercutera-t-il pas dans les âmes de ceux qui s'en servent ? A l'âge de la houille, conclut M. Gide, à ce xixe siècle si troublé, si homicide, ne verrons-nous pas succéder un xxe siècle plus apaisé où, selon la vision de Stuart Mill, on verra décroître les profits et diminuer l'activité économique, en même temps que cet emportement sans joie qui caractérise la recherche de la richesse ? [1] »

Sur le terrain artistique, la même question s'est posée. La bénédiction de l'art, suivant la formule de William Morris, c'est de « rendre le travail heureux et le repos fertile ». Sous le machinisme à outrance, ce but est impossible à atteindre. Mais l'abolition ou la diminution du machinisme créera à l'art d'autres conditions. « Je crois, dit Williams Morris, que le machinisme ira en se développant, ayant pour objet d'économiser le travail des hommes, jusqu'à ce que la masse des gens obtiennent assez de loisir effectif pour être capables d'apprécier le plaisir de la vie ; c'est-à-dire jusqu'à ce qu'ils aient obtenu une telle domination sur la nature, qu'ils n'aient plus à craindre la famine comme une punition pour ne pas travailler plus qu'assez. Lorsqu'ils en seront là, ils se transformeront certainement, et commenceront à découvrir ce dont ils ont vraiment besoin. Ils découvriront bientôt que, moins ils feraient de travail (j'entends de travail sans adjonction d'art), plus il serait désirable d'habiter sur la terre ; par suite ils feront de moins en moins de travail jusqu'à ce que l'humeur énergique les presse de nouveau : mais alors la nature,

---

1. Ch. Gide, *La houille noire et la houille blanche;* conférence faite aux étudiants en droit de Liège, le 4 mai 1901.

soulagée par le relâchement du travail humain, aura recouvré son ancienne beauté, et enseignera aux hommes la vieille histoire de l'art. Et comme la famine artificielle, causée par le travail des hommes au profit d'un maître, et que nous considérons aujourd'hui comme allant de soi, aura depuis longtemps disparu, ils seront libres d'agir à leur guise, et ils mettront de côté leurs machines dans tous les cas où l'ouvrage paraîtra agréable ou désirable à manipuler ; enfin dans tous les métiers qui demandent production de beauté, on recherchera la communication la plus directe entre la main de l'homme et son cerveau. Et il y aura aussi beaucoup d'occupations, comme les travaux agricoles, où l'exercice volontaire de l'énergie sera jugé si délicieux, que les gens n'auraient pas l'idée d'en céder le plaisir aux mâchoires d'une machine [1]. »
Déjà en ce moment il y a une tendance à rapprocher le métier et l'art ; à ressusciter ce type disparu : l'ouvrier d'art. En Angleterre, sous l'impulsion de William Morris, de Walter Crane et de Sidney Webb, en France, sous l'influence d'artistes tels que M. Armand Point, en Allemagne également, cette tendance s'accentue et produira peut-être d'heureux résultats. Le vrai secret du bonheur consiste peut-être à rapprocher de l'individu les valeurs économiques et sociales et à les embellir par la jouissance esthétique. Il faut savoir s'arrêter à la minute présente et être, comme dit Nietzsche, « un bon voisin des choses voisines ». « Il faut, dit encore W. Morris, prendre un intérêt naturel à tous les détails de la vie journalière en les rehaussant par l'art, au lieu d'en repasser l'exécution à des esclaves dédaignés et de les ignorer. »

On le voit, la tendance qui se dessine à l'heure actuelle est celle qui consiste à *démédiatiser les valeurs et à les rapprocher de l'individu*. Cette tendance n'est peut-être pas

---

1. William Morris, *Les buts de l'art*, *Mercure de France*, octobre 1901.

définitive ; et il n'existe probablement pas de tendance définitive. Mais c'est celle qui à l'heure actuelle a peut-être le plus de chances de prévaloir.

Ce rapide coup d'œil jeté sur l'évolution sociale nous permet de voir que cette évolution a passé par trois stades qui se caractérisent par trois lois distinctes : 1° loi de l'inertie mentale et du moindre travail ; 2° loi de l'activité dirigée vers le maximum d'utilité sociale ; 3° loi de l'activité dirigée vers le maximum de vie et de beauté individuelles.

C'est de cette évolution sociale même que les fins sociales se dégagent ; elles ne prennent conscience d'elles-mêmes que quand elles sont déjà réalisées ou du moins en voie de se réaliser.

Tels sont les termes auxquels se réduit la téléologie sociale observable et vérifiable. Le seul ressort de cette évolution consiste pour nous dans les instincts d'abord, ensuite dans les sentiments-forces et les idées-forces qui ont inspiré les initiatives individuelles et les imitations auxquelles elles ont donné lieu. Celui qui voit aujourd'hui les résultats gigantesques de ces milliards d'actions infinitésimales accumulées et qui se demande d'où vient la logique qui semble présider à l'action de ces formidables forces sociales, ressemble au sauvage dont parle Schopenhauer [1]. « En voyant la mousse jaillir en jet continu d'une bouteille de bière qu'on venait d'ouvrir, ce sauvage se demandait avec surprise, non pas comment elle sortait, mais comment on avait pu l'y introduire. De même nous supposons aussi que la finalité a été mise dans les œuvres de la nature par la même voie qu'elle suit pour en ressortir à nos yeux. Notre étonnement téléologique se peut donc encore comparer à l'admiration excitée par les premières œuvres de l'imprimerie sur ceux qui, les supposant dues à la plume, recouraient ensuite, pour expliquer le miracle, à l'in-

---

1. Schopenhauer. *Le Monde comme volonté et comme représentation*, t. III, De la Téléologie, p. 141. (Paris, F. Alcan.)

tervention d'un démon. » Mais celui qui envisage l'action des énergies individuelles sous la simple loi du mécanisme psychologique humain, celui qui suit ces lentes actions psychologiques dans le cours des siècles reconnaît que les principes générateurs de la téléologie sociale ne doivent pas être cherchés ailleurs que dans les instincts et les convenances de l'individu.

De là, les conclusions suivantes semblent se dégager :

La téléologie sociale, dans ce qu'elle a de scientifiquement observable, ne semble comporter ni but unique, ni un sens immuable.

Il n'y a pas de bien social absolu, pas plus qu'il n'y a de valeur sociale absolue. L'hypothèse d'une valeur morale absolue des sociétés, qui leur conférerait une sorte de droit sacré à l'existence, est une invention de téléologiens scolastiques dominés par le souci de tout légitimer au nom du principe social. Outre qu'il faut une forte dose d'aplomb ou d'hypocrisie optimiste pour découvrir dans nos sociétés des qualités de moralité, de sincérité, de justice et de beauté morale dignes de leur conférer un droit absolu à l'existence, on peut se demander ce que deviendra cette valeur absolue, le jour évidemment inéluctable où les dernières sociétés humaines disparaîtront. De là on peut également conclure la vanité des dogmatismes téléologiques fondés sur la valeur supérieure de l'espèce. Les partisans de la religion de l'Espèce disent à l'individu : « Tu n'es rien : l'espèce est tout ; elle est ta raison d'être et ta fin. » Mais pourquoi l'individu serait-il fait *pour* l'espèce qui n'est après tout qu'une somme d'individus et qui, dans le fond, est aussi éphémère que l'individu ? « Afin que tout ce qui arrive nécessairement et toujours par soi-même, sans aucune fin, apparaisse dorénavant comme ayant été fait en vue d'une fin, dit Nietzsche, le maître de morale s'impose comme maître du but de la vie... Mais à la longue, le *rire*, la raison et la nature ont fini par se rendre maîtres en téléologie : la courte tragédie a toujours fini par revenir à l'éternelle comédie de l'existence et la mer au « sourire innombrable » — pour parler avec Eschyle — finira par couvrir de ses flots la plus grande de ces tragédies [1]. »

Il n'y a pas de téléologie sociale, de logique sociale rectilignes. Il n'y a pas *une* téléologie sociale ; il y a des téléologies sociales. Il y en a autant que de petits groupes sociaux ; bien plus, il y en a autant que d'individus. En fait, dans l'histoire de l'humanité, ce qu'on appelle bien et mal sont des valeurs mouvantes, insaisissables, sans cesse évanouissantes et renaissantes. Le bien et le mal se mêlent et s'impliquent l'un l'autre. Le rôle des instincts dits mauvais, même de la cruauté, de la barbarie, de l'instinct de torture est incontestable dans l'éducation morale de l'humanité. Qu'on lise les pages que Nietzsche consacre à ce sujet dans la *Généalogie de la Morale*. Ce n'est que sous l'aiguillon des tortures et de la férocité que le rêve pesant et confus de l'humanité s'est mué en une mémoire précise, alerte, virile. Ces pages de Nietzsche sont inoubliables. Et une visite aux monuments d'ancienne férocité légale, aux oubliettes du Mont Saint-Michel par exemple ou à la Chambre des tortures du château de Nuremberg, leur donne une frissonnante illustration. Aujourd'hui même ce n'est qu'en apparence que la férocité semble disparaître. Mirbeau a curieusement symbolisé cette vérité dans son *Jardin des supplices*. Chez nous l'antique soif des tortures d'autrui est remplacée par la férocité hypocrite, par le fiel des conversations mondaines, par le coup lâche et traître que porte par derrière quelque gredin correct.

Ce que nous appelons bien et mal semblent donc être des facteurs éternels et nécessaires de l'évolution sociale. C'est

---

[1]. Nietzsche, *Le gai savoir*, liv. I, § 1.

là ce que Hartmann appelle la téléologie sociale inconsciente ou encore l'idée providentielle inconsciente. « Pour celui qui est familiarisé avec cette conception historique, dit-il, il ne peut y avoir aucun doute sur ce point que les conséquences utiles du mal ne rentrent dans une loi générale historique ; que les hommes ne voient que rarement et obscurément à quel but ils travaillent, et que les buts auxquels ils pensent travailler avec une volonté pleinement consciente ne se changent souvent, entre leurs mains mêmes, en leur contraire. C'est ce qu'on pourrait appeler l'ironie historique, suite des ruses de l'idée inconsciente. Toute l'histoire, dans ses grandes lignes comme dans ses petits détails, est pleine de cette ironie[1]. » Nous souscrivons pleinement à ces lignes de Hartmann, comme expression de la mouvance du bien et du mal, sans admettre toutefois son hypothèse d'une finalité inconsciente présidant aux jeux de cette mouvance des contraires.

Enfin l'évolution sociale n'a pas plus de sens rectiligne qu'elle n'a de but défini. C'est en vain qu'on lui assigne parfois une orientation même vague vers une harmonie croissante destinée à devenir un jour harmonie universelle.

La lutte entre les partisans de la division et de l'opposition d'une part et d'autre part ceux de l'adaptation et de l'harmonie, est une question sans objet. On demande : des deux termes, accord et lutte, opposition et harmonie, lequel est le terme fondamental et destiné à être finalement victorieux ? — Problème insoluble et au fond scolastique. — On ne peut donner une valeur morale absolue à l'un des deux termes, attendu qu'il n'y a pas de valeur sociale absolue. La vérité est que les deux termes s'impliquent. Si les oppositions se résolvent en harmonies, celles-ci à leur tour se résolvent en oppositions et en luttes nouvelles. Ceux qui veulent s'arrêter à l'un des deux

1. E. v. Hartmann, *Das sittliche Bewusstsein*, Leipsick. Haacke, p. 590, déc. 1901.

termes et le regarder comme la position définitive de l'humanité font un postulat métaphysique invérifiable. Il vaut mieux reconnaître qu'il y a là un cercle et, puisque nous sommes dans la cage de l'écureuil, continuer à tourner la roue.

XI

MORALISME ET IMMORALISME[1]

La divulgation du Nietzschéisme a donné lieu à un problème nouveau : celui de l'Immoralisme. On sait qu'il faut entendre par ce mot un renversement de l'échelle traditionnelle des valeurs morales ; une mésestime des vertus chrétiennes, altruistes et grégaires : obéissance, bienveillance, pitié, justice niveleuse, circonspection dans les rapports sociaux, recherche de l'estime du voisin, soumission à l'opinion du troupeau ; — au contraire, une glorification des instincts de rébellion et d'agression, de combativité et d'audace, de conquête et de proie, de dureté et de cruauté ; une affirmation d'Énergie humaine triomphale, brutale, impitoyable pour soi et pour autrui.

Enfin un son nouveau a retenti ; « la voix des cigales qui chantent éternellement leur vieille chanson » s'est tue étonnée. Jusqu'ici les plus hardis novateurs en morale, y compris Schopenhauer et Guyau bouleversaient les vieux principes et provoquaient bien des *tolle* et des cris d'effroi. — Mais après avoir causé bien du trouble et de l'émoi, ils en arrivaient en fin de compte à peu près aux mêmes conclusions pratiques que leurs devanciers : ils restauraient toujours les vertus chrétiennes : Schopenhauer, la Pitié, et Guyau, l'Altruisme.

La morale chrétienne a au fond inspiré toute la morale du siècle qui vient de finir. M. Rémy de Gourmont l'a finement noté. Le XIXe siècle, malgré ses airs de liberté, fut un siècle

---

1. *Revue philosophique*, septembre 1902.

religieux. « Sage comme un enfant sage, il ne retira jamais sa main de la main de sa bonne mère : la Religion. » Tolstoï clôture ce cycle de Pensée.

En face et en antithèse : Nietzsche et l'Immoralisme.

Ce qu'a été l'immoralisme dans la pensée de Nietzsche est complexe. — Il y a en lui avant tout le sentiment antichrétien d'un amoindrissement d'humanité causé par la culture morale chrétienne. H. Heine, — un précurseur de l'Immoralisme — exprimait déjà ce sentiment en termes presque nietzschéens. « Nous éprouvons, dit-il, une grande faiblesse dans nos membres : les saints vampires du moyen âge nous ont sucé tant de sang précieux !... Il faudra offrir à la matière de grands sacrifices expiatoires pour qu'elle nous pardonne les vieilles offenses. Il ne serait même pas mal qu'on instituât des fêtes sensualistes et qu'on indemnisât la matière pour ses souffrances passées ; car le spiritualisme chrétien, incapable de l'anéantir, l'a flétrie en toute occasion ; il a rabaissé les plus nobles jouissances ; les sens furent réduits à l'hypocrisie... Il faut revêtir nos femmes de chemises neuves et de sentiments neufs et passer toutes nos pensées à la fumée des parfums comme après les ravages de la peste[1]. »

L'Immoralisme nietzschéen est précisément, lui aussi, la réhabilitation du souci des « choses prochaines », au lieu de la rêvasserie mystique qui se perd dans les nuages. C'est l'horreur pour ce mépris hypocrite des « choses prochaines », pour le mensonge perpétuel qui nous fait assigner à tous nos gestes des prétextes et des raisons lointaines : par exemple à la volupté, la procréation des enfants.

Nietzsche mérite d'être appelé, comme Gœthe, « un grand. Païen ». — Mais le Paganisme de Nietzsche est un paganisme d'un genre spécial. Ce paganisme nietzschéen remonte très haut et très loin dans le passé ; plus loin que cette antiquité

---

1. Heine, *De l'Allemagne*, t. I.

classique que nous apprécions peut-être par ses côtés déjà chrétiens, par son socratisme et son platonisme précurseurs des Pères de l'Église. — Le paganisme de Nietzsche va s'alimenter au delà, jusqu'à la source lointaine des initiales énergies de la race grecque, à cette mystérieuse source dionysienne où Nietzsche voit la triomphale affirmation de la Nature et de la Vie. « Ce qui étonne dans la religiosité des anciens Grecs, dit Nietzsche, c'est l'abondance effrénée de gratitude qu'elle exhale : — ce fut une très noble espèce d'hommes, qui eut une *telle* attitude devant la nature, devant la vie! — Plus tard, quand la populace eut la prépondérance en Grèce, la *terreur* envahit la religion : le christianisme se préparait[1]. »

Aujourd'hui, déchus, nous sommes si loin de ce primitif chant de triomphe des instincts, que nous avons peine à nous le représenter. Pourtant, qui sait ?... Peut-être la loi de l'Éternel retour nous ramène-t-elle au seuil d'un renouveau de vitalité. — Regardons-le en face, ce renouveau de vitalité, ceux d'entre nous du moins qui sont de taille à le faire !

Le Chant immoraliste de Nietzsche, réminiscence de l'antique esprit dionysien, monte dans l'air avec la sérénité panthéistique de la chanson gœthienne, cette chanson dont H. Heine a dit : « La doctrine de Spinoza est sortie de la chrysalide mathématique et voltige autour de nous sous la forme d'une chanson de Gœthe... De là la fureur des orthodoxes et les piétistes contre cette chanson. Ils essaient de saisir avec leurs pieuses pattes d'ours ce papillon qui leur échappe sans cesse... Car rien n'est si légèrement ailé, si éthéré, qu'une chanson de Gœthe[2]. » De même, dans l'air sec et fin du midi, dans la *limpidezza* italienne (qu'on songe à l'amour de Nietzsche pour le Midi, pour Bizet qu'il appelle le Midi de la musique) la fine sensualité païenne du philosophe

---

1. Nietzsche, *Par delà le Bien et le Mal*, § 49.
2. Heine, *De l'Allemagne*, t. I.

se rit de la lourdeur morale des cléricalismes kantiens et post-kantiens.

Car l'Immoralisme ne voit dans le Kantisme et ses prolongements qu'un déguisement de l'Impératif Religieux et, volontiers, imitant la manière irrévérencieuse de Swift dans son *Conte du tonneau* (The tale of a tub), il montrerait Kant retaillant une fois de plus le vieux manteau chrétien, déjà retaillé par Pierre de Rome, par Jean Calvin et par Martin Luther.

L'Immoraliste repousse également et à plus forte raison le pharisaïsme et le pédantisme moral des zélateurs du moralisme bourgeois. Rien n'égale en effet la platitude de cette apothéose des vertus bourgeoises confortables et convenables que leurs adeptes ont l'effronterie de couvrir du noble pavillon de l'Impératif catégorique. C'est là le maximum d'abaissement du christianisme. « On a laissé de côté dans le christianisme, dit Nietzsche, Dieu, la Liberté et l'Immortalité ; on n'en a gardé qu'un précepte de bienveillance sociale et de vie convenable... C'est l'euthanasie du christianisme... »

Mais le moralisme démocratique et démagogique ne trouve pas plus grâce devant l'Immoralisme que le moralisme bourgeois. Déjà H. Heine avait noté une affinité entre le Kantisme moral et la démocratie autoritaire. On se rappelle dans l'*Allemagne* le spirituel rapprochement qu'il établit entre le moralisme de Kant (au fond un cléricalisme hirsute et despotique) et le moralisme soupçonneux et guillotineur de Robespierre. — Il y a toutefois une différence à noter sur ce point entre Heine et Nietzsche. Heine crut à la démocratie autant que le chantre d'*Atta Troll* put croire à quelque chose. Nietzsche ne voit dans l'idée démocratique qu'un prolongement de l'idée chrétienne et par suite comme elle un appauvrissement de l'énergie humaine. Il identifie Démocratie et Esprit grégaire [1].

1. Nous n'insistons pas plus qu'il ne convient sur la parenté intellectuelle

C'est ici qu'émerge l'Individualisme radical qui est au fond de l'Immoralisme nietzschéen. Au fond, ce que Nietzsche hait dans tout moralisme chrétien ou kantien, c'est la morale de Troupeau, c'est l'annihilation de l'Individu, de l'Isolé, de l'Indépendant, de l'original ; c'est la négation des égoïsmes individuels au profit de l'Égoïsme hypocrite et prêcheur des groupes. « A présent, dit un personnage d'un roman allemand, interprète des théories immoralistes de Nietzsche, à présent ceux qui règnent sont les hommes les moins libres et les plus incapables de liberté ; et s'il y a parmi eux quelques intellects vigoureux, ils font semblant de partager l'esclavage universel, afin de ne pas risquer de donner autrement un exemple dangereux au troupeau. Mais le temps vient où ce seront vraiment les hommes libres qui régneront[1]. »

Les téléologies qui sont l'infrastructure de tout moralisme chrétien, kantien ou autre ont toutes pour conséquence plus ou moins détournée la subordination de l'individu au principe social. — Autrefois cette téléologie était transcendante ; elle l'est encore chez Kant, puisque c'est au fond la volonté de Dieu qu'on accomplit en se conformant à l'Impératif catégorique. — Depuis Kant, le moralisme s'est fait naturaliste et scientifique ; mais sa finalité fondamentale n'a pas changé. Pour Ihering, par exemple, c'est la conservation sociale qui est le but du droit, la loi suprême de l'individu. — Ainsi le Moralisme a beau changer de costume ; son essence reste la même : c'est la subordination de l'Individu aux fins du groupe social et par son intermédiaire aux fins de la Race et de l'Espèce. — Et pourtant qu'est-ce que le groupe social, sinon une abstraction ? Qu'est-ce que l'Espèce elle-même, au point de vue d'un Darwinisme bien compris, sinon la résultante d'une

---

et sentimentale de Heine et de Nietzsche. Cette parenté existe à quelque degré. Tous deux sont des glorificateurs passionnés, inquiets, un peu maladifs de la Vie. Nietzsche dirait volontiers comme Heine : « Je suis le fils le plus fidèle de la Vie » (Romancero).

1. E. von Wolzogen. *Das dritte Geschlecht*, p. 63, Berlin, Eckstein, 1899.

accumulation énorme de variations individuelles! De plus en plus, en biologie même, le concept d'Espèce disparaît devant le concept d'Individu. — C'est donc à bon droit que l'Immoralisme secoue le joug des fausses téléologies et que par une révolution analogue à celle de Copernic, il replace l'Individu là où il doit être : au centre des choses.

C'est ainsi qu'on peut identifier ces termes : Immoralisme et Individualisme. L'Immoralisme est — et c'est là sa vraie et profonde signification morale et sociale, — la revendication des droits de l'Individu, de la liberté de l'Individu contre les prétendus droits et les prétendues fins de la société.

C'est de là qu'il faut partir pour juger l'Immoralisme.

Au fond, c'est dans la conscience individuelle que se pose le problème. Il s'agit de savoir quels sont dans les consciences individuelles les instincts vraiment profonds, vraiment dominateurs, ceux qui sont appelés à absorber les autres.

Pour le philosophe, le problème de l'Immoralisme et de la morale se transforme comme l'a fortement marqué M. Fouillée dans son bel article de la *Revue philosophique*[1] en l'antique problème des rapports de l'Égoïsme et de l'Altruisme. Nietzsche affirme la primauté et l'indestructibilité des Instincts de lutte et de proie ainsi que leur rôle nécessaire dans l'évolution de la vie ; — Guyau affirme la future disparition progressive de l'égoïsme devant l'altruisme.

A notre avis, la question de savoir lequel est primordial de l'égoïsme ou de l'altruisme constitue une énigme métaphysique indéchiffrable qui rappelle un peu la question de savoir si l'œuf vient de la poule ou la poule de l'œuf.

Il existerait un seul moyen expérimental de résoudre cette énigme. Ce serait d'interroger les consciences individuelles. Mais les réponses varieraient trop. Napoléon et François d'Assise, Bakounine et Tolstoï tiendraient un langage fort différent.

1. A. Fouillée, *Les Jugements de Nietzsche sur Guyau*, Revue philosophique, déc. 1901.

Tout ce qui est permis au point de vue des faits, c'est de constater l'irréductibilité foncière de quelques types de caractères humains. En dépit des transitions et des nuances, ils se retrouvent partout et c'est avec raison que Schopenhauer fait d'une semblable classification le fondement de sa psychologie morale. — Égoïsme, Méchanceté, Pitié, voilà pour Schopenhauer les trois exemplaires humains fondamentaux. On sait notamment que Schopenhauer insiste dans une analyse admirable sur la différence qui existe entre le simple *égoïsme* et la *méchanceté*. « Le premier principe, conclut le philosophe, est plutôt bestial; le second plutôt diabolique... C'est toujours l'un de ces deux qui l'emporte, ou bien l'autre excepté là où domine la Pitié... De là les grandes lignes d'une classification morale des caractères. D'ailleurs il n'est aucun homme qui ne rentre dans l'un de ces trois genres [1]. »

Le simple égoïste, le méchant, en qui habite la disposition à se réjouir du mal d'autrui, enfin l'homme secourable et généreux, voilà trois types d'humanité qu'il a été donné à chacun de nous de rencontrer et d'expérimenter dans la vie.

M. Ribot, de son côté, nous met sur la voie d'une classification semblable des types humains, d'après leur dominante morale.

Remontant dans le problème de l'égoïsme et de l'altruisme aussi loin qu'on peut le faire en restant sur le terrain des faits, M. Ribot indique au sein même de l'égoïsme deux tendances ou directions fondamentales : l'une destructive, l'autre constructive, l'une combative et agressive, l'autre secourable et pacifique. — « L'homme peut déverser la dépense de son activité sur les choses; il coupe, taille, détruit, renverse; c'est une activité destructrice, il sème, plante, bâtit; c'est une activité conservatrice ou créatrice. Il peut l'appliquer aux animaux ou aux hommes; il injurie, nuit, maltraite,

---

[1]. Schopenhauer, *Le Fondement de la Morale* (Paris, F. Alcan), p. 110.

détruit ; ou bien il aide, il soigne, il sauve... L'activité destructrice est accompagnée d'un plaisir, mais pathologique, parce qu'elle est la cause d'un mal ; l'activité conservatrice ou créatrice est accompagnée d'un plaisir pur, qui ne laisse après lui aucun sentiment pénible[1]. »

Il nous semble qu'en partant de cette distinction psychologique on pourrait reconnaître deux types humains, l'un, celui où domine la tendance agressive et destructrice ; l'autre, celui où domine et s'affirme comme la trame continue de l'individualité, la tendance contraire. Il nous semble d'ailleurs difficile de regarder comme pathologique le type destructeur, si l'on donne au mot pathologique son sens empirique qui est synonyme de *peu fréquent, peu répandu* ; car en fait ce type semble très répandu dans l'humanité et vraisemblablement à peu près autant que le type contraire.

Suivant nous, la classification des caractères humains en trois types (égoïsme simple, méchanceté, bonté secourable) d'après Schopenhauer, ou celle en deux types (destructeur et conservateur ou créateur) doit demeurer irréductible. S'il y a des individualités mixtes, flottantes, inconsistantes, il y a aussi, suivant une remarque de M. Ribot, des types immuables de caractères. « Les vrais caractères, dit-il, ne changent pas[2]. »

Ces caractères d'un relief plus vigoureux semblent personnifier d'une manière particulièrement frappante et symbolique les diverses forces qui s'agitent dans les profondeurs du vouloir-vivre et introduisent tant de trouble et de violence tragique dans le drame humain.

Nous ne croyons pas qu'on puisse espérer avec Guyau qu'un jour viendra où les loups se feront moutons, où l'unité morale se fera dans l'humanité. — Cette unité morale ne

---

1. Th. Ribot, *Psychologie des sentiments*, p. 287-288 (Paris, F. Alcan.)
2. *Id.*, p. 395.

serait ni possible ni même concevable. Elle serait l'arrêt même du mouvement et de la vie. — Nietzsche parlant du sacrifice des amants l'un à l'autre, dit qu'un absolu renoncement de la part des deux est impossible. « Si les deux amants renonçaient à eux-mêmes par amour, il en résulterait je ne sais quoi, — peut-être l'horreur du vide [1]. » — Il en est de même peut-être pour un idéal d'absolue charité dans l'humanité [2].

Faust laissait la question ouverte : « Je ne veux plus entendre débattre, dit-il, si dans le monde à venir on hait ou on aime encore et si dans ces sphères lointaines il est aussi un dessus et un dessous. » (*Faust*. 1ʳᵉ partie.)

Le mouvement de la vie semble nous indiquer que ces forces : l'égoïsme, la méchanceté, la bonté créatrice enchevêtreront éternellement leur action ; elles multiplieront leurs points d'application ; elles capitaliseront leurs effets ; elles élargiront à l'infini la trame qu'elles tissent sur le bruyant métier du temps ; mais elles resteront éternellement immuables dans leur essence et aussi dans les cœurs et dans les œuvres des hommes.

---

1. Nietzsche, *Le gai savoir*, § 363.
2. Il nous semble que la note exacte sur le débat Guyau-Nietzsche se trouve donnée dans le passage suivant de M. Jules de Gaultier : « Guyau a trouvé les équivalents du Devoir dans le besoin d'expansion qui résulte d'une condensation intense de la vie, dans un surcroît de force avide de s'employer. Il a ainsi reconstitué, par une voie noble, les vertus sociales auxquelles le christianisme avait assigné d'humbles origines enracinées en des sentiments de faiblesse et de résignation. On peut reprocher à Guyau d'être resté attaché à un idéal trop voisin de celui qu'ouvraient les perspectives chrétiennes et la culture développée par elles. L'avenir comporte sans doute un aléa plus grand, plus de risques et des changements à vue dont se réjouiront ceux que ne satisfont pas mieux que le vieil éden léthargique, les paradis humanitaires de la sociologie. Nietzsche, en ses hypothèses, a laissé plus de place au hasard, par où il satisfait mieux notre instinct de jouer. (Jules de Gaultier, État de la Philosophie en France, *Flegrea*, du 20 nov. 1701.)

XII

L'IDOLE PÉDAGOGIQUE. L'ÉDUCATIONISME [1]

J'appelle éducationisme la théorie de ceux qui croient à la vertu infaillible et au pouvoir illimité de l'éducation.

Pour préciser ici les idées, il importe de distinguer deux espèces d'influences éducatrices qui peuvent agir sur l'individu. L'une consiste dans cette pression continue, involontaire, inconsciente et comme mécanique que le milieu social exerce sur chaque homme. Cette pression est faite de l'influence des mœurs ambiantes, des usages, des préjugés, des exemples, des ouï-dire, etc. Cet ensemble d'influences constitue pour la conscience individuelle une sorte d'atmosphère morale qui l'imprègne à son insu, une sorte de suggestion latente, inconsciente, qui s'exerce en dehors de tout parti pris et de toute théorie, de la part de ceux qui l'exercent comme de ceux qui la subissent.

A côté de cette pression fatale et inconsciente exercée par la conscience sociale sur la conscience individuelle, il peut en exister une autre très différente et qui présente même des caractères opposés.

Ici l'éducation est une action voulue, délibérée, systématique, exercée par une fraction d'un groupe social sur les autres parties du groupe.

L'éducation est ici une discipline consciente, un dressage intellectuel et moral subordonné à certaines fins collectives

---

1. *Revue philosophique*, juillet 1903.

bien définies qu'il s'agit de réaliser, à un certain idéal social et moral qu'il s'agit de faire triompher.

L'éducation ainsi entendue implique un plan arrêté, un système d'enseignement ; elle est une entreprise de moralisation collective. Elle a quelque chose d'impératif, d'autoritaire, de presque officiel. Elle implique qu'il y a d'un côté des dirigés, des hommes qui ont besoin d'être dressés et éduqués ; — de l'autre des dirigeants, des maîtres qui s'arrogent le rôle de guides et de pasteurs du troupeau humain.

C'est de l'éducation entendue dans ce dernier sens que l'éducationisme affirme la nécessité, l'efficacité et la légitimité. On voit quel est le rapport qui existe entre ces deux espèces d'action éducatrice.

Les influences de la première espèce composent un empirisme moral irraisonné, instinctif, routinier, aveugle et volontiers tyrannique. A cet empirisme moral les partisans de l'éducationisme prétendent substituer une discipline intellectuelle et morale systématique fondée sur la raison et la science. Cette discipline rationnelle est sans doute fort différente de l'empirisme moral qu'elle prétend remplacer. On peut même soutenir qu'elle lui est fort supérieure, puisqu'elle l'emporte sur lui dans la mesure où la réflexion et la science l'emportent sur l'instinct et sur la routine. Il n'en est pas moins vrai que cette discipline, pour rationnelle et scientifique qu'elle se donne, implique, elle aussi, une mainmise de la société sur l'individu. Elle subordonne le développement de l'individu à une fin collective posée comme légitime et même comme impérative.

L'éducationisme affirme implicitement le droit de la société à façonner l'individu. Il affirme à la fois l'efficacité et l'utilité de ce dressage. Par-là même, la théorie éducationiste ne tend à rien moins qu'à favoriser et à étendre jusqu'aux dernières limites les pouvoirs de la société sur l'individu.

C'est ainsi que la théorie éducationiste soulève, sous un

aspect particulier, le problème fondamental de l'antinomie de l'individu et de la collectivité.

Avant d'examiner les prétentions de l'éducationisme, il importe de mettre brièvement en lumière les caractères et les tendances essentielles de cette théorie.

Tout d'abord il est aisé de remarquer que l'éducationisme est étroitement lié aux doctrines intellectualistes ou rationalistes qui affirment le primat de l'intelligence et de la raison dans la conscience humaine. D'après ces doctrines, le fond dernier de l'homme n'est pas un vouloir-vivre obscur et trouble qui nous réserve à chaque pas des surprises déconcertantes pour notre logique et compromettantes pour notre moralité. Le fond de l'homme est la raison une et universelle, capable d'atteindre et d'exprimer par le moyen du concept ou de la notion une vérité elle-même une et universelle, valable pour tous les esprits et communicable à tous les esprits. Le postulat inévitable de l'éducationisme est la foi dans la raison, la logique et la science.

L'éducationisme est par lui-même essentiellement dogmatique. Il affirme implicitement l'existence d'une vérité intellectuelle et morale, théorique et pratique. Il se croit en possession de cette vérité. Il s'arroge le droit de l'inculquer aux esprits ignorants ou égarés et aux volontés rebelles.

Cette tendance rationaliste et dogmatique entraîne comme conséquence directe un optimisme social et moral qui dérive tout naturellement de la croyance au triomphe final de la Raison. Si la société renferme actuellement une dose incontestable de mal, d'injustice et de misère, ce mal ne peut être qu'accidentel et passager. Il tient uniquement à l'ignorance et à l'erreur. Assurez le triomphe de la raison ; éduquez les intelligences et les volontés : l'injustice, la misère et la révolte disparaîtront. La raison ne peut avoir tort. Au fond la société est bonne, comme la nature.

L'éducation est la panacée sociale universelle et infaillible.

Il n'y a qu'à rendre la vérité sociale et morale accessible et intelligible à tous pour amener l'avènement de la meilleure des sociétés.

Cette conception est, de plus, essentiellement unitaire, conformiste, autoritaire et étatiste. Celui qui est en possession de la vérité ne peut pas ne pas vouloir l'universaliser dans les esprits et dans les cœurs. Le but à atteindre est l'unité intellectuelle et morale de la race humaine ou tout au moins des grands groupes humains sur lesquels l'éducation peut agir dès maintenant. L'éducation ainsi entendue tend à revêtir un caractère autoritaire, obligatoire, étatiste. On arrive à la conception platonicienne de l'État maison de correction et d'éducation, conception qui rentre elle-même dans cette autre conception plus générale qui domine tout le droit antique : l'État maître de l'Individu, l'Individu chose de l'État. — Dans cette conception l'État lui-même devient une pédantocratie rationaliste et dogmatique.

Ajoutons que l'éducationisme, qui fut chez un Platon et qui reste encore aujourd'hui dans son fond dernier une conception aristocratique, n'en est pas moins susceptible de se concilier dans une certaine mesure avec les aspirations du moderne esprit démocratique. Comment cela? C'est que la théorie éducationiste favorise un préjugé faussement et inintelligemment démocratique, faussement et inintelligemment égalitaire. C'est ce préjugé fort répandu qui consiste à croire que l'éducation seule (au sens de transmission d'un certain nombre de connaissances) établit des différences entre les hommes. — Cette croyance en effet flatte l'amour-propre de M. Tout-le-Monde. Le premier venu se dit que s'il avait eu à sa disposition la même éducation, il eût été capable d'égaler tel ou tel dont il est contraint d'admirer les œuvres ou de reconnaître le talent. Nous avons entendu plus d'une fois des hommes du peuple dire d'un homme dont ils venaient d'admirer le talent dans quelque réunion publique ou dans quelque conférence : « Faut-il qu'il ait étudié ! » — Expression naïve du préjugé égalitaire appliqué à l'esprit. Cela revient à dire qu'il n'y a pas de supériorité naturelle ; que l'instruction intégrale universalisée égaliserait les intelligences et que le premier venu, bourré des notions requises, serait forcément un savant profond et inventif, un brillant orateur ou un penseur distingué.

Ce n'est pas là seulement un préjugé populaire. Un assez grand nombre de théoriciens sociaux comptent sur l'éducation pour faire disparaître toutes les inégalités. Ils semblent croire que l'éducation sociale universalisée pourra, en instituant l'égalité sociale, réparer les inégalités naturelles. On le voit : l'éducationisme, non seulement pour la conscience populaire, mais aussi chez beaucoup de ses théoriciens, procède d'une pensée égalitaire et conduit à une fin égalitaire : le nivellement au moins virtuel des intelligences.

Rationaliste et dogmatique, optimiste, conformiste, unitaire et égalitaire, telle nous semble être, dans ses caractères essentiels, la théorie éducationiste.

Disons tout de suite qu'à nos yeux cette théorie exagère beaucoup l'influence de l'éducation sur le développement et sur la valeur même de l'individu.

Examinons d'abord l'hypothèse première sur laquelle repose l'éducationisme. Cette hypothèse consiste à admettre que la raison est le fond de l'être humain, qu'elle est identique chez tous, au moins en essence, qu'elle est chez tous éducable et perfectible. — Dès lors, il ne s'agit que de la développer et de l'instruire pour former des hommes intelligents et moraux.

L'hypothèse que l'Intellect ou la Raison constitue le fond de l'être humain est une hypothèse psychologique des plus contestables. Cette hypothèse semble même céder le pas de plus en plus à la conception inverse d'après laquelle le fond primitif de l'être humain serait la sensibilité, et même la sensibilité physique. C'est dans la sensibilité, si l'on veut bien remonter assez loin, que l'on trouvera le point de départ de tout le développement intellectuel et moral de l'individu. La sensibilité individuelle, dans ses contacts avec le monde matériel et avec le monde social, — voilà le *punctum saliens* de l'être vivant, sentant et pensant ; voilà le centre d'où tout le reste rayonne. Or, il n'est pas douteux que la sensibilité — soit la sensibilité physique, soit la sensibilité morale — présente des degrés et des nuances infinies en quantité et en qualité, en force, en finesse, en délicatesse, en subtilité.

Les uns n'ont qu'une sensibilité passive, obtuse, atone et somnolente ; les autres ont une sensibilité vibrante et frémissante. De là des différences innées entre les êtres humains ; différences qui se répercutent de la sensibilité sur l'intelligence. Car l'intelligence n'est que de la sensibilité cristallisée.

C'est en vain qu'une éducation, quelle qu'elle soit, s'attaquerait à ce fond inné pour le dissoudre et lui substituer une façon différente de sentir. Il y a dans la physiologie de chaque homme quelque chose d'irréductible aux efforts de l'éducation. Une seule force est capable de modifier — et encore dans une mesure très restreinte — notre sensibilité native. C'est l'expérience de la vie, parce que la vie parle directement à la sensibilité.

La théorie intellectualiste de l'éducation par l'instruction est enfantine. M. Ribot donne la raison de l'impuissance d'une telle méthode. Parlant des caractères *contradictoires coexistants* et en particulier de ceux qui manifestent l'opposition si fréquente entre le penser et le sentir, entre la théorie et la pratique, entre les principes et les tendances, M. Ribot ajoute : « Cette dualité contradictoire est si commune qu'on n'oserait pas y insister si elle ne mettait en plein jour l'inanité de ce préjugé si répandu : qu'il suffit d'inculquer des principes, des règles, des idées, pour qu'ils agissent. Sans doute l'autorité, l'éducation, la loi n'ont pas d'autre moyen d'influence sur les hommes ; mais ce moyen n'est pas efficace par lui-même ; il peut échouer ou réussir. C'est une expérience qu'on essaie et qui se réduit à ceci : Le caractère intellectuel (s'il y a des caractères proprement intellectuels, comme l'admettent certains auteurs) et le caractère affectif marchent-ils de pair[1] ? » La solution de cette question réside, en dernier lieu, dans l'individualité elle-même et non au dehors. L'individualité s'orientera finalement du côté où la portent ses tendances originelles. Tant mieux pour l'éducation intellectuelle si ses préceptes se sont trouvés être en harmonie avec le vouloir-vivre foncier de l'individu. Dans ce cas elle pourra agir dans une certaine mesure pour accentuer et affermir les tendances du vouloir-vivre individuel. Dans le cas contraire, elle n'aura qu'une influence insignifiante[2], et d'autant plus qu'on aura affaire à des caractères plus fortement individualisés par leur physiologie et leur hérédité.

On peut voir dans une enquête publiée par la *Revue blanche* que les réponses d'un assez grand nombre de littérateurs et d'artistes attestent la minime influence de l'éducation reçue sur le développement de leur personnalité intellectuelle et morale.

C'est que la vie vient tout modifier. Le facteur personnel d'une part, la vie de l'autre, voilà les deux éléments qui comptent pour une nature un peu primesautière. La notion inculquée ne garde son empire que sur les natures amorphes, passives, qui se laissent mener par les idées toutes faites et par la mémoire.

Si l'argument ne risquait de paraître un peu superficiel, nous pourrions faire remarquer qu'un regard jeté sur le

---

1. Ribot, *Psychologie des sentiments*, p. 107. (Paris, F. Alcan.)
2. H. Spencer exprime cette vérité dans un ouvrage récent intitulé *Facts and Comments*. « Le développement de l'intelligence, dit-il, est sans effet sur nos actions morales ; il ne suffit pas d'apprendre à quelqu'un des choses vraies et justes pour le faire agir d'une façon vraie et juste. » Cité par la *Revue philosophique*, d'octobre 1902, p. 419.

personnel de nos hommes politiques nous montre un assez grand nombre d'entre eux précisément dans le camp d'où leur éducation scolaire semblait devoir les écarter.

Aujourd'hui la foi dans l'éducation intellectuelle est poussée à l'extrême. Il y a quelque chose de comique à voir l'outrecuidance de certains jeunes bourgeois qui, frais émoulus des écoles, frottés de savoir livresque, n'ayant d'ailleurs pas eu le temps de joindre la science du monde à la science des livres, vont au peuple pour l'instruire, et se proposent comme guides intellectuels et moraux, à des hommes qui ont sur eux l'énorme supériorité morale d'avoir pris contact avec la vie, avec la misère et avec la douleur.

Sur le peu d'efficacité de la notion inculquée, Schopenhauer n'a rien laissé à dire. Il suffit de relire l'admirable chapitre sur les *Rapports de l'Intuitif et de l'Abstrait*[1] dans lequel il développe ce thème. On sait avec quel humour il explique pourquoi les hommes les mieux armés de préceptes et de notions toutes faites, sont en général les plus maladroits, et font dans la vie la plus piteuse figure. Plus d'un romancier a tiré parti de cette observation, pour montrer les balourdises où tombent les hommes qui se guident dans la vie d'après des idées uniquement spéculatives et qui les suivent avec une assurance comique jusqu'au jour où quelque accident, quelque brutale leçon de l'expérience vient leur faire toucher du doigt la vanité de la notion inculquée.

Les éducationistes répondront sans doute que ce sont là des accidents qui sont imputables à l'imbécillité ou à l'aveuglement de l'individu ou encore à la fausseté de l'éducation qu'on lui a inculquée, mais qui ne prouvent rien contre le principe général qui admet la vertu bienfaisante et moralisatrice de l'éducation. Le partisan de l'éducationisme, part en effet de l'hypothèse d'un système d'éducation fondé sur la

---

1. Schopenhauer, *Le monde comme volonté*, t. II.

Raison et qui, en possession de la vérité scientifique, ne peut manquer de produire le bonheur individuel et social. C'est ce concept de *vérité* mis à la base de l'éducationisme qu'il convient d'examiner maintenant.

La remarque importante dont il faut partir ici, c'est que sur le terrain social et moral, la vérité est fondée non sur un rapport de nécessité logique, mais sur un rapport de convenance et d'utilité vitale. « L'homme, dit M. Rémy de Gourmont, associe les idées non pas selon la logique, selon l'exactitude vérifiable, mais selon son plaisir ou son intérêt. » Les associations d'idées qui l'emportent dans la conscience sociale d'un groupe, sont celles qui sont en harmonie avec l'utilité actuelle de ce groupe. Beaucoup d'associations d'idées, quoique fausses ou même absurdes en elles-mêmes, acquièrent ainsi dans un groupe un empire incontesté. « Certaines associations d'idées, dit encore M. de Gourmont, quoique très récentes, ont pris rapidement une autorité singulière; ainsi celle d'instruction et d'intelligence, d'instruction et de moralité. Or, c'est tout au plus si l'instruction peut témoigner pour une des formes particulières de la mémoire ou pour une connaissance littérale des lieux communs du Décalogue... Ces deux associations d'idées n'en sont pas moins devenues de véritables lieux communs, de ces vérités qu'il est aussi inutile d'exposer que de combattre. Elles se rejoignent à toutes celles qui peuplent les livres et les lobes dégénérés des hommes, aux vieilles et vénérables vérités telles que : vertu-récompense, vice-châtiment, Dieu-bonté, crime-remords, devoir-bonheur, autorité-respect, malheur-punition, avenir-progrès, et des milliers d'autres dont quelques-unes, quoique absurdes, sont utiles à l'humanité[1]. » Disons plutôt : utile à tel ou tel groupe à tel ou tel moment de son évolution.

Il importe surtout de ne pas confondre l'utilité du groupe

---

1. Remy de Gourmont, *La culture des idées*, p. 109.

et l'utilité de l'individu. Ces deux utilités sont si loin de s'identifier qu'elles sont la plupart du temps opposées. Examinez la plupart des préjugés, celui de l'honneur, par exemple. Vous verrez que ces préjugés, utiles au groupe, sont pour l'individu une tyrannie de tous les instants. Schopenhauer a mis cela en lumière d'une façon admirable dans ses *Aphorismes sur la sagesse dans la vie*. On sait que ce philosophe distingue ce que l'individu *est* en lui-même et ce que l'individu *représente* dans l'opinion des autres, c'est-à-dire l'opinion qu'il plaît aux autres de se faire de lui. Or, la principale cause du malheur de l'individu est la sottise qui le pousse à placer son bonheur non dans ce qu'il *est*, mais dans ce qu'il *représente*, c'est-à-dire en définitive dans le cerveau d'autrui. Ce préjugé qui est, pour l'individu imbécile, la cause d'un tremblement perpétuel est au contraire entre les mains du groupe et de ses dirigeants, un moyen assuré de domination. Cela est vrai surtout dans les classes de la société où l'esprit de société, l'esprit de conformisme et l'esprit de groupe sont le plus forts. Là, l'individu est à chaque instant l'esclave de son groupe, de sa caste, de sa classe. Cela resterait vraisemblablement vrai dans une organisation sociale entièrement étatiste et fonctionnariste, puisque nous voyons le souci de la considération et du *cant* dominer de préférence aujourd'hui dans les cercles du monde fonctionnaire.

Ce sont de tels préjugés utiles au groupe, que l'éducationisme social et moral veut nous faire passer subrepticement sous le couvert des Impératifs moraux kantiens ou autres. Mais il est aisé de voir que telle association d'idées qui sera une vérité au point de vue du groupe par la raison qu'elle lui sera utile, sera au contraire un mensonge au point de vue de l'individu par la raison inverse qu'elle est pour lui une cause de crainte, de tremblement devant autrui, une entrave morale de tous les instants.

Il y a dans tout système d'éducation un principe de suggestion bovaryque[1], c'est-à-dire illusionniste, au moyen de laquelle l'éducateur superpose à la personnalité innée de l'individu, une personnalité factice plus ou moins en harmonie avec le vœu vital du groupe. C'est cette personnalité factice, ce moi apparent et social qui opprime et écrase le moi réel.

En définitive les vérités sociales et morales ne sont que des mensonges utiles au groupe, mais en revanche plus ou moins oppressifs pour l'individu. Une longue habitude héréditaire a consacré ces mensonges. Aujourd'hui l'individu ne peut plus ou n'ose plus les révoquer en doute; en tout cas il ne peut sans danger s'insurger contre elles. La vérité, c'est le mensonge convenu et devenu obligatoire au nom de l'intérêt vital du groupe. « Ce que nous appelons vérité, dit Nietzsche, est une erreur fixée et reconnue spécifiquement utile; être véridique, c'est mentir avec le troupeau (*herdenweise lügen*). »

Ces objections, dira-t-on peut-être, valent contre un empirisme moral traditionnel et routinier. Elles ne valent pas contre un éducationisme rationaliste qui se propose de déterminer scientifiquement l'exacte vérité sociale et morale.

La question est de savoir s'il dépend de la Raison et de la Science de réaliser ici l'accord entre le vœu vital du groupe et le vœu vital de l'individu. — Établir au nom de la Raison et de la Science un conformisme moral et social entre ses membres, tel est le vœu du groupe. Mais à ce vœu la spontanéité des sensibilités individuelles oppose une résistance invincible. Il n'est au pouvoir d'aucun dogmatisme moral ou social issu de la raison et de la science d'emprisonner, de fixer dans une formule sociale et morale définitive ce qu'il y a de fluide, de vivant et de mouvant dans une individualité. La raison psychologique en a été déjà dite plus haut. C'est que, sur le terrain moral, les dogmes rationalistes ne sont

---

[1]. Voir le très curieux livre de M. Jules de Gaultier, *Le Bovarysme*, édit. du *Mercure de France*.

qu'une expression abstraite et secondaire de tendances vitales profondes qui évoluent selon un rythme imprévisible. La foi dans la Raison et dans la Science n'est elle-même au fond qu'un état de sensibilité, le vœu d'un tempérament individuel. Chez les esprits supérieurs, les savants, les penseurs désintéressés, cette foi à la science se tourne en une sorte d'ascétisme, de stoïcisme intellectuel[1] qui a sa noblessse, mais qui n'est pas susceptible d'être universalisé parce qu'il répond à une forme très spéciale et relativement rare de sensibilité et par suite d'intellectualité. — Chez d'autres, cette foi dans la Raison et dans la Science se tourne en un pédantisme assez grossier, sinon en une manie enseignante, prédicante et moralisante tout à fait insupportable. Il ne faut donc pas oublier le caractère individuel, intime, insaisissable et incommunicable de la vérité esthétique et morale. Sur ce terrain esthétique et moral, cela seul est vrai pour l'individu, qui est à l'unisson de sa propre physiologie. Le reste est faux, non avenu, adventice, artificiel. Cela est d'autant plus vrai qu'on a affaire à des individualités supérieures. Pour elles, la possibilité de se distinguer et de se différencier est la loi vitale par excellence.

Le pouvoir de l'éducation sur l'individu a donc des limites. Les influences éducatrices, quelles qu'elles soient, n'atteignent pas le fond intime de l'être. L'éducation peut communiquer à l'individu des notions abstraites et des préceptes abstraits, comme on montre à l'élève des figures immobiles sur un tableau noir. Mais la combinaison originale de ces notions, leur entrelacement selon des modes nouveaux ressortit à la spontanéité de l'intelligence individuelle. — L'éducation peut nous apprendre à raisonner correctement et à tirer des conséquences de prémisses données. Mais là s'arrête son pouvoir. Ce n'est pas elle qui nous fournit les prémisses initiales,

---

1. Voir Nietzsche, *Généalogie de la morale*, trad. franç., p. 264, et le commentaire de M. Fouillée, *Nietzsche et l'immoralisme*, p. 43. (Paris. F. Alcan.).

sensibles, actives et vivantes de nos syllogismes pratiques. Ces prémisses émanent du fond intime de notre individualité. Elles nous sont données par une intuition toute individuelle. Ajoutons que l'intuition est incommunicable.

Ce qui a été dit de la volonté peut se dire de l'intuition. — *Velle non discitur*, a-t-on dit. De même, *intueri non discitur*. De même *amare et odi non discitur*. Les amours et les haines, les antipathies et les aversions, les sympathies et les enthousiasmes résident dans une région plus intime, plus délicate et plus profonde où ne pénètre pas le verbe des pédagogues. L'aspiration à l'unité intellectuelle et morale de l'humanité est un vœu enfantin. S'il se réalisait par impossible, ce serait la fin de la belle diversité esthétique et morale. Ce serait la mort de la culture. — Le dogme kantien de l'universalisation de la maxime est une grande erreur psychologique. — On ne peut vouloir sérieusement que tous les hommes adoptent la même discipline morale. Schopenhauer a bien saisi le caractère de l'intuition qui est la seule véritable connaissance et la seule véritable règle : « Si l'intuition pouvait se communiquer, dit-il, la communication en vaudrait la peine; mais, en définitive, nous ne pouvons sortir de notre peau; il faut que nous restions enfermés chacun dans notre crâne, sans pouvoir nous venir en aide les uns aux autres [1]. » — Tout au plus le moraliste peut-il proposer comme des *placita* les vœux de sa sensibilité individuelle à la catégorie des individus dont la sensibilité vibre à l'unisson de la sienne.

Nous voyons que le problème de la valeur et de l'efficacité de l'Éducation présente un intérêt et une signification toute différente selon qu'on l'envisage du point de vue de l'individu ou du point de vue de la société. Il est très utile pour un groupe et pour les dirigeants de ce groupe d'imposer un conformisme moral et social aux membres de ce groupe. Ce con-

---

[1]. Schopenhauer, *Le monde comme volonté*, t. II, p. 207.

formisme est double. Il implique : 1° la conformité à la doctrine sociale et morale régnante et considérée actuellement comme l'expression de la vérité ; 2° il implique cette sorte de conformité intérieure qu'on appelle *Esprit de suite* et qui consiste dans la fidélité de l'individu à son passé ; dans la conformité de ses opinions et de ses actes futurs à ses opinions et à ses actes passés. L'intérêt du groupe est trop évidemment de former, grâce à ce conformisme, des individualités dûment cataloguées et étiquetées comme les mannequins d'un étalage, de bons automates dont on puisse prévoir toutes les opinions et tous les actes. Si à un moment donné l'individu vient à penser ou à agir d'une façon non prévue, c'est un beau *tolle* contre le renégat, contre l'imbécile qui « n'a pas de suite dans les idées ».

Cette tactique est simpliste et pourtant éternelle dans les groupes humains. En revanche, il est évident qu'il est du plus haut intérêt pour l'individu de ne pas se laisser assimiler à un mécanisme dont on connaît tous les rouages et dont on prévoit tous les mouvements. Le conformisme à n'importe quelle orthodoxie sociale et morale est pour l'individu une servitude qui l'atteint dans les fibres profondes de sa sensibilité et de sa spontanéité. Quant à l'autre espèce de conformisme que nous avons appelée *Esprit de suite*, Emerson n'a rien laissé à dire sur l'influence opprimante et déprimante de ce genre de contrainte : « Une autre terreur qui nous éloigne de la confiance en nous-même, c'est notre esprit de suite, notre désir d'être conséquent avec nous-même ; c'est une espèce de vénération pour nos actes ou nos paroles passées, parce que nous croyons que les yeux des autres n'ont pas d'autre point de repère pour supputer l'orbite de notre personnalité, que nos actes passés ; et nous sommes ennuyés de les désappointer... Mais pourquoi vous obligeriez-vous à retourner la tête ? Pourquoi traîner avec vous ce poids de la mémoire pour éviter de contredire ce que vous avez dit dans telle circonstance ?

Supposez que vous vous contredisiez ; — et puis, après ?...

« Une sotte persévérance dans la même pensée est la manie des petits esprits, adorée par les petits hommes d'État et d'Église, par les petits philosophes, par les petits artistes. Une âme grande ne s'en inquiète pas. Elle pourrait aussi bien s'occuper de son ombre sur un mur. Dites ce que vous pensez aujourd'hui en termes forts ; et demain faites de même, quoique vous puissiez vous contredire d'un jour à l'autre[1]. »

Qu'on rapproche de ce passage ce que dit Nietzsche au sujet de la nécessité d'être un esprit non historique, si l'on veut vivre à chaque heure dans un air nouveau et raviver sans cesse la fraîcheur de ses impressions sur la vie.

L'antinomie entre ces deux termes : individualité et spontanéité d'une part — enseignement et conformisme de l'autre, reste irréductible. Cette antinomie éclate dans tout son jour à propos du problème de l'Éducation. Au point de vue de ceux qui se préoccupent de la direction à donner aux groupements humains, au point de vue de l'homme de parti ou de l'homme d'État, au point de vue du politique ou du politicien, on conçoit que le problème de l'éducation représente une question capitale. Car il s'agit pour ces gens de diriger le troupeau humain par masses dans les voies qu'ils jugent les plus propres à conduire l'humanité vers l'Idéal social et moral de leur choix.

M. Jules de Gaultier exprime en termes suggestifs l'intérêt politique de la question de l'Éducation. « C'est parce qu'ils connaissent bien ce mécanisme (la suggestion par la notion inculquée) que les partis politiques, quelle que soit la pensée qu'ils représentent, apportent une telle passion à s'emparer de l'enseignement[2]. »

C'est cette raison qui explique pourquoi tous les partis, même et surtout ceux qui réclament la liberté de l'Enseignement, visent en réalité au monopole.

1. Emerson, *Sept Essais*, traduits par I. Will, p. 14-15.
2. Jules de Gaultier, *Le Bovarysme*, p. 81.

Mais autre est le point de vue du politique soucieux d'une action à exercer sur les masses humaines, autre est le point de vue du moraliste soucieux avant tout de réserver, de sauvegarder et de mettre au premier plan l'originalité et la spontanéité des consciences individuelles. Pour un tel moraliste, pour un Emerson, un Nietzsche, la valeur et l'efficacité de l'Éducation comme entreprise de moralisation collective n'auront jamais qu'une importance secondaire et même insignifiante pour la véritable vie de l'esprit.

A notre avis, ceux qui préfèrent à tout cette véritable, intime et indépendante vie de l'esprit, doivent se défier des prétentions de l'éducationnisme non moins que de celles de l'empirisme moral. Nietzsche a exprimé ce vœu dans des termes qui ne laissent rien à désirer en clarté quand il a parlé « de cette dépendance, au fond superflue et humiliante, vis-à-vis des médecins, prêtres, professeurs, curateurs des âmes, dont la pression s'exerce toujours, maintenant encore, sur la société tout entière[1] ». — Et ailleurs : « Que la jeune âme jette un regard en arrière sur la vie et se pose cette question : Qu'as-tu aimé véritablement jusqu'à présent, qu'est-ce qui a attiré ton âme, qu'est-ce qui l'a ensemble et dominée, et rendue heureuse ? Repasse dans ta mémoire la série des objets de ta vénération, peut-être te donnent-ils, par leur essence et leur succession, la loi, la loi fondamentale de ton être véritable. Compare ces objets, vois comme l'un complète, élargit, surpasse et transfigure l'autre, comme ils forment une échelle par laquelle jusqu'à présent tu es monté jusqu'à toi-même... Voilà tes véritables éducateurs, qui sont aussi tes formateurs. Ils te révèlent ce qui est le sens primitif et l'essence élémentaire de ton être, quelque chose qui ne se laisse ni éduquer ni former... Tes éducateurs ne sauraient être pour toi que des libérateurs...[2]. »

1. Nietzsche, *Le voyageur et son ombre*, § 5.
2. Nietzsche, *Considérations inactuelles*, § 1, édit. du *Mercure de France*.

XIII

LA MENTALITÉ DU RÉVOLTÉ[1]

Il y a des sentiments qu'on appelle anti-sociaux, bien qu'ils soient un fruit naturel de la vie sociale et qu'ils jouent un rôle sans doute nécessaire dans son évolution. Mécontentement social, pessimisme social, amoralisme, révolte individualiste ou anarchiste, tels sont ces sentiments. A l'heure présente, ils semblent être en recrudescence. En bas ils s'agitent dans l'âme obscure des foules ; en haut ils s'affirment chez les penseurs d'avant-garde comme une claire volonté de Rébellion et de Négation.

Les causes extérieures et sociales qui déterminent à un moment donné l'éclosion ou la recrudescence des énergies de Révolte sont variables. Elles changent avec le temps, le lieu, le degré de l'évolution sociale. C'est affaire à l'historien de les étudier, non au psychologue. Laissant de côté ces causes, nous nous attacherons à la forme de mentalité qu'elles suscitent ou qu'elles favorisent.

Disons d'abord un mot du type psychologique qui est l'antithèse du Révolté ; je veux dire le *Satisfait*, l'optimiste social.

Ce type forme généralement le fond du troupeau humain. Il est l'expression du besoin d'optimisme inhérent à tout groupe. Formant les moyennes, il est médiocre comme elles. Le trait qui le définit le mieux, c'est l'équilibre dans la médiocrité. Le Satisfait est un être sans impérieuse volonté de puissance,

[1]. *Mercure de France*, juin 1902.

sans grands besoins, sans grands désirs, sans aucun relief intellectuel, émotif ou passionnel. Grâce à cet équilibre, le Satisfait ignore les heurts intimes de la sensibilité et de la pensée ; il n'est pas exposé non plus à recevoir de son milieu de contradictions trop violentes.

Émotivité obtuse, besoins idéaux peu exigeants, imagination faible ou lente, intelligence moutonnière, voilà, dans ses traits généraux, l'apport psychologique du Satisfait. Si, dans cette heureuse médiocrité native, quelque velléité d'initiative faisait mine de surgir, c'est le rôle des pédagogies de l'étouffer. Les pédagogies sont toutes optimistes. Elles forment des âmes de satisfaits. Les moralistes officiels entonnent infatigablement l'hosannah optimiste. La vertu consiste toujours pour eux à procurer le bonheur du grand nombre, ou, ce qui est plus facile, à faire croire à ce grand nombre qu'il est heureux. Il importe que le Satisfait ne cesse pas de l'être. Aussi la société ménage-t-elle sur son chemin, avec des petits calculs bien attentifs, toutes sortes de petits bonheurs, de petites satisfactions d'amour-propre, de petits hochets de vanité, dont le rôle est d'effacer l'impression de duperie que la comédie sociale ne manque pas de produire à la longue même sur des esprits peu perspicaces.

La mentalité professionnelle est ici un facteur à considérer. Elle exerce dans un sens optimiste son action déformatrice des consciences individuelles.

Cette action, que M. Ferrero a décrite sous le nom d'*arrêt idéo-émotionnel professionnel*, a des effets bien connus. Des préjugés, des mensonges de groupe, des mots d'ordres de corps, de caste ou de chapelle qui avaient d'abord paru grotesques, sont peu à peu tolérés, acceptés, épousés et chaleureusement défendus. Le respect des puérilités est un grand élément du bonheur social. Sans ce que Stendhal appelle la *manie respectante*, beaucoup d'hommes trouveraient sans doute la vie intolérable.

Socialement, l'attitude du Satisfait est profitable. Le Satisfait est un être soumis, un bon animal de troupeau. Aussi est-il récompensé par la bienveillance de ses chefs, par l'amabilité de son entourage.

Tandis que le frondeur, le pessimiste, l'insoumis sont mal vus et mal notés, le Satisfait moutonne en paix sous l'œil attendri de ses pasteurs.

Chose étrange ! le sentiment le plus caractéristique du Satisfait est peut-être la Peur. De même qu'il est un obéissant, le Satisfait est un inquiet. — Il ne s'agit pas, bien entendu, de ces généreuses inquiétudes d'âme qui sont chez les énergiques un prurit d'action, un flot frémissant de vie surabondante.

L'inquiétude du Satisfait est celle des *Humbles*, si bien décrite par M. Ribot dans son étude sur les *Formes du caractère* : « Comme le lièvre de La Fontaine, ils vivent dans l'inquiétude perpétuelle. Ils craignent pour eux, pour leur famille, pour leur petite place ou leur petit commerce, pour le présent, pour l'avenir. » Le Satisfait se trouve bien de sa position et n'en veut pas changer. Il abhorre l'attitude du mécontent, le geste de tous ceux qui veulent changer quelque chose de place. Dans la paix de sa veulerie béate, il craint tout changement qui lui demanderait une initiative, qui déconcerterait ses routines et ses paresses.

D'ailleurs, chez le Satisfait aucune clairvoyance, aucun regard intuitif sur les ficelles qui font mouvoir la petite fantasmagorie sociale. Cette intellectualité est simpliste. C'est celle que Carlyle a notée dans son amusante figure du comte Zaedharm [1] lequel trouvait que vraiment, excepté l'Extirpation du journalisme, il y avait peu à désirer dans le monde. « Ses occupations, ajoute Carlyle, étant celles d'un propriétaire foncier, il pouvait y avoir nombre de facultés qui, superflues

---

1. Th. Carlyle, *Sartor resartus*, trad. Barthélemy (*Mercure de France*), p. 155.

pour un tel usage, fussent peu développées en lui. » — Aussi bien le Satisfait n'a pas besoin de clairvoyance. Car il se repose volontiers sur les autres du soin de le guider. Si ce n'est pas à d'autres personnes qu'il confie sa destinée, c'est aux usages admis, aux ouï-dire, aux aphorismes de la commune sagesse qui ont pour lui force de loi et dont son intellectualité n'est que l'incolore et l'inoffensif reflet.

Les traits de cette mentalité font ressortir celle du Révolté. Non pas qu'il ne se rencontre aussi dans cette dernière catégorie des intelligences moutonnières. — La catégorie des Révoltés est trop nombreuse pour qu'il n'y ait pas lieu d'y distinguer les deux espèces qu'on retrouve partout dans les groupements humains : l'Actif et le Passif, l'Énergétique et l'Énergumène. Souvent le mouton enragé n'en reste pas moins un mouton. Il imite dans la révolte comme d'autres imitent dans la soumission. Ses paroles de révolte sont apprises. Son geste de meurtre lui est suggéré. Ce n'est qu'un suggestible, un impulsif d'un genre spécial. Comme le dit quelque part M. Remy de Gourmont, « il oscille de la démence verbale à la démence active ». Mais à côté du Révolté par imitation et par suggestion, il y a le Révolté par instinct, par tempérament, par personnelle volonté de vie.

Tout est subjectif dans nos évaluations sociales. — Comme le dit encore M. R. de Gourmont, « il n'y a pas d'état réel de bonheur ou de malheur social ; il y a des représentations d'un état social inconnaissable réellement [1] ». — Le monde social vient se peindre en raccourci au fond de chaque conscience ; mais il ne s'y peint pas d'une façon uniforme. Entre la réalité sociale et l'impression éprouvée par chaque conscience s'interposent la sensibilité et l'intelligence de chacun. Chaque intelligence a ce qu'on pourrait appeler son indice de réfraction sociale. Elle dévie et réfracte à sa façon les rayons qui lui arrivent du dehors.

---

1. Remy de Gourmont, *Épilogues* (*Mercure de France* de septembre 1901)

La valeur et l'intérêt de cette représentation intellectuelle du monde social varie avec la puissance et la culture des esprits. Il y a la représentation sociale d'un Balzac, d'un Stendhal, d'un Renan ou d'un Taine ; il y a aussi celle de M. Homais. Il y a celle d'un doux mystique tel que saint François d'Assise ; il y a aussi celle d'un farouche apôtre de la destruction universelle, d'un Bakounine, par exemple.

Le trait qui semble caractériser avant tout le tempérament intellectuel du Révolté, c'est la prédominance dans ce genre d'esprits de la faculté dissociatrice. Il faut ici se rappeler l'idée qu'a mise en lumière M. R. de Gourmont. Les vérités, les vérités sociales surtout, ne sont jamais simples. Qu'elles soient la synthèse de plusieurs idées abstraites (par exemple la devise républicaine : liberté, égalité, fraternité) ou la synthèse d'une idée abstraite et d'éléments concrets (passions, intérêts de personnes ou de groupes), les vérités sociales ne représentent jamais une essence logique indécomposable, mais une mixture, une mosaïque d'éléments le plus souvent inconciliables. Le cas le plus fréquent est celui où l'idée, au lieu de rester à l'état abstrait, est adultérée par des éléments adventices (intérêts, préjugés). De là vient que ces vérités sociales logent leur ennemi et portent en elles-mêmes leur propre contradiction. Pour voir s'évanouir ces vérités, il suffit de les soumettre à l'analyse dissociatrice qui les résout en leurs éléments.

Non seulement les vérités sociales se contredisent entre elles (il n'est peut-être pas un proverbe qui n'ait pas son contraire) ; non seulement une même vérité sociale peut rapprocher des idéaux contradictoires (par exemple, liberté et égalité) ; mais chacune d'elles est contredite par l'élément contingent qu'on lui a accidentellement associé. (Par exemple, l'idée de Justice abstraite dans l'esprit des ouvriers peintres qui la traduisent par cette formule : « A bas le ripolin. ») La contradiction forme ainsi l'étoffe de la Pensée sociale. La plupart des hommes ne sont point choqués de ces contradictions. Leur logique est peu exigeante. Un entraînement spécial leur a appris à s'indigner de l'absurde sur le terrain religieux ; mais ils s'arrangent à merveille de l'absurde dans les formules politiques et sociales.

D'autres esprits sont moins faciles à contenter. Ils s'amusent à mettre dédaigneusement en pièces l'étoffe bigarrée et rapiécée de la sagesse sociale. Cette opération ne scandalise pas d'ailleurs les adeptes du sens commun. Ils ne la comprennent pas. En dépit des dissociations d'idées opérées par les destructeurs de vérités, M. Prudhomme continue à se féliciter d'être en possession d'une doctrine morale et sociale de tout repos, cuisinée à son usage par des sociologues en chambre et des moralistes officiels.

La puissance dissociatrice de l'esprit suppose la prédominance de cette forme spéciale d'association qu'on appelle en psychologie association par *contraste*. L'intelligence moutonnière du Satisfait ne s'insurge jamais contre ce qu'on lui donne comme la vérité ; il la répète sans dégradation personnelle, sans perte ni addition. Sa mentalité rappelle celle de *l'idémiste* Poiret, ce personnage de Balzac qui « ne disait rien, en parlant, raisonnant ou répondant ; car il avait l'habitude de répéter en d'autres termes ce que les autres disaient ». Chez d'autres, au contraire, une vérité sociale, sitôt émise, évoque de suite la possibilité de l'affirmation opposée. Chez eux l'idée de la possibilité des contraires est toujours présente. Chez l'homme ordinaire, cela s'appelle esprit de contradiction et dégénère en manie ennuyeuse. Chez l'homme supérieur, c'est un fécond éveil de l'esprit qui échappe à la monotonie des redites sociales et s'élance librement dans le champ de contingences. L'association par contraste donne lieu à un type d'imagination particulièrement actif ; car suivant la remarque de M. Ribot, « l'imagination, comme la sensibilité, se meut entre les contraires avec une extrême rapidité ».

Cette forme d'imagination mouvante et bondissante est la forme la plus curieuse de ce que M. Ribot appelle l'Imagination sociale. Chez les grands révoltés, cette imagination s'épanouit en une luxuriante efflorescence de visions et de symboles sociaux, en d'inédites exégèses de la société et de la vie. Parfois cette imagination procède par analogie. Autant l'idéisme est stérile, autant l'analogie est créatrice. Elle fait découvrir d'imprévus rapprochements de faits ou d'idées qui ruinent les traditionnelles sériations de valeurs. Ce procédé est visible à chaque instant chez Nietzsche. D'autres fois l'imagination sociale procède par rayonnement. Ici elle est souvent vivifiée par la passion. Un froissement, un heurt social douloureux, un contact avec quelque dure réalité sociale devient pour les sentiments et les images un centre d'attraction, d'où elles rayonnent ensuite en gerbes vivantes. C'est là l'imagination que M. Ribot désigne sous le nom de « constellation » et qui ressemble à ce que Stendhal a décrit sous le nom fameux de cristallisation.

L'imagination sociale cristallise en laid comme d'autres fois elle cristallise en beau. Chez le pessimiste social et le révolté, le monde social prend une teinte sombre et sinistre ; il revêt des formes grotesquement odieuses ; il apparaît sous quelque fantastique et effrayant symbole tel que celui que H. Heine a décrit dans son *Affrontenburg*. « C'est le vieux château avec ses créneaux et ses tours, avec ses hôtes sinistres... Les mieux avisés gardaient toujours prudemment le silence. Il y avait là un écho qui, en répétant les paroles, méchamment les falsifiait toutes. Non, en vérité, il n'y a pas un seul arbre à l'ombre duquel je n'aie essuyé des outrages, tantôt d'une bouche délicate et tantôt d'une bouche grossière [1]. » Telle

---

1. H. Heine, *le Livre de Lazare*.

est encore l'effrayante vision de Nietzsche sur « l'Usine où se fabrique l'Idéal ». La société apparaît alors comme un bagne, un jardin des supplices, un rendez-vous d'êtres rampants et menteurs, un fourmillement d'hypocrisies et de lâchetés.

Ces libres bonds de l'imagination font que le Révolté est suivant l'expression de Nietzsche, un esprit « non-historique ». Ce qui caractérise le Satisfait, l'optimiste social, c'est l'asservissement à la réalité sociale donnée, c'est l'excès du sens historique. L'homme vulgaire n'a qu'un sentiment très obscure de la contingence foncière des faits sociaux ; il croit volontiers à la nécessité, à la rationalité, à la légitimité de ce qui est consacré par l'usage et la tradition. Il ne se doute pas de l'énorme part d'accidentel, de fortuit, de conventionnel, d'artificiel et de trompe-l'œil qui entre dans la composition d'un état social quelconque. Il ne se doute pas de ses possibilités ambiguës que lui, faible et inerte, ne sait pas utiliser, mais que d'autres, de volonté conquérante, savent maîtriser et asservir à leurs fins. Il croit à une logique sociale supérieure — qu'il nomme la Providence — et à laquelle il faut se résigner. Au contraire le Révolté a un vif sentiment des contingences sociales. Il réagit contre l'excès d'historisme, contre la génuflexion devant le fait, devant la prétendue Logique historique.

Pour lui la vérité sociale n'est pas quelque chose de tout fait, d'immobile, sur quoi nous n'avons pas de prises. C'est une vérité en devenir, une vérité incertaine et fuyante comme la Vie. Elle dépend de nous, et, en un certain sens, elle est notre œuvre, notre acte et notre geste. Le Révolté de grand style est un esprit non historique qui se jette d'un bond dans un monde inconnu. Tel est Nietzsche avec son dédain pour les pédants de l'historisme. Le Révolté a son concept spécial de la Vérité. Sa Vérité est une vérité toute pénétrée de vie, toute frémissante d'énergie et d'action.

D'ailleurs, l'Action, l'Énergie, voilà le fond du Révolté. Dans tout Révolté, il y a un Dissociateur de vérités traditionnelles : il y a un imaginatif et un intuitif qui écarte en se riant le voile des mensonges sociaux ; mais il y a surtout un Énergétique, un Combatif. L'Énergie ayant deux formes : réactive et active, il y a lieu de distinguer ici avec Nietzsche deux types de Révolté : le Révolté réactif, le Révolté par rancune et représailles, celui que Nietzsche appelle *l'homme du Ressentiment*, et le Révolté du type agressif et spontané, celui dont l'Énergie est vierge de tout attentat, l'homme fort qui n'a pas souffert le Mal, qui n'a pas besoin de vengeance et qui pourtant se dresse contre l'ordre social existant par simple désir de donner lieu à des formes nouvelles de Vie, de faire triompher un idéal, c'est-à-dire le reflet agrandi d'une personnalité.

Ce dernier représente une forme supérieure d'Énergie. C'est le Révolté de grand style ; la haute et esthétique Volonté de Vie qui ignore les passions basses et rancunières caractéristiques de la Révolte des Esclaves. « Même lorsque le ressentiment s'empare de l'homme noble, dit Nietsche, il s'achève et s'épuise par une réaction instantanée ; c'est pourquoi il *n'empoisonne* pas ; en outre, dans des cas très nombreux le ressentiment n'éclate pas du tout, lorsque, chez les faibles et les impuissants, il serait inévitable. — Ne pas pouvoir prendre au sérieux longtemps un ennemi, ses malheurs et jusqu'à ses méfaits, — c'est le signe caractéristiques des natures fortes, qui se trouvent dans la plénitude de leur développement et qui possèdent une surabondance de force plastique, régénératrice et curative qui va jusqu'à oublier. — Un bon exemple pris dans le monde moderne, c'est Mirabeau qui n'avait pas la mémoire des insultes, des infamies que l'on commettait à son égard et qui ne pouvait pas pardonner, uniquement parce qu'il oubliait [1]. »

1. Nietzsche, *Généalogie de la Morale*, trad. H. Albert, p. 55.

Chez le révolté réactif domine cette imagination pessimiste que nous avons décrite et qui teinte l'objet haï des couleurs de son ressentiment ; chez le Révolté du second type, c'est une imagination sereine, harmonieuse et créatrice. Ici le Révolté se confond avec le créateur de valeurs sociales, l'instaurateur d'une vérité et d'une justice nouvelles. — Si l'on voulait donner ici des noms on pourrait dire peut-être qu'un Rousseau, un Bakounine représentent le type du Révolté réactif. (Qu'on se rappelle ce qu'il y a de passionné et au fond de rancunier dans le génie de Rousseau.) Un Carlyle, un Tolstoï, un Nietzsche représenteraient le Révolté énergétique et créateur. Peut-être même y aurait-il lieu de distinguer un type mixte, à la fois réactif et actif, destructeur et créateur. Un Proudhon, un Ibsen représenteraient peut-être assez bien cette dernière attitude.

Il y a lieu maintenant de distinguer en quelques mots, l'attitude du Révolté de quelques attitudes voisines : d'abord du Pessimisme social. — Très proche du Révolté, le Pessimiste social s'en distingue pourtant. Le Pessimiste social absolu aboutit à la négation de toute action et de toute vie sociale où il voit la manifestation suraiguë, — effrayante et diabolique entre toutes — de l'aveugle Vouloir-Vivre universel. — Chez le Révolté, même chez le Révolté d'ordre réactif, la Volonté de Vie s'affirme, au moins comme énergie de protestation et de haine. — Chez le Pessimiste, le Vouloir-Vivre se retire de la scène du Monde. — Le principe de cette attitude semble être une sensibilité fine et vive, vite froissée au contact des laideurs sociales ; parfois aussi un orgueil irritable, comme ce fut peut-être le cas pour Challemel-Lacour. En tous cas, le Pessimisme social, par opposition à l'Instinct de Révolte qui est Volonté de vie, est essentiellement Ascétisme.

Ascétisme aussi est l'attitude de celui que nous appellerons l'anarchiste pratique. — C'est celui qui circonscrit à son existence personnelle ses sentiments de révolte antisociale et qui dédaigne de faire un effort pour les faire partager à autrui. M. Remy de Gourmont a très finement esquissé ce type : « L'anarchiste, dit-il, est celui qui, chaque fois qu'il le peut faire sans dommage, se dérobe sans scrupules aux lois et à toutes les obligations sociales. Il nie et détruit l'autorité en ce qui le concerne personnellement ; il se rend libre autant qu'un homme peut être libre dans nos sociétés compliquées. Au delà de ce type, il y a l'anarchiste qui veut imposer aux autres hommes sa propre haine de toute obéissance[1]. »

Ascétisme encore est cette attitude de pensée qu'on pourrait appeler l'Esthétisme ou Dilettantisme social. Pour nous le Dilettantisme social est une variété de pessimisme social esthétique. — le Dilettante social perçoit le monde social comme un phénomène de Beauté ou de Laideur — surtout de Laideur. — Et il prend le parti de n'attribuer à ce phénomène de Laideur qu'une valeur fantomatique, pareille à celle d'un cauchemar peuplé de visions grimaçantes.

Nous avons dit au début de cet article que nous envisagerions ici la psychologie du Révolté sans nous occuper des circonstances extérieures et sociales où se manifestent les sentiments anti-sociaux. — Pourtant il y a lieu de noter ici que notre société actuelle, — parfait exemplaire de médiocratie dans la vilenie — offre à l'esthète social un thème particulièrement curieux de contemplation. Notre organisation sociale actuelle, avec ses oligarchies et ses bureaucraties hypocrites, avec ses procédés d'écrasement systématique de l'isolé, avec ses primes offertes à la médiocrité, à la bassesse, à la servilité, avec sa haine de toute indépendance d'esprit, avec ses encouragements à l'espionnage, à la délation, à la calomnie grégaires, à toutes les lâchetés de groupe et à tous les crimes de groupe, est une des Formes de Vie les plus

---

1. Remy de Gourmont, *Epilogues* (*Mercure de France*, octobre 1901).

propres à susciter dans les âmes le Mépris esthétique, le Mépris libérateur par excellence parmi les Mépris.

L'Immoralisme est aussi une attitude de pensée qui mérite d'être signalée. Cette attitude, qui est l'attitude Nietzschéenne par excellence, vient à son heure parmi nous. Elle est une réaction contre le Moralisme petit-bourgeois, contre le Devoirisme hypocrite et tâtillon des jardiniers corrects qui cultivent en serre tiède la plante rabougrie de la Vertu bourgeoise. — L'Immoraliste remplace les Impératifs Kantiens et autres par une généalogie de la morale à la façon de Nietzsche et il arrive à ne voir en elle qu'une invention des débiles et des médiocres pour prendre leur revanche sur les intelligents et les forts. — Pour l'immoraliste, la plante Morale s'épanouit plus en Laideur qu'en Beauté. Poussée sur le fond vaseux du Vouloir-Vivre social, ses branches sont gonflées des sucs vénéneux de l'Hypocrisie sociale et son ombre est mortelle aux Énergies saines et vivaces. De ce point de vue, le Moralisme et le Devoirisme chers aux petits-bourgeois de l'Intelligence représentent ces bas-fonds dont parle Henri Heine, « où viennent s'enliser les vaisseaux qui arrivent des contrées lointaines ».

L'Immoraliste est volontiers un Ironiste. — Au rire lâche et imbécile des foules, l'Ironiste oppose son rire à lui, le rire abstrait, le grand Rire muet d'Hamlet, le rire irrévérencieux et insultant par excellence pour les bas égoïsmes honteux érigés en dogmes par les pontifes. C'est le rire de Swift et de Heine, souverainement désagréable au Philistin qui s'en venge en disant que ces gens-là n'ont pas de « *caractère* ».

Le Pessimisme social, le Dilettantisme social, l'Ironisme et l'Immoralisme sont des variétés d'un type curieux de mécontentement que Nietzsche a noté et analysé sous le nom de mécontentement féminin. C'est un type de pensée très délicat à la fois et très profond, très nuancé, très mouvant, tenace et fugace ; très redoutable aussi, très actif au fond et inapaisable dans son inquiète révolte. « Les mécontents faibles et en quelque sorte féminins, dit Nietzsche, sont les plus inventifs à rendre la vie plus belle et plus profonde... les prétentions des mécontents forts sont trop grossières et en somme trop modestes pour que l'on n'arrive pas à les faire se tenir tranquilles. »

Quel est le Rôle de l'Instinct de Révolte dans l'évolution sociale ?

L'Instinct de Révolte est à la fois une forme de l'Instinct Vital et de l'Instinct de Connaissance. Il établit entre eux, au cours de l'Évolution historique, un compromis mystérieux.

L'Instinct Vital, aveugle et sans But, est au fond de toutes les métamorphoses du phénomène Société. C'est à tort que les Optimistes sociaux ont placé la Perfection tantôt au début, tantôt au terme de l'Évolution sociale. Pour nous, Épigones de Schopenhauer et de Darwin, ces deux formes de l'Optimisme social sont également inacceptables. Nous ne mettons la Perfection ni en arrière, ni en avant. Nous ne voyons dans l'Évolution historique que l'épanouissement fatal, formidable, magnifique et tragique de la Vie.

L'Histoire est la route où l'humanité poursuit sa marche inquiète ; l'origine et le terme de ce voyage se perdent dans les nuages. — Sur cette route, le Vouloir-Vivre social cherche infatigablement à se dépasser lui-même, à aller toujours au delà de ce qu'il est et de ce qu'il veut. Tantôt cette course se ralentit ; tantôt elle s'accélère jusqu'à la frénésie. Il y a des civilisations qui ont la marche lente et insensible des glaciers ; au contraire nos civilisations occidentales rappellent parfois dans leurs Révolutions la chute brusque des avalanches ou la crue éperdue des eaux d'un fleuve au moment de la débâcle des glaces. — Dans le Devenir social, les dogmes religieux, sociaux et moraux sont un principe d'arrêt et d'immobilité. Ce sont des digues que l'Instinct vital édifie à son usage pour exhausser son propre niveau et, après un moment d'arrêt, reprendre d'un bond irrésistible sa marche en avant. Ce sont les Révoltés, les Briseurs de Dogmes, qui rompent les digues et qui mettent en liberté les eaux captives et frémissantes. C'est ainsi que l'Instinct de Révolte, sous forme d'Instinct de Connaissance, devient un auxiliaire mystérieux de l'Instinct Vital.

De là l'accueil qui est d'abord fait dans le monde au Révolté. Le nouveau rayon de lumière projeté par l'Instinct de Connaissance sur la face obscure des choses déconcerte les traditions, les routines et les paresses. Le Révolté est décrié et honni. C'est sur lui que tombe la malédiction prononcée par Schiller dans la *Statue Voilée de Saïs* :

Weh dem, der zu der Wahrheit geht durch Schuld.

D'après les vues exposées par M. Jules de Gaultier, la Révélation apportée au monde par le Révolté n'aurait pas d'influence réelle et efficace sur le cours des choses. Elle ne serait que le reflet et le symbole des mouvements qui s'accomplissent dans les régions profondes et inaccessibles de la Vie. « C'est le vice des idéologues dont on tient à se garer, de croire qu'il est possible de réagir par la connaissance sur le mouvement de la vie [1]. »

D'autres penseurs, au contraire, imbus de la foi idéologique en la puissance de l'idée, seraient disposés à voir dans le Verbe du Révolté non un simple reflet, mais une des formes, aussi réelle, aussi efficace que les autres, de l'universelle Energie.

Laissons cette question ouverte. Elle est de celles qui touchent aux Mystères ultimes. Aussi bien, Acte et Énergie ou Symbole et reflet, le Verbe de Révolte garde aux yeux du sociologue la même signification ; celle d'une brusque accé-

---

[1]. J. de Gaultier, *De la Nature des Vérités* (*Mercure de France*, septembre 1901).

lération du mouvement de la vie, d'un bond en avant, d'un saut non historique dans l'avenir.

C'est pourquoi, dans l'actuel triomphe de la Banalité, « cette mauvaise fée d'ici », comme l'appelle un personnage de Gorki, l'apparition du Révolté mérite d'être accueillie avec applaudissement par ceux dont l'instinct de joueur se passionne pour d'imprévus lendemains. — Car cette apparition signale ou présage quelque changement à vue, quelque jeu de scène peut-être sensationnel dans la féerie de l'Histoire.

XIV

LE DILETTANTISME SOCIAL ET LA PHILOSOPHIE DU « SURHOMME »[1]

Le problème capital de la morale sociale est celui des rapports de l'individu et de la société. — Aux différentes manières de résoudre ce problème répondent diverses attitudes de l'individu vis-à-vis de la société.

Parmi ces attitudes, il en est deux qui nous semblent particulièrement intéressantes, soit par elles-mêmes, soit par l'influence qu'elles tendent à prendre de plus en plus sur les esprits cultivés. L'une est celle que nous appellerons Dilettantisme social; l'autre a été exposée par Nietzsche sous le nom de morale du « Surhomme ».

Nous voulons nous demander à quelle conception générale de la vie et de la société se rattachent le Dilettantisme social et la philosophie du Surhomme. Nous rechercherons ensuite quel est le lien qui unit ces deux conceptions ainsi que le rôle moral qu'elles sont appelées à remplir.

La question dont nous devons partir est celle-ci : Quelle est au fond la nature et la valeur de la société ? — La société est-elle bonne ou mauvaise, a-t-elle oui ou non, un droit à l'existence antérieur et supérieur au droit des individus?

Or, si nous examinons les diverses réponses qui ont été faites à cette question, nous voyons que ces solutions, si nombreuses qu'elles soient, peuvent être ramenées à deux types : l'un que nous désignerons sous le nom de Dogmatisme social, l'autre sous le nom de Nihilisme social.

---

1. *Revue philosophique*, décembre 1900.

J'appelle du nom général de Dogmatisme social les doctrines qui attribuent à la société, en tant que telle, une existence antérieure et supérieure aux individus, une valeur morale objective et absolue. Telle est par exemple la philosophie sociale platonicienne qui subordonne absolument l'individu à la cité.

Ce dogmatisme est en même temps un *réalisme* social. J'entends par là que les Dogmatiques érigent la société en entité distincte des individus et supérieure à eux. — Dans cette conception la société a ses lois propres, distinctes de celles qui régissent les existences individuelles ; elle a aussi ses fins propres auxquelles doivent être sacrifiées sans hésitation les fins éphémères de l'Individu. Elle plane au-dessus des existences individuelles comme une puissance mystérieuse et fatale, comme une sorte de Divinité. C'est ce que Simmel met en pleine lumière quand il nous montre par une comparaison ingénieuse quelle est, aux yeux de certains sociologues la nature des rapports qui unissent l'Individu à la communauté. « Simmel, dit M. Bouglé, compare la Société à Dieu et montre que le développement des sciences de la société nous fait apercevoir dans toute idée religieuse le symbole d'une réalité sociale. — Il déduit toutes les représentations qui vont se rencontrer dans l'idée de Dieu comme dans un foyer imaginaire, des rapports réels que la Société soutient avec l'Individu. — Elle est la puissance universelle dont il dépend, à la fois différent d'elle et identique à elle. Par les générations passées et les générations présentes, elle est à la fois en lui et hors de lui. La multiplicité de ses volontés inexpliquées contient le principe de toutes les luttes des êtres, et cependant elle est une unité. Elle donne à l'individu ses forces en même temps que ses devoirs : elle le détermine et elle le veut responsable. Tous les sentiments en un mot, toutes les idées, toutes les obligations que la théologie explique par le rapport de l'individu à Dieu, la sociologie les explique par le rapport de l'individu à la société. Celle-ci tient, dans la science de la morale, le rôle de la divinité[1]. »

Ce réalisme social est en même temps un optimisme social. — Diviniser la société, n'est-ce pas affirmer sa bonté transcendante? N'est-ce pas croire à des harmonies sociales providentielles cachées sous les antagonismes de la surface? — Le Dogmatiste social dira avec Leibniz qu'il ne faut pas facilement être du nombre des mécontents dans la République où l'on est. Il ordonnera à l'individu de s'incliner devant l'autorité sociale, quoi qu'elle fasse, quoi qu'elle commande, parce que les grandes œuvres sociales sont le symbole d'une Idée morale supérieure devant laquelle doivent disparaître les intérêts, les douleurs et les plaintes de l'individu.

En face de cette conception sociale dogmatique, réaliste et optimiste, on rencontre une conception diamétralement opposée, que nous pouvons désigner par antithèse sous le nom de Nihilisme social.

Dans cette conception nouvelle, l'existence et le droit de la société ne sont plus affirmés comme supérieurs à l'existence et au droit des individus. Au contraire, cette existence et ce droit de la société sont ici mis en doute ou même positivement niés.

On pourrait encore désigner cette attitude d'esprit sous le nom de Scepticisme social. — Le principe de ce scepticisme social est le même au fond que celui du scepticisme métaphysique dont il n'est qu'un aspect. Ce principe consiste en ce que le Moi individuel conserve toujours le droit de douter de ce qui n'est pas lui. Du point de vue du *cogito ergo sum*, moi seul suis une réalité; mes semblables, la société qui m'entoure peuvent être regardés par moi comme une pure illusion ou tout au moins comme n'ayant qu'une existence purement hypothétique. De ce point de vue, rien ne m'em-

---

1. Bouglé, *Les Sciences sociales en Allemagne*, p. 64. (Paris, F. Alcan.)

pêche de rester sceptique en ce qui concerne l'existence de la société et de son prétendu droit sur moi. Telle semble d'ailleurs avoir été l'attitude de Descartes. Dans sa morale provisoire, il est vrai, il recommande au sage de se conformer aux lois et aux coutumes de son pays. — Mais il est aisé de se rendre compte que Descartes n'attribue pas à ce précepte une valeur objective et dogmatique. C'est un simple conseil de prudence pratique qui consiste, pour éviter des ennuis, à s'accommoder, sans y croire d'ailleurs plus qu'il ne convient, à la discipline sociale ambiante.

Ce scepticisme social est en même temps un *nominalisme* social. Tandis que tout à l'heure, dans le dogmatisme social, on regardait la société comme une entité réelle, on la regarde ici comme une abstraction. — La Société n'existe pas ; les individus seuls existent. Au lieu de cette mythologie sociale qui divinisait la société, nous nous trouvons ici en présence d'une conception sociale monadique qui ne voit plus que des individus évoluant suivant la loi de leur égoïsme personnel. — Ce qu'on appelle société n'est rien de plus que l'ensemble des rapports créés par le contact, le heurt ou la combinaison des diverses individualités.

Enfin ce nominalisme social est aussi un Pessimisme social. — Qu'on examine l'histoire! Que d'attentats commis contre l'individu au nom de cette entité tyrannique : *la Société !* Les rapports sociaux sont oppressifs et destructifs de l'Individualité. La société ne doit pas apparaître comme une puissance bienfaisante, un génie tutélaire auquel l'individu peut confier sa destinée, mais comme un génie malfaisant et cruel, sorte de Minotaure dévorateur des faibles et des souffrants. — Que de superstitions, de conventions et de mensonges entretenus sciemment dans le corps social pour duper l'individu et le faire servir aux fins de la collectivité! — N'est-on pas en droit de dire avec J.-J. Rousseau que l'État de société est un état antinaturel et antimoral, et Tolstoï n'a-t-il pas raison également de nous crier : Fuyez les villes, renoncez à la religion du monde, échappez-vous du bagne social! — Schopenhauer semble avoir eu raison aussi de regarder la vie sociale comme le suprême épanouissement de la méchanceté et de la douleur humaines. N'est-ce pas là que se donnent carrière toutes les passions, toutes les trahisons, toutes les lâchetés et les sottises dont est susceptible la nature humaine? Dès lors, quelle sera la ligne de conduite de l'individu, sinon de se replier sur lui-même et de diriger toute son industrie vers ce but : échapper à la vie sociale, à ses exigences obsédantes, à ses prescriptions tyranniques ou grotesques? — Tel semble en effet le dernier mot de la philosophie morale enseignée par Schopenhauer dans les *Aphorismes sur la sagesse dans la vie*.

C'est ainsi que s'affirme l'antinomie des deux tendances que nous avons nommées l'une, Dogmatisme social; et l'autre Nihilisme social. Cette dernière tendance est la racine commune du Dilettantisme social et de la philosophie nietzschéenne du « Surhomme ». Que sont en effet le Dilettantisme social et la philosophie du « Surhomme » sinon une protestation contre les dogmatismes et les optimismes sociaux de toute espèce? La principale différence entre ces deux conceptions nous semble consister en ce que le Dilettantisme social est surtout une protestation antisociale au nom de l'Instinct de la beauté tandis que la philosophie du Surhomme est une protestation antisociale au nom de ce que Nietzsche appelle l'Instinct de Grandeur. Par suite, si l'on veut se faire une idée précise du Dilettantisme social, on pourra le définir par la négation de tout ce qui, dans le Dogmatisme social, froisse l'Instinct de Beauté; on pourra de même définir l'Individualisme nietzschéen par la négation de tout ce qui, dans ce dogmatisme, froisse l'Instinct de Grandeur.

Si l'on identifie, comme il semble qu'on doive le faire, le sentiment de la Beauté et le sentiment de la Vie, on serait frappé de ce qu'il y a d'inesthétique dans ces dogmatismes

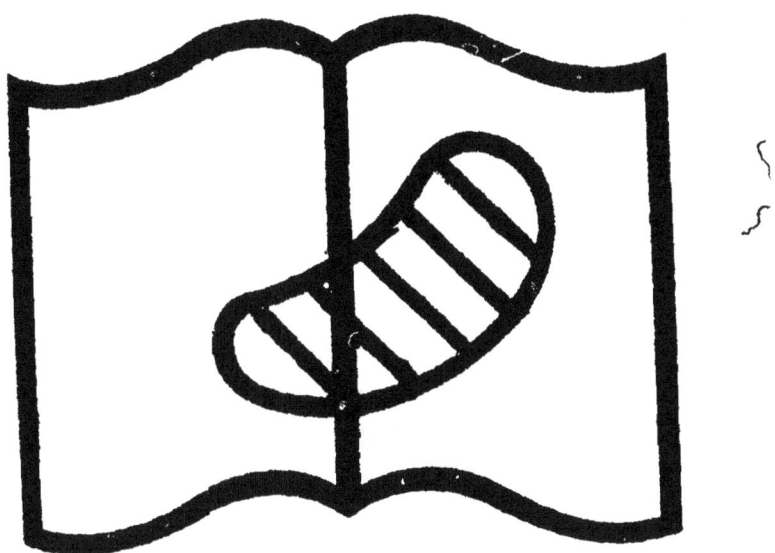

Illisibilité partielle

sociaux issus de cet Esprit logique que Nietzsche appelle l'Esprit de « lourdeur », dans ces définitions dogmatiques de ce qu'est et doit être une société, dans ces morales, ces pédagogies pédantes et étriquées. Tous ces dogmatismes méconnaissent ce qui fait l'essence même de la vie ; je veux dire : la spontanéité des énergies vitales dont la fonction n'est pas seulement de s'adapter à un milieu donné, mais d'être des forces autonomes, de créer par elles-mêmes la vie et l'action. — Le Dilettantisme social est une légitime réaction contre cette incompréhension de la Vie. — Il cherche à retrouver sous les formalismes pédants la spontanéité et la mouvance de la vie.

Un autre caractère du Dogmatisme social est son plat réalisme. Le dogmatiste social veut *croire* à la société ; il la pose comme une réalité solide et respectable et il regarde comme un blasphème et un sacrilège de nier ou de mettre en doute cette divinité souveraine devant laquelle chacun doit s'incliner. Le dogmatiste social réalise ainsi la définition que Schopenhauer donne du parfait philistin. « Je voudrais définir les philistins en disant que ce sont des gens constamment occupés et le plus sérieusement du monde d'une réalité qui n'en est pas une[1]. » — Par opposition à ce philistinisme, le Dilettante a le sentiment intense du Mensonge social. Il voit dans le monde social un monde de rêve et d'illusion, une parade et une mascarade. Dès lors, il jouit de cette apparence sans y attacher plus d'importance qu'elle ne mérite. Il se laisse bercer doucement par son rêve et, aux heures où ce rêve devient douloureux et se transforme en cauchemar, il garde l'obscur sentiment que ce n'est pourtant qu'un rêve. — Goethe a admirablement exprimé le néant de la vie sociale et des sentiments qu'elle suggère au dilettante. « Je t'accorderai volontiers que ceux-là sont les plus heureux, qui vivent au jour le jour comme les enfants, promènent leur poupée, l'habillent et la

---

[1]. Schopenhauer, *Aphorismes sur la sagesse dans la vie*, p. 49. (Paris, F. Alcan.)

déshabillent, tournent avec un grand respect autour de l'armoire où la maman a serré les bonbons, et, s'ils finissent par attraper la friandise convoitée, la croquent à belles dents et crient : « Encore. » — Ce sont là d'heureuses créatures... — Ils sont heureux aussi ceux qui donnent à leurs occupations frivoles ou même à leurs passions des noms magnifiques, et les portent en compte au genre humain comme des œuvres de géants entreprises pour son salut et son bonheur. — Heureux qui peut vivre de la sorte ! Mais celui qui reconnaît dans son humilité où toutes ces choses aboutissent, celui qui voit avec quelle ardeur le malheureux poursuit sa route, haletant sous le fardeau, celui-là est tranquille et se fait aussi un monde, qu'il tire de lui-même, et il est heureux aussi parce qu'il est homme. Et si étroite que soit sa sphère, il porte toujours dans le cœur le doux sentiment de la liberté[1]. »

Un troisième caractère du Dogmatisme social est l'implacable sérieux, l'allure pontifiante qu'il exige des acteurs de la comédie sociale. Rien ne déconcerte, rien n'indigne plus le dogmatiste social que l'irrévérencieuse ironie à l'égard de ce qui est socialement respectable. Par contre, le Dilettante social est un ironiste, un « rieur », suivant le vœu de Nietzsche. Un récent roman allemand[2] met en scène un dilettante social, disciple de Nietzsche, qui décrit un état social de l'avenir où régneraient des hommes vraiment supérieurs qui dédaigneraient de recourir aux mensonges par lesquels on dupe le troupeau humain. « Je rêve, dit-il, un roi qui répudierait toute crainte, qui aurait le courage d'être l'esprit le plus libre de son royaume et pour lequel ce serait un divin plaisir d'éclater de rire au nez de son parlement, de ses ministres, de ses évêques et de ses généraux[3]. » Le dilettante social s'amuse surtout de la pose et de la morgue, de l'affectation

---

1. Goethe, *Werther*.
2. E. von Wolzogen. *Das dritte Geschlecht*, Berlin, 1899.
3. Id., id., p. 62.

de respectabilité et d'honorabilité qui sont la forme bourgeoise du dogmatisme social[1].

Si nous réunissons les traits divers du dilettantisme social nous voyons que cet état d'esprit est, comme nous l'avons dit plus haut, une protestation contre ce que renferme de grimaçant et de mensonger la mascarade sociale. C'est par instinct esthétique que le Dilettante social dit adieu à la cité humaine. Il dit avec Ariel : « Je ferai mon deuil de ne plus participer à la vie des hommes... Cette vie est forte, mais impure. Je serai l'azur de la mer, la vie de la plante, le parfum de la fleur la neige bleue des glaciers[2]. » Gœthe a bien compris le caractère essentiellement artistique d'une telle disposition d'esprit quand il a dit : « La cause finale des luttes du monde et des hommes, c'est l'œuvre dramatique. Car autrement ces choses ne pourraient absolument servir à rien[3]. »

La constitution psychologique qui prédispose au dilettantisme social peut, semble-t-il, se résumer dans les traits suivants : une sensibilité fine, vite froissée au contact des laideurs sociales, une imagination encline au rêve ; enfin une certaine indolence de tempérament, à la Rousseau, qui détourne de l'action et fait qu'on n'éprouve aucun plaisir à faire du mal aux autres. On peut appliquer au Dilettante social ce que Rousseau dit de lui-même : « Je me trouve

---

1. Schopenhauer a admirablement exprimé, lui aussi, l'attitude supérieure et contemplative du pur sujet de la connaissance : « L'intellect de l'homme normal, rigoureusement lié au service de la volonté, ne s'occupe par suite que de la réception des motifs et semble être comme l'ensemble des fils propres à mettre en mouvement chacune des marionnettes sur le théâtre du monde. De là chez la plupart des hommes, cet air grave, sec, posé, que surpasse seulement le sérieux des animaux incapables de rire. Le génie au contraire, dégagé de toute entrave, fait l'effet d'un acteur vivant placé au milieu des grandes poupées du fameux théâtre de marionnettes de Milan ; seul à comprendre tout le mécanisme, il aurait plaisir à s'échapper un instant de la scène pour aller dans une loge jouir du spectacle : « C'est la réflexion géniale. » (*Le Monde comme Volonté et comme Représentation*, tome III, p. 198, Paris, F. Alcan.)

2. Renan, *Caliban*.

3. Gœthe, cité par Nietzsche (*Considérations inactuelles*).

naturellement soumis à ce grand précepte de morale, mais destructif de tout l'ordre social, *de ne jamais me mettre en situation à pouvoir trouver mon avantage dans le mal d'autrui.* Celui qui veut suivre ce précepte à la rigueur n'a point d'autre moyen pour cela que de se retirer tout à fait de la société, et celui qui en vit séparé suit par cela seul ce précepte sans avoir besoin d'y songer [1]. »

Quelle est, dans la vie pratique, la situation d'un pareil homme ? Évidemment celle d'un déraciné ou plutôt d'un homme qui n'a jamais pris et ne prendra jamais racine dans aucun des compartiments soigneusement tirés au cordeau dont se compose la société. — C'est un peu la situation de Pierre Schlémyl, l'homme qui a perdu son ombre. — Car tout homme a dans la vie un fantôme qui le suit partout et qui n'est autre que la projection sociale de sa personnalité. Cette projection sociale, qu'on appelle réputation, estime d'autrui, etc., est l'ombre qui accompagne partout les pas du voyageur. Et s'il vient à la perdre, il subit le rire des valets. La plupart des hommes vivent et meurent pour cette ombre. Car, comme le dit Nietzsche, « ils ne font rien leur vie durant, pour leur *ego*, mais seulement pour le fantôme de leur *ego* qui s'est formé sur eux dans le cerveau de leur entourage [2]. » D'ailleurs le Dilettante social est haï. Il commet le crime irrémissible de ne pas rentrer dans le mensonge général, de ne pas se grégariser. Il est l'objet d'une de ces haines violentes au delà du croyable qui assaillent « le type qui est l'antithèse de l'embrigadé, du bourgeois confit dans son sacerdoce, nous entendons nommer le spéculatif, esprit serein qui se joue de la mascarade sociale [3] ».

Le Dilettantisme social est une attitude provisoire. L'Instinct de la Beauté est incomplet sans l'Instinct de grandeur.

---

1. Rousseau, *Dialogues*, Dialogue II.
2. Nietzsche, *Aurore*.
3. Tardieu, *L'Ennui*. (Paris, F. Alcan.)

C'est à la grandeur plus encore qu'à la Beauté que s'attache l'Amour. « Sois grand, dit M. Ravaisson et l'amour te suivra[1]. » — L'Instinct de grandeur est, plus encore que l'Instinct de beauté, révélateur suprême du secret de la Vie. C'est pourquoi le Dilettantisme social semble condamné à céder la place à une philosophie plus puissante, à une philosophie de la force, capable d'étreindre et de dompter la réalité. — C'est pourquoi aussi, dans l'œuvre de Nietzsche, l'esprit apollinien, adorateur des formes de la vie où se joue le rêve, laisse le dernier mot au prophète de l'Esprit de grandeur, à Zarathoustra.

Cette philosophie de l'Esprit de grandeur s'appelle, dans l'œuvre de Nietzsche, la philosophie du « Surhumain ». C'est, comme on sait, un Égotisme outrancier, une glorification de la force humaine prise à sa source véritable : *Le Moi libre* et s'élançant avec une énergie que rien n'arrête vers des horizons illimités de vie, de puissance et de bonheur.

Nietzsche a lui-même marqué la différence qui sépare cette attitude nouvelle de l'attitude que nous avons appelée le Dilettantisme social. Il parle quelque part de « la grande *passion* de celui qui vit sans cesse dans les nuées orageuses des plus hauts problèmes et des plus dures responsabilités, qui est forcé d'y vivre (qui n'est donc nullement contemplatif, en dehors, sûr, objectif)[2]. » Et ailleurs : « Autre chose est, dit-il, si un penseur prend personnellement position en face de ces problèmes, de telle sorte qu'il trouve en eux sa destinée, sa peine et aussi son plus grand bonheur, ou s'il s'approche de ces problèmes d'une façon « impersonnelle », c'est-à-dire s'il n'y touche et ne les saisit qu'avec des pensées de froide curiosité. — Dans ce dernier cas, il n'en résultera rien ; car les grands problèmes, en admettant même qu'ils se laissent saisir, ne se laissent point *garder* par les

---

1. Ravaisson, *Rapport sur la philosophie en France*, sub. finem.
2. Nietzsche, *Le gai savoir*.

êtres au sang de grenouille et par les débiles. Telle fut leur fantaisie de toute éternité ; — une fantaisie qu'ils partagent d'ailleurs avec toutes les braves petites femmes [1]. » Non, l'attitude dilettante, olympienne, impassible d'un Gœthe n'est pas le véritable idéal humain. — Pour vivre, il ne faut pas s'absorber dans la contemplation du monde ; il faut dépasser ce monde et se dépasser soi-même, il faut s'élancer vers la vie avec un subjectivisme exalté qui ne nie pas seulement l'ambiance par l'ironie et le dilettantisme, mais qui la brise — en fait — comme une chose désormais morte.

L'Instinct de grandeur, générateur d'une telle philosophie est, comme nous l'avons dit, en réaction fondamentale contre les dogmatismes sociaux régnants. — Il l'est sur deux points. D'abord tout dogmatisme social est une consécration de l'esprit grégaire. Il vise directement ou indirectement à l'asservissement de l'individu au groupe. — C'est contre cet aveulissement grégaire que proteste d'abord la philosophie du « Surhomme ». Le Surhomme doit se dépasser lui-même ; mais il doit avant tout pour cela dépasser l'âme grégaire qui est en lui, cette âme par laquelle « on est peuple, public, troupeau, femme, pharisien, voisin [2] ».

Les dogmatismes sociaux choquent encore d'une autre façon l'Instinct de grandeur. — Ces dogmatismes envisagent tous la vie sociale du point de vue *statique*. Ils représentent tous l'idéal social comme une chose immobile et immuable. Une telle philosophie sociale est une philosophie aux horizons étroits, une philosophie de passivité et d'inertie. Car ici, idéal est synonyme de contrainte et d'entrave. La loi suprême de l'individu est de s'adapter à l'idéal, jamais de le dominer, de le créer. A cette conception statique de l'idéal, la théorie du « Surhomme » substitue une conception *dynamique* d'après laquelle l'idéal est en perpétuel devenir. L'in-

---

1. Nietzsche, *Le gai savoir*.
2. Nietzsche, *Le gai savoir*.

dividu doit perpétuellement se surmonter lui-même ; s'élever sans trêve vers les cimes, en brisant sans cesse ses idéaux pour en créer de nouveaux. « Pour bâtir un sanctuaire, dit Nietzsche, il faut détruire un sanctuaire. » Et Ibsen exprime aussi la même pensée. « On a dit que je suis pessimiste, dit-il et je le suis en effet, en ce sens que je nie la pérennité des idéaux humains ; mais d'autre part je suis optimiste en ce que je crois à la puissance indéfinie de développement des idéaux[1]. » — On voit assez par quelle voie l'Instinct de grandeur conduit Nietzsche à l'amoralisme. « Mieux vaut, dit-il, faire mal que penser petitement[2]. »

L'analyse qui précède nous fait assez voir que la philosophie du « Surhomme », comme le dilettantisme social, n'est qu'une forme de cette philosophie que nous avons appelée *Nihilisme social* par opposition au Dogmatisme social. — Le dilettantisme est en quelque sorte la face passive, la philosophie du « Surhomme », la face active de l'Individualisme. Le dilettantisme se convertit à la fin, par un procès nécessaire, en glorification de la vie, de la libre et puissante individualité.

Cette philosophie qui présente comme deux stades successifs d'une même pensée peut-elle être approuvée sous réserve ?

Si l'on examine le dilettantisme social et la théorie du « Surhomme », on voit que ces deux philosophies ont pour caractère commun de se présenter comme une protestation de l'Instinct contre la Logique. C'est la révolte de l'Instinct, — Instinct de beauté et Instinct de grandeur — contre l'esprit socratique, ainsi que l'appelle Nietzsche, l'Esprit de lourdeur symbolisé dans les dogmatismes sociaux et moraux de toute espèce. — Nous retrouvons donc ici l'antique et toujours renaissante antinomie entre la philosophie intellectualiste et

---

1. Ibsen, Discours prononcé à Stockholm en 1897.
2 Nietzsche, *Ainsi parlait Zarathoustra.*

la philosophie de l'instinct. L'antinomie se pose ici entre les morales rationalistes — celle d'un Kant par exemple — et les morales de l'instinct et de la vie, celles d'un Guyau, d'un Nietzsche, d'un Ibsen.

Les morales dogmatiques subordonnent l'évolution sociale morale à une finalité intelligible, qu'elles ont la prétention de définir. Les morales individualistes et instinctivistes soutiennent que l'évolution n'a pas de but ou plutôt qu'elle est son but et sa joie à elle-même. — Pour Nietzsche comme pour Guyau, ce que les morales dogmatiques appellent *devoir* n'est qu'une manifestation de l'instinct irrésistible de vie qui est en nous. « C'est notre fierté, dit Nietzsche, qui nous ordonne de faire notre devoir. Nous voulons rétablir notre autonomie en opposant à ce que d'autres firent pour nous quelque chose que nous faisons pour eux. Car les autres ont empiété dans la sphère de notre pouvoir et y laisseraient la main d'une façon durable si par « le devoir » nous n'usions de représailles, c'est-à-dire si nous n'empiétions sur leur pouvoir à eux [1]. »

Les Guyau, les Nietzsche, les Ibsen ont-ils eu raison d'opposer leur morale de l'Instinct aux anciennes morales dogmatiques ?

Oui ; en un certain sens ; car en morale comme ailleurs, il était nécessaire de substituer à l'idée de l'*Esse* l'idée du *Fieri*. Il était nécessaire de briser les cadres immobiles et de se remettre en face de la féconde mouvance de la vie. Mais l'intelligence conserve, à côté de l'instinct et de la vie elle-même, ses droits imprescriptibles.

D'abord les partisans de la philosophie de l'instinct ne sont-ils pas tombés dans une contradiction ? Le point de départ d'une philosophie de l'instinct est, semble-t-il, un acte de désespoir dans la puissance et l'efficacité morale de

---

1. Nietzsche, *Aurore*.

l'intelligence, un acte de renoncement absolu à la pensée ; attitude pessimiste s'il en fut ; car la pensée n'est après tout qu'une forme de la vie. — Comment se fait-il que de ces prémisses découragées, ces philosophes tirent un optimisme final, une échelle nouvelle des valeurs, un hymne à la gloire de la vie ? — Schopenhauer est plus logique, semble-t-il, quand il aboutit à la négation de la vie et de la société. Étant donné le point de départ commun de Schopenhauer et de Nietzsche, on comprendra plus aisément l'échelle pessimiste des valeurs qui, chez Schopenhauer, fait de la faiblesse, de la souffrance et du renoncement la mesure du bien, que l'échelle optimiste de Nietzsche qui mesure le bien à la force, à la vie et au bonheur.

Cette échelle des valeurs que Nietzsche veut établir ne suppose-t-elle pas d'ailleurs l'intervention de l'intelligence, d'abord pour reconnaître la nécessité de cette échelle même, ensuite pour en fixer les degrés ? — Par le fait même qu'il essaie d'inaugurer une hiérarchie des valeurs morales et sociales, Nietzsche revient, ce semble, par un détour à l'intellectualisme. Il sort malgré lui et à son insu de l'attitude du pur amorphisme moral. Car sérier les instincts, c'est les intellectualiser.

Sans doute les degrés de cette hiérarchie n'ont rien de fixe. Cette échelle est une échelle mobile, modifiée à chaque instant par les variations de l'individu et de ses rapports avec son milieu ; mais la fonction de l'intelligence n'en est que plus délicate. C'est à elle de comparer sans cesse ces conditions changeantes, d'en noter les variations et d'en tirer la ligne de conduite la plus appropriée. — Nietzsche ne nous dit-il pas que la sagesse ne sera pas uniforme, mais qu'elle consistera tantôt à lutter contre soi-même, tantôt à lutter contre autrui ? tantôt à exciter en soi la pitié (si l'on est dur), tantôt à y exciter la dureté (si l'on est pitoyable) ? Qui fera ce départ, qui saisira ces nuances, sinon l'intelligence ?

Nietzsche reconnaît lui-même cette intervention de l'intelligence dans la morale. « L'homme équitable, dit-il, a besoin sans cesse du toucher subtil d'une balance pour évaluer les degrés de pouvoir et de droit qui, avec la vanité des choses humaines, ne resteront en équilibre que très peu de temps et ne feront que descendre ou monter ; cet équilibre est donc très difficile et exige beaucoup d'expérience, de bonne volonté et énormément d'*esprit*[1]. »

Cette intelligence ne sera pas, il est vrai, cette intelligence figée et comme immobilisée, invoquée trop souvent par les moralistes dogmatiques. Ce ne sera pas l'intelligence scolastique, sèche, abstraite et étrangère à la vie. Ce sera une intelligence souple et harmonieuse comme la vie elle-même ; ce sera l'esprit de finesse de Pascal, cet esprit auquel il faut toujours en revenir quand on cherche à pénétrer un peu avant dans les choses morales et sociales.

Cet esprit de finesse a peut-être manqué plus d'une fois à Nietzsche et on peut se demander s'il n'a pas lui-même sacrifié à l'esprit scolastique quand il a établi une distinction si absolue entre les forts et les faibles, entre les maîtres et les esclaves ?

L'aristocratisme de Nietzsche, opposé à ce qu'il appelle « le misarchisme moderne » ressemble beaucoup à l'un de ces dogmatismes moraux et sociaux contre lesquels il s'élève. Nietzsche semble oublier ici son principe favori de la relativité et de la mouvance des choses. — Il oublie que commander et obéir sont des attitudes qui n'ont rien d'absolu — en droit — ni même en fait. Aussi opposerons-nous à son idéal d'aristocratisme absolu l'idéal plus vrai exprimé par un personnage de Gœthe : « Celui-là seul est heureux et grand, qui n'a besoin ni d'obéir ni de commander pour être quelque chose[2]. »

---

1. Nietzsche, *Aurore*.
2. Gœthe, *Goetz von Berlichingen*, acte I.

Au fond, le conflit de la morale intellectualiste et de la morale de l'instinct repose peut-être sur un malentendu. Prises à la rigueur, ces deux philosophies aboutiraient à une absurdité. La philosophie de l'instinct serait destructive de toute pensée, de toute réflexion et même de toute conscience ; elle aboutirait à un mécanisme moral et social dans lequel le désir et l'idée ne seraient que de vains épiphénomènes. — L'intellectualisme absolu, de son côté, aboutirait à la méconnaissance de ce qu'il y a de spontané dans le libre mouvement de la vie.

Ainsi posé, le problème serait insoluble. C'est qu'au fond il ne peut y avoir radicale et définitive antinomie entre ces deux forces qui constituent l'individualité humaine : l'instinct et l'intelligence. Leur double évolution est parallèle et harmonique. Par exemple, lorsque Nietzsche pose ce précepte moral de lutter contre soi-même, de triompher d'un instinct qui prend trop de force par la culture de l'instinct opposé, ce précepte est-il autre chose qu'une transposition dans l'ordre intellectuel et conscient de ce qu'est dans le domaine instinctif la loi du rythme des passions.

Nous arrivons à cette conclusion qu'il y a un grave danger dans l'excès d'abstraction intellectualiste qui engendre les dogmatismes sociaux et moraux et qu'une grande part de vérité est contenue dans le nihilisme moral et social qui met à néant ces dogmatismes destructeurs de la vie et de l'individualité. Pour rendre entièrement vraie cette philosophie individualiste, il faut renoncer seulement à la faire reposer exclusivement sur l'instinct. — L'intelligence a ses droits imprescriptibles qu'elle ne peut abdiquer, surtout quand il s'agit de fonder l'individualisme. Car il ne peut y avoir d'individualisme sans la conscience claire que l'individu prend de lui-même et de son milieu social.

XV

LES DOGMATISMES SOCIAUX ET LA LIBÉRATION DE L'INDIVIDU[1]

Il y a deux conceptions possibles au sujet des rapports de l'individu et de la société. Les partisans des dogmatismes sociaux pensent que l'individu considéré soit dans son origine, soit dans sa nature, soit dans sa fin, n'est qu'un élément et presque un épiphénomène de la société. Les partisans de l'individualisme regardent au contraire chaque individu comme un petit monde à part, ayant son existence propre et son originalité indépendante. Dans le premier cas, on regarde la société comme ayant une valeur antérieure et supérieure à celle de l'individu et on refuse à celui-ci tout droit contre la société. Dans le second, on attribue à l'individu une valeur propre et des droits qui ne doivent en aucun cas être sacrifiés aux fins sociales.

Nous voudrions mettre en lumière l'inanité de tous les dogmatismes sociaux. Cette tâche nous paraît l'indispensable propédeutique à la libération de l'individu.

Mais avant d'aborder cette discussion, précisons-la davantage. Le problème ne se pose pas pour nous entre l'individu et l'État, mais entre l'individu et la société. H. Spencer a écrit son livre *l'Individu contre l'État* pour affranchir l'individu de la tyrannie étataire. On pourrait écrire un autre livre intitulé *l'Individu contre la Société*, pour libérer l'individu des tyrannies sociales. L'individualisme d'H. Spencer

---

1. *Revue philosophique*, décembre 1901.

n'est qu'un faux individualisme. Il arrache, il est vrai, l'individu au joug de l'État. Mais il le maintient aussi courbé que jamais sous celui des contraintes sociales vis-à-vis desquelles il ne lui accorde que la faculté d'adaptation. Spencer fait au fond de l'individu une simple réceptivité sans initiative propre.

Autres sont les contraintes étataires, autres les contraintes sociales. Les contraintes étataires se résument dans un mot : la loi promulguée et la force publique qui la sanctionne. Cela est simple et franc. Les entraves sociales sont autrement compliquées. Autrement hypocrites aussi. Elles garrottent l'individu de mille petits liens invisibles : intérêts et passions de groupe, de classe, de clan, de corporation, etc.; elles le plient à mille petits usages, mille petites idées reçues, admirations ou réprobations convenues qui ont pour but de faire de lui un bon animal de troupeau.

Ici la brutale franchise de l'Impératif légal est remplacée par une hypocrisie de groupe, par toute une discipline moutonnière, par toute une tactique d'asservissement concerté et d'espionnage mutuel qui a trouvé sa plus repoussante et plus formidable expression dans les *Monita secreta* d'une illustre compagnie, mais qui se crée par une sorte de génération spontanée et s'applique d'elle-même dans tout troupeau humain. Et à ce point de vue on peut dire que la morale des *Monita secreta* n'est qu'un miroir propre à grossir les traits de toute morale grégaire, telle qu'elle fonctionne dans une classe, un clan, un corps.

L'individu est souvent complice inconscient du complot tramé contre sa liberté. Il se fait de prime-abord illusion sur les bienfaits qu'il retire de son affiliation au groupe. Il lui semble que son vouloir-vivre individuel, que ses poussées vitales sont exaltées; que sa personnelle volonté de puissance est extraordinairement intensifiée par le fait de fusionner avec l'égoïsme du groupe. Il ne s'aperçoit pas qu'en s'absorbant dans le vouloir-vivre collectif, il se nie en tant que *moi*. Il sera d'autant plus facilement dupe de cette illusion grégaire que son *moi* sera intellectuellement et moralement plus débile. C'est une très fine remarque de Schopenhauer que beaucoup d'hommes, en l'absence de mérites personnels qui leur permettent d'être fiers d'eux-mêmes, prennent le parti de s'enorgueillir du groupe dont ils font partie. « Cet orgueil à bon marché trahit chez celui qui en est atteint l'absence de qualités individuelles; car sans cela il n'aurait pas recours à celles qu'il partage avec tant d'individus [1]. » Ainsi moins un individu a de valeur propre, plus aisément il s'absorbe dans le groupe. Chez un tel homme, les goûts, les idées, les passions personnelles ne sont plus bientôt que l'émanation des goûts, des idées, des passions, des mots d'ordre régnant dans le groupe. Ici le vouloir-vivre collectif plane au-dessus des volontés individuelles de la même manière que le génie de l'espèce plane au-dessus des individus. Et ce vouloir-vivre collectif n'est pas seulement une addition des volontés individuelles; il a ses lois propres, ses fins spéciales. Pour assurer son triomphe, les volontés individuelles s'annihilent elles-mêmes avec la même naïve inconscience que le bon jeune homme décrit dans les *Monita secreta,* qu'on induira peu à peu dans les voies voulues et qui sera doucement pris au filet où il restera à jamais empêtré.

La protestation individualiste contre l'État n'atteignait pas le fond de la question. Le vrai combat individualiste est contre les influences anti-individualistes par excellence, ces influences hypocrites et sourdes qui s'agitent dans le domaine ténébreux des intérêts et des passions de groupe.

La loi promulguée n'est que l'expression abstraite, décolorée et intellectualisée des influences collectives. En s'intellectualisant, ces influences ont perdu quelque chose de leur

---

[1]. Schopenhauer, *Aphorismes sur la sagesse dans la vie* (Paris, F. Alcan), p. 75.

primitive férocité grégaire ; elles ont revêtu une apparence d'impassible sérénité, d'impersonnelle indifférence. C'est ce que traduit le mot *justice* qui comporte un sens d'absolue impartialité. Mais au fond la justice, comme l'établit M. Remy de Gourmont, n'existe jamais à l'état pur et abstrait. Dans son application, elle dépend des interprétations diverses que donnent du *fas* et *nefas* les groupes sociaux distincts.

La loi reflète les mœurs. Elle est oppressive dans la mesure où les mœurs sont féroces. Avec cette réserve déjà faite qu'il y a dans la loi un degré de férocité collective en moins. Le virus grégaire s'est atténué en élargissant sa sphère d'influence. La loi, impersonnelle et abstraite, usée par un usage ancien, est aux mœurs — contrainte, passionnée et haineuse — ce que le concept — image usée — est à l'image sensible avant son effacement, à l'image concrète, colorée et vivante. Aussi l'individu est-il dupe d'une illusion quand il espère trouver dans l'État et la Justice un recours contre l'aveugle décret des groupes. En fait, il y a harmonie préétablie entre les deux séries de contraintes. L'autorité étataire trahit généralement ou du moins abandonne l'individu poursuivi par les haines grégaires. Ses décisions confirment et sanctionnent en gros les volitions de cette puissance omnipotente : l'égoïsme de groupe.

Nous avons posé ainsi dans toute sa généralité le problème de l'antinomie de l'individu et de la société. Cette antinomie, nous la résolvons pleinement en faveur de l'individu. Voyons comment et pourquoi.

Nous commencerons par distinguer deux espèces de dogmatismes sociaux : les dogmatismes *a priori* et les dogmatismes *a posteriori*.

Parmi les philosophes dogmatiques, en effet, les uns ont procédé *a priori* et ont prétendu établir au moyen de la seule déduction logique l'existence en soi et la valeur supérieure de la société. Un grand nombre de penseurs ont suivi cette méthode, depuis Platon jusqu'à Hegel. Les autres ont tenté de justifier *a posteriori* les droits supérieurs de la société par l'examen des conditions vitales auxquelles les hommes sont soumis en raison de leur constitution physiologique et psychologique. Ils ont développé l'aphorisme d'Aristote : ανθρωπος ζωον πολιτικον, et ont montré que les conditions de fait dans lesquelles se développe la vie humaine, font de la société une loi supérieure et nécessaire contre laquelle aucun individu ne peut ni ne doit tenter de s'insurger. Les représentants du dogmatisme social *a posteriori* ou naturaliste, sont également fort nombreux dans l'histoire de la pensée, depuis Aristote jusqu'aux modernes théoriciens de la société-organisme, aux théoriciens coopératistes ou solidaristes, et aux défenseurs de la philosophie sociale grégaire.

Le Dogmatisme social, sous ces deux formes, semble répondre à une des exigences du Vouloir-Vivre social. En effet, tout groupe social organisé semble éprouver un besoin instinctif de se légitimer aux yeux des individus qui le composent. Il ne se contente pas d'imposer par la force sa discipline sociale; il veut qu'on croie à la légitimité de cette discipline, qu'on la regarde comme juste et rationnelle. A l'origine, c'est à la Religion qu'on demande la consécration de la discipline sociale; plus tard on s'adresse aux philosophes qui manquent rarement de formules commodes pour rationaliser la Force. Ils sont généralement de l'avis de Hegel pour qui « ce qui est réel est rationnel ». Remarquons que dans le Dogmatisme social *a priori*, on s'applique surtout à justifier l'*Etat* qu'on représente comme l'incarnation d'une idée rationnelle. « Der Staat ist eine geäusserte, der Realität eingebildete Idee eines Volkes [1]. »

Dans le Dogmatisme social *a posteriori*, on s'attache à justifier le mécanisme social dans son ensemble, c'est-à-dire

---

[1]. Lazarus et Steinthal, *Jahrschrift für Völkerpsychologie*, p. 10.

dans la complexité des disciplines sociales qu'il impose à l'individu.

Examinons d'abord le Dogmatisme social *a priori*.

En abordant cette forme de pensée, nous trouvons qu'elle comporte elle-même une distinction. Nous y distinguerons un rationalisme *transcendant* qui place dans le ciel métaphysique de l'Immuable le principe qui confère aux sociétés leur réalité, et un rationalisme de l'*Immanence*, qui place ce principe dans le Monde du *Fieri*. Des deux côtés d'ailleurs, on procède *a priori*; car des deux côtés on subordonne les faits à l'Idée, le Réel au Logique.

La forme la plus ancienne du Dogmatisme social *transcendant* se rencontre chez Platon. Pour ce philosophe, l'État a un droit absolu sur les individus. C'est que l'unité de la Cité doit être regardée comme un symbole de l'unité idéale ou divine. Les individus ne sont qu'une matière amorphe à laquelle la Cité confère la dignité de la forme. A ce titre, l'État n'a que des droits, l'individu n'a que des devoirs.

Une autre forme du Dogmatisme social transcendant est celle que nous trouvons chez certains kantiens et chez Kant lui-même. On sait qu'il y a dans la morale sociale kantienne deux tendances difficilement conciliables. D'une part, Kant pose la personne humaine comme une fin en soi et par là semble incliner vers l'individualisme. D'autre part, par sa conception d'une loi morale rationnelle absolue, il aboutit à un universalisme moral, qui pose la règle comme antérieure et supérieure aux individus. Le rôle des individus n'est plus que de servir d'instruments à la loi. Cette dernière plane, transcendante, au-dessus des consciences individuelles ou plutôt elle se personnifie dans l'État et dans ceux qui l'administrent. La Cité, l'État deviennent le symbole de la loi morale transcendante, et, à ce titre, sont investis, comme la loi morale elle-même, de droits supérieurs.

L'individualisme de Kant se convertit ici en une doctrine

moralo-métaphysique qui pose l'État comme une fin en soi. M. Burdeau, qu'on a représenté comme ayant été un des interprètes de cette finale pensée kantienne, a écrit : « Nous n'avons le droit de distraire du service de l'État aucune fraction de notre fortune, aucun effort de notre bras, aucune pensée de notre intelligence, aucune goutte de notre sang, aucun battement de notre cœur[1]. »

La même conclusion se retrouve chez Fichte qui fait sortir de la théorie du Moi absolu une théorie unitaire de l'État. Elle se retrouve également chez un philosophe contemporain, M. Dorner, professeur à l'Université de Kœnigsberg, qui regarde l'État comme un symbole de l'Esprit Absolu. D'après lui, l'individu se rattache à des corporations; par elles à l'État et par ce dernier à l'Esprit Absolu[2].

Le Dogmatisme social platonicien et kantien paraîtra avec raison suranné à beaucoup de personnes. Peut-on de bonne foi attribuer à l'État, à la société, une valeur suprasensible à la façon de Platon ? — C'est ce que la conscience moderne, peu portée au transcendantalisme, aura sans doute de plus en plus de peine à concevoir.

L'État, dit Platon, symbolise l'Unité Divine. Aristote a fait en une phrase géniale, justice de ce pauvre argument : « Socrate, dit-il, regarde comme fin de la Cité l'unité absolue. Mais qu'est-ce qu'une Cité ? C'est une multitude composée d'éléments divers; donnez-lui plus d'unité, votre Cité devient une famille ; centralisez encore, votre famille se concentre dans l'individu : car il y a plus d'unité dans la famille que dans la cité, et plus encore dans l'individu que dans la famille[3]. » Ainsi, il n'a pas d'unité plus réelle, plus complète que l'individu. C'est donc lui qui, d'après les principes mêmes de Platon, incarnerait le mieux l'idée d'unité.

1. Burdeau, cité par Barrès, *Les Déracinés*, p. 21.
2. Dorner, *Das menschliche Handeln*. p. 461.
3. Aristote, *Politique*, livre II.

L'unité de l'État est un mythe. « Qu'est-ce que l'État ? demande M. Max Nordau. En théorie cela veut dire : nous, vous. Mais dans la pratique c'est une classe dominante, un petit nombre de personnalités, parfois une seule personne. Mettre l'estampille de l'État au-dessous de tout, c'est vouloir plaire exclusivement à une classe, à quelques personnes, à une seule personne [1]. » Le comte de Gobineau dit de même : « L'expérience de tous les siècles a démontré qu'il n'est pire tyrannie que celle qui s'exerce au profit de fictions, êtres de leur nature insensibles, impitoyables et d'une impudence sans bornes dans leurs prétentions. Pourquoi ? C'est que ces fictions, incapables de veiller d'elles-mêmes à leurs intérêts, délèguent leurs pouvoirs à des mandataires. Ceux-ci, n'étant pas censés agir par égoïsme, acquièrent le droit de commettre les plus grandes énormités. Ils sont toujours innocents lorsqu'ils frappent au nom de l'idole dont ils se disent les prêtres [2]. »

Quel lien de symbolisme peut-il y avoir entre l'Idée Platonicienne et les sociétés humaines ? Les caractères de l'Idée Platonicienne sont, on le sait, la pureté, la simplicité, l'idéale et lumineuse vérité. Ces caractères se traduiraient par la simplicité et la sincérité des relations sociales au sein de l'État.

D'abord l'État est moins un principe plastique par rapport aux relations sociales en général qu'une résultante et un épiphénomène. De plus la conscience sociale même informée par l'État est loin de présenter ces caractères de simplicité, de logique et de sincérité dont il a été question. S'il est une chose évidente pour nous, c'est que la conscience sociale d'une époque, tissu de contradictions inaperçues et de mensonges dissimulés, est inférieure à cet égard à une conscience indi-

---

1. Max Nordau. *Paradoxes sociologiques*, p. 125. (Paris, F. Alcan.)
2. Comte de Gobineau, *De l'Inégalité des races humaines*, t. II, p. 31.

viduelle même médiocre parce que cette dernière peut, du moins à certains moments, tenter d'être logique avec elle-même et d'être sincère vis-à-vis d'elle-même. Et le mécanisme mis en œuvre soi-disant pour faire triompher l'Idée ne fait qu'ajouter des insincérités nouvelles à celles qui existaient déjà.

De même, quel lien de symbolisme découvrira-t-on entre la loi morale idéale des Kantiens et les sociétés humaines ? Le caractère de cette loi serait le désintéressement absolu. L'État n'est qu'une organisation utilitaire que Schopenhauer a très bien définie : le chef-d'œuvre de l'égoïsme collectif. La cité n'est que la forme la plus parfaite du vouloir-vivre humain. Elle est ce vouloir-vivre condensé et porté à son maximum de concentration. Or le vouloir-vivre, qu'il s'exprime dans les actes de la vie individuelle ou dans ceux de la vie sociale, est étranger, sinon rebelle, à la moralité. Il est amoral. Dès lors, la cité, simple fabrique de bonheur humain, ne ressemble pas plus à la loi de désintéressement absolu que le soleil, fleur de nos jardins, ne ressemble au soleil qui brille dans les cieux. Critiquant la morale de Fichte, Schopenhauer dit fort justement : « A en juger par tout cet appareil moral, rien ne serait plus important que la société : en quoi ? c'est ce que personne ne peut découvrir. Tout ce qu'on voit, c'est que, si chez les abeilles réside un besoin de s'associer pour bâtir des cellules et une ruche, dans les hommes doit résider quelque prétendu besoin de s'associer pour jouer une immense comédie, étroitement morale, qui embrasse l'univers, où nous sommes les marionnettes et rien de plus. La seule différence, mais elle est grave, c'est que la ruche finit par venir à bien, tandis que la comédie morale de l'univers aboutit en réalité à une comédie fort immorale [1]. »

Dans ces philosophies sociales, l'abîme est infranchissable

---

1. Schopenhauer, *Le fondement de la Morale* (Paris, F. Alcan), p. 87.

entre la théorie et la pratique. On ne voit pas par quel moyen on fera descendre dans la réalité le monisme social, éthique et politique des Platoniciens et des Kantiens. L'État est pour eux une unité formelle qui s'impose du dehors à une multiplicité sociale diverse et plus ou moins rebelle à l'unité. Or qui nous assure que l'unité aura finalement raison de la diversité ? Aucune société n'est une. Toute société se compose de sociétés diverses en conflit les unes avec les autres. Et loin de diminuer au cours de l'évolution, ces conflits, suivant la remarque de Simmel, ne font que s'accentuer et se diversifier.

Nous arrivons à cette conclusion que rien n'est moins démontré que le Dogmatisme social des métaphysiciens de la transcendance.

Passons à ce que nous avons appelé le Dogmatisme social de l'immanence. Les représentants de cette philosophie sociale procèdent plus ou moins directement de l'hégélianisme. — Pour Hegel, l'idée qui domine l'évolution sociale n'est plus une idée divine et transcendante. Le principe qu'il invoque n'est plus la raison en acte de Platon, mais une raison en marche, une vivante et mouvante harmonie, faite de contraires, qui se cherche elle-même et se réalise par degrés. Hegel, on le sait, a tiré de là un dogmatisme social autoritaire qui aboutissait à l'apologie de la monarchie prussienne considérée comme le sommet de l'ascension dialectique. Ce dogmatisme est devenu plus libéral chez les disciples de Hegel. D'une manière générale, le dogmatisme social de la philosophie du *Fieri* est moins rigide que le dogmatisme social des transcendantalistes. — Ce dogmatisme laisse à l'individu plus d'espace. La conception de l'identité des contraires efface toute limite fixe entre le bien et le mal et aboutit à les regarder comme des catégories historiques. Le caractère révolutionnaire de l'extrême gauche hégélienne n'est pas douteux. M. de Roberty qui, par certains côtés, se rattache à cette école, dit que

« la libre critique des normes qui règlent la conduite humaine ou ce que le vulgaire appelle l'irrespect, l'irrévérence, ou encore le *scepticisme moral*, forme la condition *sine quâ non* de tout progrès du savoir éthique et de la moralité elle-même[1] ».

Toutefois la philosophie hégélienne, même chez ses représentants de l'extrême-gauche, est encore un dogmatisme métaphysique et par conséquent un dogmatisme moral et social. Dogmatique, la philosophie hégélienne l'est par son affirmation de la primauté de l'intelligence sur l'instinct (Panlogisme), affirmation qui se traduit en sociologie par la tendance à placer le *savoir* au début de tout le développement social et à la base de la série des valeurs sociales. C'est là le point de vue adopté par M. de Roberty par exemple, en opposition avec le point de vue des marxistes qui mettraient plutôt avec Julius Lippert le *Lebensfürsorge* à la racine du processus social. Dogmatique, la philosophie hégélienne l'est encore par son affirmation du monisme social final, de l'avènement fatal de l'altruisme et de l'absorption finale du psychisme individuel dans le psychisme collectif. M. de Roberty répudie l'agnosticisme et veut « dépasser Dieu ». Il est difficile, en dépit des dénégations de M. de Roberty, de ne pas voir dans ces thèses une métaphysique nouvelle. Et si libérales que soient les tendances de M. de Roberty, il est à craindre que ce dogmatisme métaphysique ne se convertisse en un dogmatisme social qui porte comme son fruit naturel la subordination de l'individu à la société, de l'égoïsme à l'altruisme.

Or le Panlogisme de l'immanence, avec ses conséquences : le monisme et l'altruisme final, n'est pas plus scientifiquement vrai que les thèses des métaphysiciens transcendantalistes. Il n'y a là qu'un déplacement d'ombre. Les idoles logiques : Unité, Vérité, ont beau descendre du ciel sur la

---

1. De Roberty, *La Constitution de l'Éthique* (Paris, F. Alcan), p. 90.

terre, elles n'en restent pas moins des idoles. C'est toujours la même renaissante illusion qui, au mépris de la leçon kantienne de la *Critique de la Raison Pure*, érige des relativités en absolus et ressuscite dans les esprits serviles toute la mythologie fantastique de la Morale.

Nous croyons suffisamment démontrée l'inanité des dogmatismes sociaux fondés sur la Logique. Nous passons à ceux qui font appel à l'expérience. Ces derniers se résument en une seule idée et un seul terme : Solidarité.

Nous distinguerons plusieurs formes de solidarité : solidarité génésique ou organique ; solidarité économique ; solidarité intellectuelle ; solidarité morale et sociale. Il n'est pas une de ces formes de la solidarité qui n'ait été invoquée comme base de dogmatismes sociaux.

La solidarité génésique ou organique est la dépendance de l'individu vis-à-vis des parents d'où il est sorti et d'une manière générale vis-à-vis de l'espèce à laquelle il appartient. Au nom de cette solidarité, M. Espinas, dans un récent article d'une inspiration nettement anti-individualiste[1], nie l'individu comme agent indépendant et autonome. L'individu, dit M. Espinas, n'est qu'une abstraction : le groupe seul est un être réel. Du moins le groupe fondé sur les liens génésiques. « Les seules sociétés qui puissent être considérées comme des êtres, sont celles dont les membres sont unis par tous les rapports de la vie, y compris la reproduction et l'éducation, ce qui entraîne l'union pour la nutrition elle-même. Un groupe où il n'y aurait pas de familles ne serait pas une société[2]. » La famille est le noyau de la cité. La solidarité familiale est le lien social fondamental. Et c'est la biologie qui nous enseigne la subordination naturelle et nécessaire de l'individu à la société et à l'espèce.

---

1. Espinas, *Être ou ne pas être, ou du postulat de la Sociologie*. Revue philosophique mai 1901.
2. *Revue philosophique*, mai 1901, p. 469.

Les faits allégués par M. Espinas sont trop évidents pour qu'il soit nécessaire d'y insister. Il n'en est pas de même de ses conclusions.

Il est vrai que l'individu ne peut se soustraire aux lois de la génération pas plus qu'il ne peut se soustraire à celle de la pesanteur. Mais cela signifie-t-il que l'individu n'a d'autre rôle que d'être un agent de transmission du type spécifique, ethnique ou familial, d'autre loi que de se plier étroitement aux conditions sociales les plus propres à garantir la vie et la permanence du groupe : famille, cité, espèce ?

Sans doute le problème biologique de l'individualité est un problème troublant. M. Espinas a montré [1] combien il est difficile de déterminer à quel moment précis l'individualité de l'enfant se dégage de celle de la mère pour former une unité indépendante. Si étroite que soit la fusion des deux existences, il vient pourtant un moment où la séparation s'opère. De ce premier fait : la solidarité génésique et organique qui lie l'enfant à ses parents et à ceux qui l'ont soigné pendant la période végétative de son existence, M. Espinas croit pouvoir déduire toutes les autres relations qui composeront la vie entière de l'individu. C'est simplifier les choses à l'excès. Il ne peut y avoir ici de règles aussi rigides que celles qui régissent les sociétés animales. Dans l'humanité, mille combinaisons soit familiales, soit politiques, soit sociales sont possibles. Ces combinaisons et leurs incessantes variations sont en grande partie l'effet de l'initiative des individus, c'est-à-dire des aspirations, des désirs, des passions, des révoltes même qui traversent les âmes individuelles. Et ainsi devant chaque individu à son entrée dans la vie s'ouvre un domaine immense de relativités et de contingence où peut se mouvoir sa personnelle volonté de vie. Par exemple historiquement il y a eu des types d'organisation familiale (matriarcat, patriarcat,

---

1. Congrès de Paris, *Annales*, p. 321 et sqq.

polyandrie, polygamie, monogomie, etc.) très variés ; de même les types les plus divers d'organisation politique et sociale ont existé et prospéré. Tous se sont formés et ont évolué sous l'action de causes où la solidarité génésique entrait peut-être pour une part, mais où entraient aussi pour une part importante d'autres facteurs.

Subordonner l'individu à une organisation sociale donnée au nom de la solidarité génésique, c'est oublier que dans toute organisation sociale l'artifice se mêle à la nature. Dans nos organisations sociales les mensonges conventionnels, les non-vérités, comme dit Nietzsche, se superposent au simple fait naturel de la génération humaine et dressent par-dessus la foule docile leur échafaudage fantastique et tyrannique. Ériger en dogme toute cette fantasmagorie sociale, la déclarer sacro-sainte à l'individu au nom du simple lien génésique qui rattache l'individu à l'espèce, c'est aller vite en besogne. Pourquoi ne pas aboutir tout de suite à la déclaration du mariage comme « devoir sacré » ainsi que le faisait Hegel, et à la divinisation de la puissance sociale qui incarne le mariage bourgeois moderne : l'omnipotente et comique « Dame » de Schopenhauer ?

La vérité est que la solidarité organique qui relie l'individu à l'espèce n'exclut en rien la possibilité des initiatives individuelles, sur le terrain moral et social, et par elles d'une action exercée par l'individu même sur l'avenir de l'espèce. Il n'y a qu'une hypothèse dans laquelle l'action de l'individu sur l'espèce serait réduite à néant soit au point de vue organique, soit au point de vue psychologique, moral et social. C'est l'hypothèse de Weismann sur la non-transmissibilité des caractères acquis. Les variations individuelles n'auraient alors aucune influence sur l'avenir de l'espèce. L'individu ne serait alors qu'un simple agent de transmission de l'immuable plasma germinatif. — Mais on sait que les biologistes les plus autorisés, M. Le Dantec par exemple, tendent à rejeter définitivement cette théorie. « L'individualisation, dit M. Le Dantec, permet à un perfectionnement acquis sous l'influence de certaines conditions de milieu de se fixer dans l'hérédité de l'espèce ; c'est le seul moyen qui soit à la disposition de la nature pour réaliser l'évolution progressive[1]. » — Ainsi l'individu est un agent, et le seul agent de progrès. Au point de vue social, ce sont les milliers de petites actions infinitésimales des individualités humaines dans le cours du temps, ce sont les milliers d'expériences vers un accroissement de bonheur et de liberté dont l'initiative individuelle a été le point de départ qui ont constitué à la longue ce que nous appelons le progrès de l'espèce. Rendons à l'individu ce qui lui appartient.

Après la solidarité génésique, c'est la solidarité économique qui est invoquée comme principe de dogmatisme social.

Que faut-il entendre exactement par cette solidarité ? Les solidaristes eux-mêmes éprouvent le besoin de chercher le sens de ce mot dont ils font si grand usage. « En rédigeant le catéchisme de la Ligue (Ligue de l'éducation sociale), dit M. Ch. Gide, nous nous sommes aperçus que nous ne savions pas d'une façon très précise ce que c'est que cette solidarité à laquelle nous voulons initier les autres[2]. » Il n'est pas en effet de concept qui ait plus besoin d'être élucidé que celui de solidarité. Le mot solidarité, en langage économique, est intelligible comme division du travail et comme échange de valeurs ou de services. En dehors de cette signification exacte et vérifiable en économie politique, les sens qu'on peut donner à ce mot sont fort vagues. M. Gide, s'efforçant d'élargir le concept de solidarité en arrive à identifier solidarité et altruisme. « Misérable solidarité, dit M. Ch. Gide, en par-

---

1. Le Dantec, *La Définition de l'individu* (2ᵉ article). (*Revue philosophique*. février 1901.)
2. Ch. Gide, *Conférence faite au cercle des étudiants libéraux de Liége*, le 3 mai 1901.

lant de la solidarité entendue à la façon de l'école libérale, misérable solidarité que celle qui réside dans l'argent donné et reçu ! Elle ne tient nul compte, celle-là, de ceux qui n'ont rien reçu, n'ayant rien à donner. Ils sont nombreux, pourtant, les Robinson de la société, qui n'ont pas même les débris sauvés du naufrage et attendent en vain le bâtiment qui les ramènera parmi les hommes... Pour ceux-là la division du travail et l'échange ne peuvent rien [1]. » — Et ailleurs : « La vraie solidarité s'efforce de faire une réalité de ce mot qu'on répète si souvent : nos semblables. Ce à quoi elle vise, c'est à l'unité du genre humain, fragmenté, mais qu'il faut reconstituer. C'est elle qui parle par la bouche d'un Victor Hugo disant : « Insensé ! qui croyais que je n'étais pas toi », — ou par celle d'un Carlyle dans sa parabole de la pauvre veuve irlandaise qui dit à ses compagnons de vie : « Je suis votre sœur, os de vos os ; le même Dieu nous a faits », — ou par celle de Jésus priant : « Père, qu'ils soient tous un en moi ! [2] »

Ainsi voilà identifiées la solidarité et la charité, mais la charité est-elle un ressort économique ? Peut-elle même le devenir ?

En fait, c'est l'égoïsme qui met en branle les activités économiques. M. Gide cite les associations coopératives comme un exemple de solidarité entendue à la manière qu'il vient de dire. Mais les associations de coopération, de mutualité, etc., sont des entreprises d'intérêt bien entendu. La preuve en est qu'aussitôt que les participants croient voir leurs intérêts lésés, ils s'en retirent. Il est à craindre, en dépit des efforts des solidaristes et des prêches des moralistes, qu'il en soit ainsi longtemps encore. Quand M. Gide invoque la charité, ou, si l'on veut, l'altruisme, il quitte le terrain économique pour aborder le terrain moral. Il transforme la solidarité économique

---

1. Gide, *Conférence faite à Liége*, le 3 mai 1901.
2. Gide, *Recherche d'une définition de la Solidarité*, p. 15.

en solidarité morale. Charité, fraternité, altruisme, ces idées sont belles. Cabet les invoquait déjà. Proudhon lui répondait fort justement que la fraternité ne peut être en économique un point de départ, mais un point d'arrivée. « Pour quiconque a réfléchi sur le progrès de la sociabilité humaine, dit Proudhon, la fraternité effective, cette fraternité du cœur et de la raison, qui seule mérite les soins du législateur et l'attention du moraliste, et dont la fraternité de race n'est que l'expression charnelle ; cette fraternité, dis-je, n'est point, comme le croient les socialistes, le principe des perfectionnements de la société, la règle de ses évolutions : elle en est le but et le fruit. La question n'est pas de savoir comment, étant frères d'esprit et de cœur, nous vivrons sans nous faire la guerre et nous entre-dévorer : cette question n'en serait pas une ; mais comment, étant frères par la nature, nous le deviendrons encore par les sentiments ; comment nos intérêts, au lieu de nous diviser, nous réuniront. La fraternité, la solidarité, l'amour, l'égalité etc., ne peuvent résulter que d'une conciliation des intérêts, c'est-à-dire d'une organisation du travail et d'une théorie de l'échange. La fraternité est le but, non le principe de la communauté, comme de toutes les formes d'association et de gouvernement ; et Platon, Cabet, et tous ceux qui débutent par la fraternité, la solidarité et l'amour, tous ces gens-là prennent l'effet pour la cause, la conclusion pour le principe ; ils commencent, comme dit le proverbe, leur maison par les lucarnes [1]. »

Ce n'est pas tout ; le danger de cette solidarité morale mise à la base de la solidarité économique, c'est la tendance autoritaire. Les solidaristes parlent sans cesse de devoir social, de devoir solidariste, corporatif, coopératif, etc. On crée de nouveaux devoirs. C'est facile. Créera-t-on de nouvelles vertus, de nouvelles énergies ?

---

[1]. Proudhon, *Système des contradictions économiques*, t. II, p. 275.

La solidarité économique a été parfois présentée sous un autre nom : celui d'intérêt général. Mais qu'entend-on par là ? Si on l'examine de près, on voit que l'intérêt général est une fiction. C'est toujours l'intérêt particulier qui est au fond de ce qu'on appelle l'intérêt général. On a prétendu, il est vrai, établir une identité entre l'égoïsme personnel et l'égoïsme collectif (Bentham). Mais rien de plus contestable que cette identité. Stuart-Mill, le disciple de Bentham, l'a expressément reconnu. Comme cette identité n'est pas un fait, mais un simple *desideratum*, Stuart-Mill déclare qu'il faut l'imposer à la conscience sociale comme un mensonge utile. Au moyen d'associations d'idées appropriées, les pédagogies et les morales établiront facticement dans l'esprit de l'individu un lien indissoluble entre l'idée de l'intérêt personnel et celle de l'intérêt général. Le succès de cet expédient ou pour employer le mot vrai, de cette duperie de l'individu, est plus que douteux. Car l'individu s'apercevra vite que les pédagogies sont menteuses. Contre les factices associations de Stuart-Mill il pratiquera le procédé de *Dissociation des idées* préconisé par M. Remy de Gourmont comme instrument de libération intellectuelle. Si ce procédé était appliqué au concept d'intérêt général, il n'est pas douteux qu'il ne fît évanouir ce concept en fumée comme les autres concepts abstraits que M. R. de Gourmont a analysés dans son beau livre : *La culture des Idées*.

De quelque côté qu'on l'envisage, l'idée de solidarité apparaît comme un concept vague ou plutôt comme un psittacisme. Or sur le terrain économique il faut des bases positives. Il ne faut pas prendre pour principe une vague solidarité, un vague altruisme. Aussi, suivant nous, le socialisme doit-il, s'il veut réaliser ses destinées, renoncer courageusement sur le terrain économique, à ces vagues principes : solidarité, altruisme.

Pourquoi les hommes deviennent-ils socialistes ? Parce

qu'ils sont lésés sous le régime économique actuel, dans les légitimes aspirations de leur égoïsme. Ils voient et nous voyons dans le socialisme un moyen de libération et d'épanouissement pour les égoïsmes personnels. La racine du socialisme est l'individualisme, la protestation de l'individu contre les tyrannies économiques existantes ; le désir de donner une plus libre carrière à l'égoïsme économique de chaque homme. Le socialisme est une doctrine du déploiement de la vie. Or la vie est d'abord égoïsme. Elle se convertit plus tard, mais plus tard seulement, en altruisme. L'école anglaise a eu parfaitement raison quand elle a montré dans l'altruisme une transformation et un élargissement de l'égoïsme.

Le socialisme doit être essentiellement une technique économique propre à amener le plus large épanouissement des égoïsmes. Quant à l'altruisme, quant à la considération de l'intérêt général, quant au solidarisme, ils viendront à leur tour ; mais par surcroît, comme un épiphénomène de la mise en œuvre des énergies égoïstes. D'ailleurs, l'altruisme, le solidarisme, de même qu'ils ont dans l'égoïsme leur origine, trouveront toujours aussi en lui leur limite. Aussi le socialisme ne doit-il être ni une religion, ni une mystique, ni une éthique. Il doit être une technique économique, un système d'expériences économiques progressives en vue de libérer les égoïsmes humains. Si le socialisme oublie cette vérité, s'il veut se fonder sur le seul altruisme, sur la seule fraternité, laquelle devient vite autoritaire, il court grand risque de périr d'une erreur de psychologie.

Il est aussi un danger contre lequel il est bon de prémunir les esprits. C'est celui que fait courir à l'intelligence la solidarité intellectuelle. Elle n'est pas moins fausse que les autres formes de solidarité que nous avons examinées jusqu'ici.

La tendance à mésestimer l'individu s'est fait jour sur le terrain intellectuel comme ailleurs. On a déprécié la pensée solitaire — l'invention — au profit de la pensée collective —

l'imitation — prônée sous l'éternel vocable de solidarité. C'est un trait caractéristique des races latines, suivant la remarque de M. R. de Gourmont, que l'horreur des tentatives inédites, de l'originalité intellectuelle et esthétique. On aime la pensée embrigadée, la méditation conformiste et décente. Un écrivain allemand, Mme Laura Marholm, a finement analysé cette tendance contemporaine. « Un trait universel est la lâcheté intellectuelle. On n'ose pas trancher sur son milieu. Personne ne se permet plus une pensée originale. La pensée originale n'ose plus se présenter que quand elle est soutenue par un groupe. Il faut qu'elle ait réuni plusieurs adhérents pour oser se montrer. Il faut être plusieurs pour oser parler. C'est là un indice de la démocratisation universelle et d'une démocratisation qui en est encore à ses débuts et qui se caractérise comme une réaction contre le capital international qui a jusqu'ici à sa disposition tous les moyens de défense militaires et législatifs. Personne n'ose s'appuyer sur soi seul. Une pensée qui contrevient aux idées reçues n'arrive presque jamais à se faire jour. La propagation de l'idée antipathique est circonvenue et entravée par mille censures anonymes parmi lesquelles la censure officielle de l'État n'a qu'un rôle effacé. »

« La première chose que fait l'homme qui se sent favorisé d'une idée, d'une pensée nouvelle, c'est de chercher un soutien social, de créer un groupe, une société, une association. Cela est très utile à l'inventeur de l'idée; mais très préjudiciable à l'idée elle-même. C'est pour cela que la plupart des idées de notre temps sont plates et banales comme des monnaies usées. Partout où l'intervention de l'individu serait créatrice et féconde, nous voyons se produire à sa place l'action des cercles, des parlottes, des parleurs et des parleuses... [1] »

Le résultat de cette tendance est qu'on n'ose plus être soi

---

[1]. Laura Marholm, *Zur Psychologie der Frau* (Berlin, Carl Dunker, p. 219).

et penser par soi. On pense par ouï-dire et par mots d'ordre.

Beaucoup semblent poser comme idéal l'uniformisation parfaite de l'humanité. M. Gide dit : « L'homme doit tendre à l'unité de la race humaine [1]. » Suivant nous l'uniformisation de plus en plus grande des conditions économiques de l'humanité est possible, souhaitable et probable. Mais une uniformisation intellectuelle et esthétique de l'humanité serait la mort de la culture. Nous appelons plutôt de nos vœux cet état futur que M. Tarde appelle l'individualisme final. A l'uniformisation extérieure de l'humanité correspondrait une diversité intérieure croissante des consciences, grâce à la complication plus grande et à la liberté accrue des relations sociales. Alors s'épanouirait la diversité, fleur de la vie intellectuelle et esthétique.

La solidarité morale et sociale a été aussi posée par certains comme un idéal souhaitable. Il faut entendre par cette solidarité l'uniformisation morale, la dépendance morale de la conscience individuelle vis-à-vis de la conscience collective. M. R. de Gourmont a bien mis en lumière le conflit qui éclate ici entre la conscience individuelle et la conscience sociale, conflit qui n'est qu'une des formes du conflit fondamental de l'égoïsme personnel et de l'égoïsme du groupe. « Il n'est pas douteux, dit cet écrivain, qu'un homme ne puisse retirer de l'immoralité même, de l'insoumission aux préjugés décalogués, un grand bienfait personnel, un grand avantage pour son développement intégral, mais une collectivité d'individus trop forts, trop indépendants les uns des autres, ne constitue qu'un peuple médiocre. On voit alors l'instinct social entrer en antagonisme avec l'instinct individuel et des sociétés professer comme société une morale que chacun de ses membres intelligents, suivis par une très grande partie du troupeau, juge vaine, surannée ou tyrannique [2]. »

---

1. Ch. Gide, *Conférence faite à Liége* le 3 mai 1901.
2. Remy de Gourmont, *La Culture des Idées*, p. 83.

C'est surtout au point de vue moral que l'écrasement de l'égoïsme personnel par l'égoïsme du groupe est intolérable. On sait assez les mesquineries de l'Esprit de corps, les coalitions grégaires surtout enragées contre les individualités supérieures, la solidarité pour l'irresponsabilité, toutes ces formes d'humanité diminuée. C'est cette solidarité qui engendre toutes les coteries, camaraderies, chapelles, sociétés d'admiration mutuelle, etc. Devant ce débordement d'égoïsmes honteux, devant la prétention de tant de gens à contrôler les actes d'autrui au nom de je ne sais quel intérêt de corps, de groupe, etc., le meilleur précepte moral et social serait : « *Soyez égoïstes*. Soyez attentifs à votre propre destinée. C'est déjà tâche ardue. Et abstrayez-vous un peu plus de la destinée d'autrui. »

La solidarité favorise les intrigants, les flatteurs des puissances. Elle hait les indépendants et les ombrageux. Il serait temps de préférer ces derniers aux intrigants et aux serviles. Car c'est dans l'âme des ombrageux que réside ce qui reste parmi nous de force généreuse.

Concluons de cette revue des diverses formes de la solidarité qu'il est impossible d'ériger en dogme l'égoïsme collectif. On ne voit pas pourquoi les égoïsmes deviendraient sacro-saints par le fait de s'agglomérer. Ajoutons que ces égoïsmes collectifs restent armés les uns contre les autres et la loi de la lutte pour la vie, en dépit des affirmations optimistes, déploie ici implacablement ses effets.

Il en est de la solidarité parfaite comme de la justice absolue, de l'altruisme absolu, du momisme absolu. Ce sont là des concepts abstraits intraduisibles en termes réels. Chaque homme a son concept spécial de la solidarité, de la justice, sa façon à lui d'interpréter le *fas et nefas* en suite de ses intérêts de coterie, de classe, etc. « Dès qu'une idée est dissociée, dit M. Remy de Gourmont, si on la met ainsi toute nue en circulation, elle s'agrège en son voyage par le monde toutes sortes de végétations parasites. Parfois l'organisme premier disparaît, entièrement dévoré par les colonies égoïstes qui s'y développent. Un exemple fort amusant de ces déviations d'idées fut donné récemment par la corporation des peintres en bâtiment à la cérémonie dite du « triomphe de la république ». Les ouvriers promenèrent une bannière où leurs revendications de justice sociale se résumaient en ce cri : « A bas le ripolin! » Il faut savoir que le ripolin est une peinture toute préparée que le premier venu peut étaler sur une boiserie; on comprendra alors toute la sincérité de ce vœu et son ingénuité. Le ripolin représente ici l'injustice et l'oppression; c'est l'ennemi, c'est le diable. Nous avons tous notre ripolin et nous en colorons à notre usage les idées abstraites qui, sans cela, ne nous seraient d'aucune utilité personnelle [1]. »

L'idéal se salit au contact du réel :

> Perle avant de tomber et fange après sa chute.

Il est donc chimérique de vouloir réaliser ces idéaux qui fuient devant nous d'une fuite éternelle, de poser en dogme l'Insaisissable. Le monisme absolu, l'altruisme absolu, la justice absolue, ce sont là des idoles logiques qui trônent dans un ciel métaphysique, comme les thèses des antinomies kantiennes dont elles ne sont d'ailleurs qu'un aspect. Elles ressemblent à ces mères du second *Faust* « qui trônent dans l'infini, éternellement solitaires, la tête ceinte des images de la vie, actives, mais sans vie ». — « En matière de bonheur comme en tout autre ordre de conception, dit M. Jules de Gaultier, la prétention métaphysique de créer de l'absolu se heurte aux lois de notre faculté de connaître dont les formes indéfinies n'engendrent que du relatif. La sensibilité secrète de l'humanité rejette la fadeur de cette félicité parfaite. En

---

1. Remy de Gourmont, *La Culture des Idées*, p. 98.

harmonie avec la curiosité de l'Intellect que tout assouvissement attire pour une recherche plus anxieuse, elle se sait insatiable. Le Faust de Goethe connaît cette loi ; il spécule sur cette forme de la sensibilité humaine pour duper Méphistophélès lorsqu'il conclut avec lui le pacte sous cette condition où il insiste : « Si tu peux me séduire au point que je vienne à me plaire à moi-même, si tu peux m'endormir au sein des jouissances, que ce soit pour moi le dernier jour ! Je t'offre le marché... Si je dis jamais au moment : Attarde-toi, tu es si beau ! alors tu peux me charger de liens [1]... »

« Devant la faillite de tous les dogmatismes sociaux *a priori* ou *a posteriori*, un seul parti reste logique ; c'est l'anomie, l'autarchie de l'individu ; c'est l'individualisme posé, non comme un dogme (car ce serait ressusciter un absolu nouveau), mais comme une tendance, une forme de pensée et d'action adaptée à la loi fondamentale de notre nature intellectuelle qui nous contraint à nous mouvoir dans un monde de relativités.

Il y a d'ailleurs des façons diverses de comprendre l'Individualisme. Chaque individu a sa façon propre d'affirmer son *moi*. « Chacun, dit Nietzsche, se tient le plus pour libre là où son *sentiment de vivre* est le plus fort, partant, tantôt dans la passion, tantôt dans le devoir, tantôt dans la recherche scientifique, tantôt dans la fantaisie. Ce par quoi l'individu est fort, ce dans quoi il se sent animé de vie, il croit involontairement que cela doit être aussi toujours l'élément de sa liberté : il met ensemble la dépendance et la torpeur, l'indépendance et le sentiment de vivre comme des couples inséparables... L'homme fort est aussi l'homme libre ; le sentiment vivace de joie et de souffrance, la hauteur des espérances, la hardiesse des désirs, la puissance de la haine sont l'apanage du souverain et de l'indépendant, tandis que le sujet, l'esclave,

---

1. Jules de Gaultier, *De Kant à Nietzsche*, p. 215.

vit opprimé et stupide [1]. » Chaque type humain aura sa façon d'entendre l'individualisme. Dans sa belle étude sur *les formes du caractère* [2], M. Ribot a établi que le fond de l'être étant le vouloir-vivre, non l'intelligence, le principe d'une division des caractères humains devait être tiré de la considération des divers modes de réaction du vouloir-vivre. A ce point de vue, M. Ribot distingue les *sensitifs* et les *actifs*. Il est clair que l'individualisme des sensitifs ne sera pas le même que celui des actifs. Le premier sera un individualisme d'abstention et de contemplation, le second un individualisme à forme combative. Le premier sera presque ascétisme ; le second sera assaut, conquête de la vie.

Au point de vue de l'étendue de sa sphère d'action sociale, l'individualisme peut être conçu tantôt d'une manière plus large, tantôt d'une manière plus étroite. On peut ainsi distinguer un individualisme économique, un individualisme politique, un individualisme intellectuel, esthétique, religieux, moral, social. Ici, une remarque s'impose au sujet de l'individualisme économique tel qu'il a été professé par l'école libérale. Cette philosophie économique n'a de l'individualisme que le nom ; car elle aboutit à un véritable dogmatisme social. Chez Spencer, par exemple, c'est au nom d'une idole dogmatique : le *Progrès de l'Espèce*, que l'écrasement des faibles économiquement est justifié comme nécessaire et providentiel.

Au point de vue de l'organisation politique, l'individualisme peut donner lieu à deux formes opposées : l'individualisme aristocratique et l'individualisme démocratique. Selon nous, l'individualisme aristocratique est un individualisme contradictoire. Car il ne réclame que pour quelques privilégiés l'épanouissement intégral de leur *moi* et il se convertit pour les autres en une doctrine d'oppression.

1. Nietzsche, *Le voyageur et son ombre*, § 9.
2. Th. Ribot, *La Psychologie des Sentiments* (Paris, F. Alcan).

Enfin, il est un dernier point sur lequel l'individualisme peut donner lieu à deux formes opposées. C'est la question de la valeur intrinsèque et de la destinée probable des sociétés humaines. Ici, deux conceptions opposées sont en présence : l'optimisme social et le pessimisme social. — On pourrait donc distinguer ici deux formes d'individualisme : l'individualisme optimiste et l'individualisme pessimiste.

Résoudre la question de l'optimisme et du pessimisme sociaux serait un problème métaphysique qui déborde le cadre que nous nous sommes fixé. Aussi bien, résoudre ce problème serait revenir à ces dogmatismes sociaux que nous avons écartés.

La question que nous posons à présent est un peu différente.

Elle consiste à se demander, les dogmatismes sociaux écartés, quelle sera l'attitude de l'individu devant le problème de l'*action*. Nous voulons simplement envisager le lien possible entre la pensée et l'action dans les diverses hypothèses qui s'offrent à l'individu libéré des dogmatismes sociaux.

L'instinct de connaissance ayant dissous tous les dogmatismes sociaux passés et ayant même appris à l'avance à l'individu l'inanité de tous les dogmatismes futurs, l'individu ne renoncera-t-il pas à l'action ? L'instinct de connaissance, l'instinct critique ne sera-t-il pas destructeur, dans la conscience, de l'instinct vital ?

M. Jules de Gaultier [1] a admirablement expliqué le rôle de l'instinct de connaissance en face de l'instinct vital. D'une part, l'instinct de connaissance tend à nier la vie en renversant successivement les dogmatismes que l'instinct vital des sociétés édifie à son usage. D'autre part, ces dogmatismes renversés, l'instinct vital en suscite d'autres, plus perfectionnés, à l'aide desquels il s'asservit de nouveau l'instinct de connaissance, jusqu'à ce que ce dernier entre de nouveau en

---

1. J. de Gaultier, *De Kant à Nietzsche*, ch. 1.

révolte et aboutisse à de nouvelles négations. Cette lutte de l'instinct vital et de l'instinct de connaissance remplit le champ de l'histoire. C'est cet antagonisme de l'instinct vital et de l'instinct de connaissance qui est peut-être au fond de l'antinomie de l'individu et de la société. La société symbolise l'instinct vital. Elle semble être un égoïsme forcené, créateur de mythes utiles, illusionniste à outrance, fabricateur de ruses pour duper l'individu. C'est que la conscience individuelle est le refuge — précaire et fragile — de l'éternel ennemi de l'instinct vital : l'instinct de connaissance. C'est dans le *moi* humain que s'incarne l'instinct de connaissance. C'est là qu'il prend conscience de l'omnipotence de son tyran : le vouloir-vivre. C'est là, dans la conscience de l'individu, que s'allume la petite flamme libératrice de l'intelligence. C'est de ce petit point lumineux perdu dans la nuit de l'Être que l'instinct de connaissance contemple la vie et pose le point d'interrogation : Que vaut-elle ?

Nous sommes ramenés à la question que nous posions plus haut. Des deux instincts antagonistes, l'instinct de connaissance et l'instinct vital, l'un qui nie, l'autre qui affirme la vie et l'action, lequel l'individu libéré des dogmatismes va-t-il suivre ?

Tous les dogmatismes écartés, deux hypothèses s'offrent à l'individu : l'hypothèse agnostique et l'hypothèse de l'absolue illusion.

L'agnosticisme se refuse à trancher la question de la valeur de la vie sociale dans un sens ou dans l'autre. Entre l'optimisme social et le pessimisme social, il laisse la question ouverte. — L'hypothèse agnostique contre laquelle protestent les dogmatistes outranciers tels que M. de Roberty, interdit-elle absolument l'action à l'individu ? Est-elle nécessairement négative de l'action ? Nous ne le croyons pas. A défaut de certitude, un acte de foi suffira à l'individu pour agir. L'individu prendra pour devise le mot d'Edmond Thiaudière :

« Penser comme un sceptique, agir comme un croyant [1]. »

Pour le faire sortir de l'inaction et de la neutralité, la poussée de la vie et cet amour du risque dont parle Guyau auront une puissance décisive.

Mais abordons l'autre hypothèse : celle de l'absolue illusion, de l'absolu mensonge de la vie, celle dans laquelle l'existence est un néant et l'intelligence humaine un simple appareil à filtrer des illusions de plus en plus raffinées et délicates. — Il semble qu'ici la solution soit simple et unilatérale. C'est celle qui consiste à se retirer de l'action et à assister impassiblement à l'illusion. Tout au plus cette suprême et esthétique illusion : l'art, sera-t-elle le refuge de l'individu. C'est l'attitude de pensée si bien écrite par M. Jules de Gaultier. « Par la production de l'œuvre d'art, l'intelligence annonce qu'elle s'est retirée de la scène où elle agissait sous l'empire de l'illusion et qu'elle s'est fixée en spectatrice sur les rives du devenir, au bord du fleuve où les barques, chargées de masques et de valeurs inventées par la folie de Maya, continuent de descendre le courant parmi tous les bruits de la vie [2]. »

Cette attitude semble la seule logique. Mais n'oublions pas que, dans l'humanité, il y a deux types : les passifs et les actifs. — Les natures passives, éclairées par l'instinct de connaissance, aboutiront à l'Hindouisme que nous venons de dire. Mais il n'en sera pas de même des natures actives. Chez ces dernières, la voix de la vie, de l'action, sera éternellement plus forte que la voix de la désillusion.

En elles, malgré tout, le vouloir-vivre triomphera, brutal et éternel vainqueur. Pour ces natures, l'action est fatale. C'est d'elles qu'est le vrai mot de Faust : « Au commencement était l'action. » Et l'action est aussi à la fin. Elle est en elles le dernier élan, le dernier cri de la vie.

1. E. Thiaudière, *La décevance du vrai*.
2. J. de Gaultier, *De Kant à Nietzsche*, p. 303.

Donc, l'actif agira, même s'il sent, s'il sait qu'il vit dans un illusionnisme éternel. Il s'enivrera du spectacle de la vie ; il s'enthousiasmera pour les ombres, il s'élancera vers les chimères et les mirages. L'actif, devant le décor mouvant de la vie, ressemblera à ces spectateurs qui, au théâtre, se sentent ravis par l'illusion au point de courir, de vouloir intervenir dans l'action, comme on le raconte de ce spectateur qui criait à Othello tuant Desdémone : « Arrête ; elle est innocente ! »

Ceux en qui triomphe la volonté de vie et de puissance projetteront éternellement sur le monde le mirage de l'énergie qui déborde en eux. — Au contact de leur volonté puissante, la pâle Maya semblera s'animer comme autrefois la statue de Galatée. Et d'avoir senti la Maya frémir sous leur étreinte restera pour ces Énergétiques la sensation la plus enivrante dont il leur aura été donné de tressaillir dans leur passage à travers le phénomène Vie.

TABLE DES MATIÈRES

Avant-propos 1
I. L'Esprit de corps. 3
II. L'Esprit administratif 17
III. L'Esprit de petite ville. 34
IV. L'Esprit de Famille et la Morale Familiale 45
V. L'Esprit de classe. — L'Esprit étatiste. — L'Esprit de ligue. — L'Esprit démocratique et l'Esprit grégaire 69
VI. L'Esprit mondain en démocratie 85
VII. L'Embourgeoisement du Sentiment de l'Honneur 99
VIII. Le Mensonge de groupe 111
IX. L'Impunité de groupe 124
X. La Téléologie sociale et son mécanisme 132
XI. Moralisme et Immoralisme 147
XII. L'Idole pédagogique : l'Educationisme 156
XIII. La Mentalité du Révolté 172
XIV. Le Dilettantisme social et la Philosophie du Surhomme . . . 187
XV. Les Dogmatismes sociaux et la Libération de l'Individu . . . 203

ÉVREUX, IMPRIMERIE DE CHARLES HÉRISSEY

FÉLIX ALCAN, ÉDITEUR
108, BOULEVARD SAINT-GERMAIN, PARIS, 6ᵉ

OUVRAGES SUR LA SCIENCE SOCIALE

ANDLER (Ch.). — **Les origines du Socialisme d'État en Allemagne.** 1 vol. in-8 . . . . 7 fr. »

BAGEHOT. — **Lois scientifiques du développement des nations.** 6ᵉ édit. 1 vol. in-8, cart . . . . 6 fr. »

BOUGLÉ (C.). — **Les Sciences sociales en Allemagne.** 2ᵉ édition. 1 vol. in-12 . . . . 2 fr. 50
— **Les Idées égalitaires.** 1 vol. in-8. . . . . 3 fr. 75
— **La démocratie devant la science**, 1 vol. in-8, cart. . . . 6 fr. »

BOURDEAU (J.). — **Le Socialisme allemand et le Nihilisme russe.** 2ᵉ édition. 1 vol. in-12. . . . . 3 fr. 50
— **L'Evolution du socialisme.** 1 vol. in-12 . . . . 3 fr. 50

COMTE (Aug.). — **La Sociologie.** résumée par RIGOLAGE. 1 vol. in-8 . 7 fr. 50

DEMOOR, MASSART et VANDERVELDE. — **L'Evolution régressive en biologie et en sociologie.** 1 vol. in-8 . . . . 6 fr. »

DEPASSE (H.). — **Du Travail et de ses conditions.** 1 vol. in-12. 3 fr. 50
— **Transformations sociales.** 1 vol. in-12 . . . . 3 fr. 50

DREYFUS (C.). — **Evolution des mondes et des sociétés.** 3ᵉ édition. 1 vol. in-8 . . . . 6 fr. »

DURKHEIM (Em.). — **De la division du travail social.** 2ᵉ édition. 1 vol. in-8. . . . . 7 fr. 50
— **Les Règles de la méthode sociologique.** 3ᵉ édit. 1 vol. in-12. 2 fr. 50
— **Le Suicide.** *Etude sociologique.* 1 vol. in-8. . . . . . . 7 fr. 50

EICHTHAL (Eug. d'). — **Souveraineté du peuple et gouvernement.** 1 vol. in-12. . . . . 3 fr. 50

ESPINAS (A.). — **La Philosophie sociale au XVIIIᵉ siècle et la Révolution.** 1 vol. in-8 . . . . 7 fr. 50

FOUILLÉE (Alf.). — **Psychologie du peuple français.** 1 vol. in-8. 7 fr. 50
— **La France au point de vue moral.** 1 vol. in-8 . . . . . 7 fr. 50

GAROFALO (R.). — **La Superstition socialiste.** 1 vol. in-8 . . 5 fr. »

GREEF (F. DE). — **Le Transformisme social.** *Essais sur le progrès et le regrès des sociétés.* 2ᵉ édition. 1 vol. in-8. . . . . 7 fr. 50
— **Les Lois sociologiques.** 3ᵉ édition. 1 vol. in-12. . . . . 2 fr. 50

HERBERT SPENCER. — **Introduction à la science sociale.** 13ᵉ édition. 1 vol. in-8. cart. . . . . 6 fr. »
— **Les bases de la morale évolutionniste.** 6ᵉ édition. 1 vol. in-8. cart. . . . . 6 fr. »
— **Principes de sociologie.** 4 vol. in-8 : t. I, 10 fr.; — t. II, 7 fr. 50;
— t. III, 15 fr.; — t. IV . . . . 3 fr. 75
— **Essais sur le progrès.** 1 vol. in-8. . . . . 7 fr. 50
— **Essais de politique.** 1 vol. in-8. . . . . 7 fr. 50

IZOULET (J.). — **La Cité moderne.** *Métaphysique de la sociologie.* 6ᵉ édition, 1 vol. in-8. . . . . 10 fr. »

LAVELEYE (Em. de). — **Le Socialisme contemporain.** 11ᵉ édition. 1 vol. in-12. . . . . 3 fr. 50
— **De la Propriété et de ses formes primitives.** 5ᵉ édition. 1 vol. in-8 . . . . 10 fr. »
— **Le Gouvernement dans la démocratie.** 3ᵉ édit. 2 vol. in-8. 15 fr. »

LE BON (Dʳ Gustave). — **Psychologie des foules.** 7ᵉ édition. 1 volume in-12 . . . . 2 fr. 50

FÉLIX ALCAN, ÉDITEUR

LE BON (Dr Gustave). — **Lois psychologiques de l'évolution des peuples.** 5e édition. 1 vol. in-12. . . . . 2 fr. 50
— **Psychologie du socialisme.** 3e édition. 1 vol. in-8 . . . 7 fr. 50
LICHTENBERGER (A.). — **Le Socialisme au XVIIIe siècle.** *Étude sur les idées socialistes dans les écrivains français du XVIIIe siècle avant la Révolution.* 1 vol. in-8. . . . . 7 fr. 50
— **Le Socialisme et la Révolution française.** 1 vol. in-8. . 5 fr. »
— **Le Socialisme utopique,** *Étude sur quelques précurseurs du socialisme.* 1 vol. in-12. . . . . 3 fr. 50
LOMBROSO et LASCHI. — **Le crime politique et les Révolutions.** 2 vol. in-8. . . . . 15 fr. »
METIN (A.). — **Le Socialisme en Angleterre.** 1 vol. in-12. . 3 fr. 50
NORDAU (Max). — **Paradoxes sociologiques.** 4e édit. 1 vol. in-12. 2 fr. 50
— **Les Mensonges conventionnels de notre civilisation.** 7e édition. 1 vol. in-8. . . . . 5 fr. »
NOVICOW (J.). — **Les Luttes entre sociétés humaines.** 2e édition, 1 vol. in-8. . . . . 18 fr. »
— **Les Gaspillages des sociétés modernes.** 2e édit., 1 vol. in-8. 5 fr. »
— **L'Avenir de la race blanche.** 1 vol. in-12. . . . . . . 2 fr. 50
RENARD (Georges). — **Le Régime socialiste.** *Principe de son organisation politique et économique.* 4e édition. 1 vol. in-12. . . 2 fr. 50
RICHARD (G.). — **Le Socialisme et la science sociale.** 2e édition. 1 vol. in-12. . . . . 2 fr. 50
ROBERTY (DE). — **La Sociologie.** 3e édition. 1 vol. in-8, cart. . 6 fr. »
SANZ Y ESCARTIN (Ed.). — **L'Individu et la réforme sociale.** 1 volume in-8. . . . . 7 fr. 50
SPULLER (E.). — **Education de la démocratie.** 1 vol. in-12. 3 fr. 50
TARDE (G.). — **Les Lois de l'imitation.** 3e édition. 1 vol. in-8. 7 fr. 50
— **Les Lois sociales.** *Esquisse d'une sociologie.* 2e édition. 1 volume in-12. . . . . 2 fr. 50
— **La Logique sociale.** 2e édition. 1 vol. in-8. . . . . . 7 fr. 50
WEILL (G.). — **L'Ecole Saint-Simonienne.** *Son histoire, son influence jusqu'à nos jours.* 1 vol. in-12. . . . . 3 fr. 50
ZIEGLER (Th.). — **La question sociale est une question morale.** 2e édition. 1 vol. in-12. . . . . 2 fr. 50

ANNALES DES SCIENCES POLITIQUES

REVUE BIMESTRIELLE

Publiée avec la **collaboration des professeurs et des anciens élèves de l'Ecole libre des Sciences politiques**

(Dix-neuvième année, 1904).

COMITÉ DE RÉDACTION : M. Emile BOUTMY, de l'Institut, directeur de l'Ecole; M. ALF. DE FOVILLE, de l'Institut, conseiller maître à la Cour des comptes; M. R. STOURM, ancien inspecteur des finances et administrateur des contributions indirectes; M. Alexandre RIBOT, de l'Institut, député, ancien ministre; M. L. RENAULT, de l'Institut, professeur à la Faculté de droit; M. Albert SOREL, de l'Académie française; M. A. VANDAL, de l'Académie française; M. Aug. ARNAUNÉ, directeur de la Monnaie; M. Emile BOURGEOIS, maître de conférences à l'Ecole normale supérieure; Directeurs des groupes de travail, professeurs à l'Ecole.

Rédacteur en chef : M. A. VIALLATE, professeur à l'Ecole.

Prix d'abonnement. — Un an (du 15 janvier) : Paris, **18 fr.** Départements et Etranger, **19 fr.** — La livraison, **3 fr. 50**.

ENVOI FRANCO CONTRE TIMBRES-POSTE FRANÇAIS OU MANDAT-POSTE

FÉLIX ALCAN, Éditeur

ANCIENNE LIBRAIRIE GERMER BAILLIÈRE ET C¹⁰

PHILOSOPHIE — HISTOIRE

CATALOGUE

DES

Livres de Fonds

	Pages.
BIBLIOTHÈQUE DE PHILOSOPHIE CONTEMPORAINE.	
Format in-12	2
Format in-8	5
COLLECTION HISTORIQUE DES GRANDS PHILOSOPHES	11
Philosophie ancienne	11
Philosophie moderne	11
Philosophie anglaise	12
Philosophie allemande	12
Philosophie anglaise contemporaine	13
Philosophie allemande contemporaine	13
Philosophie italienne contemporaine	13
LES GRANDS PHILOSOPHES	13
BIBLIOTHÈQUE GÉNÉRALE DES SCIENCES SOCIALES	1
MINISTRES ET HOMMES D'ÉTAT	14
BIBLIOTHÈQUE D'HISTOIRE CONTEMPORAINE	15
PUBLICATIONS HISTORIQUES ILLUSTRÉES	17
BIBLIOTHÈQUE DE LA FACULTÉ DES LETTRES DE PARIS	18
TRAVAUX DE L'UNIVERSITÉ DE LILLE	18

	Pages.
ANNALES DE L'UNIVERSITÉ DE LYON	19
RECUEIL DES INSTRUCTIONS DIPLOMATIQUES	19
INVENTAIRE ANALYTIQUE DES ARCHIVES DU MINISTÈRE DES AFFAIRES ÉTRANGÈRES	19
REVUE PHILOSOPHIQUE	20
JOURNAL DE PSYCHOLOGIE	20
REVUE HISTORIQUE	20
ANNALES DES SCIENCES POLITIQUES	20
REVUE DE L'ÉCOLE D'ANTHROPOLOGIE	20
ANNALES DES SCIENCES PSYCHIQUES	20
BIBLIOTHÈQUE SCIENTIFIQUE INTERNATIONALE	21
Par ordre d'apparition	21
Par ordre de matières	24
RÉCENTES PUBLICATIONS NE SE TROUVANT PAS DANS LES COLLECTIONS PRÉCÉDENTES	25
BIBLIOTHÈQUE UTILE	30
TABLE DES AUTEURS	31
TABLE DES AUTEURS ÉTUDIÉS	32

On peut se procurer tous les ouvrages qui se trouvent dans ce Catalogue par l'intermédiaire des libraires de France et de l'Étranger.

On peut également les recevoir franco par la poste, sans augmentation des prix désignés, en joignant à la demande des TIMBRES-POSTE FRANÇAIS *ou un* MANDAT *sur Paris.*

108, BOULEVARD SAINT-GERMAIN, 108
Au coin de la rue Hautefeuille
PARIS, 6ᵉ

JANVIER 1904

F. ALCAN.

Les titres précédés d'un astérisque sont recommandés par le Ministère de l'Instruction publique pour les Bibliothèques des élèves et des professeurs et pour les distributions de prix des lycées et collèges.

BIBLIOTHÈQUE DE PHILOSOPHIE CONTEMPORAINE
Volumes in-12, brochés, à 2 fr. 50.
Cartonnés toile, 3 francs. — En demi-reliure, plats papier, 4 francs.

La *psychologie*, avec ses auxiliaires indispensables, l'*anatomie* et la *physiologie du système nerveux*, la *pathologie mentale*, la psychologie des *races inférieures et des animaux*, les *recherches expérimentales des laboratoires*; — la *logique*; — les *théories générales fondées sur les découvertes scientifiques*; — l'*esthétique*; — les *hypothèses métaphysiques*; — la *criminologie et la sociologie*; — l'*histoire des principales théories philosophiques*; tels sont les principaux sujets traités dans cette Bibliothèque.

ALAUX, professeur à la Faculté des lettres d'Alger. Philosophie de V. Cousin.
ALLIER (R.), *La Philosophie d'Ernest Renan. 2ᵉ édit. 1903.
ARRÉAT (L.). * La Morale dans le drame, l'épopée et le roman. 2ᵉ édition.
— *Mémoire et imagination (Peintres, Musiciens, Poètes, Orateurs). 1895.
— Les Croyances de demain. 1898.
— Dix ans de philosophie. 1900.
— Le Sentiment religieux en France. 1903.
BALLET (G.), professeur agrégé à la Faculté de médecine de Paris. Le Langage intérieur et les diverses formes de l'aphasie. 2ᵉ édit.
BEAUSSIRE, de l'Institut. *Antécédents de l'hégélianisme dans la philos. française.
BERGSON (H.), de l'Institut, professeur au Collège de France. *Le Rire. Essai sur la signification du comique. 3ᵉ édition. 1904.
BERSOT (Ernest), de l'Institut. * Libre philosophie.
BERTAULD. De la Philosophie sociale.
BINET (A.), directeur du lab. de psych. physiol. de la Sorbonne. La Psychologie du raisonnement, expériences par l'hypnotisme. 3ᵉ édit.
BOS (C.). *Psychologie de la croyance. 1902.
BOUGLÉ, prof. à l'Univ. de Toulouse. Les Sciences sociales en Allemagne. 2ᵉ éd. 1902.
BOUCHER (M.). L'hyperespace, le temps, la matière et l'énergie. 1903.
BOURDEAU (J.). Les Maîtres de la pensée contemporaine. 1904.
BOUTROUX, de l'Institut. * De la contingence des lois de la nature. 4ᵉ éd. 1902.
BRUNSCHVICG, professeur au lycée Henri IV, docteur ès lettres. *Introduction à la vie de l'esprit. 1900.
CARUS (P.). *Le Problème de la conscience du moi, trad. par M. A. Monod.
CONTA (B.). *Les Fondements de la métaphysique, trad. du roumain par D. Tescanu.
COQUEREL FILS (Ath.). Transformations historiques du christianisme.
COSTE (Ad.). *Les Conditions sociales du bonheur et de la force. 3ᵉ édit.
— Dieu et l'âme. 2ᵉ édit. précédée d'une préface par R. Worms. 1903.
CRESSON (A.), docteur ès lettres. La Morale de Kant. (Couronné par l'Institut.)
DAURIAC (L.), professeur honoraire à l'Université de Montpellier. La Psychologie dans l'Opéra français (Auber, Rossini, Meyerbeer). 1897.
DANVILLE (Gaston). Psychologie de l'amour. 3ᵉ édit. 1903.
DUGAS, docteur ès lettres. * Le Psittacisme et la pensée symbolique. 1896.
— La Timidité. 3ᵉ éd. 1903.
— Psychologie du rire. 1902.
DUNAN, docteur ès lettres. La théorie psychologique de l'Espace. 1895.
DUPRAT (G.-L.), docteur ès lettres. Les Causes sociales de la Folie. 1900.
— Le Mensonge, *Étude psychologique.* 1903.
DURAND (de Gros). Questions de philosophie morale et sociale. 1902.
DURKHEIM (Émile), chargé du cours de pédagogie à la Sorbonne.* Les règles de la méthode sociologique. 3ᵉ édit. 1904.
D'EICHTHAL (Eug.). Les Problèmes sociaux et le Socialisme. 1899.
ENCAUSSE (Papus). L'occultisme et le spiritualisme. 2ᵉ édit. 1903.

Suite de la *Bibliothèque de philosophie contemporaine*, format in-12, à 2 fr 50 le vol.

ESPINAS (A.), prof. à la Sorbonne. * La Philosophie expérimentale en Italie.
FAIVRE (E.). De la Variabilité des espèces.
FÉRÉ (Ch.). Sensation et Mouvement. Étude de psycho-mécanique, avec fig. 2° éd.
— Dégénérescence et Criminalité, avec figures. 3° édit.
FERRI (E.) *Les Criminels dans l'Art et la Littérature. 2° édit. 1902.
FIERENS-GEVAERT Essai sur l'Art contemporain. 2° éd. 1903. (Cour. par l'Ac. fr.).
— La Tristesse contemporaine, essai sur les grands courants moraux et intellectuels du XIX° siècle. 4° édit. 1904. (Couronné par l'Institut.)
— *Psychologie d'une ville. Essai sur Bruges. 2° édit. 1902.
— Nouveaux essais sur l'Art contemporain. 1903.
FLEURY (Maurice de). L'Ame du criminel. 1898.
FONSEGRIVE, professeur au lycée Buffon. La Causalité efficiente. 1893.
FOURNIÈRE (E.). Essai sur l'individualisme. 1901.
FRANCK (Ad.), de l'Institut. * Philosophie du droit pénal. 5° édit.
— Des Rapports de la Religion et de l'État. 2° édit.
— La Philosophie mystique en France au XVIII° siècle.
GAUCKLER. Le Beau et son histoire.
GOBLOT (E.), professeur à l'Université de Caen. Justice et liberté. 1902.
GRASSET (J.), professeur à la Faculté de médecine de Montpellier. Les limites de la biologie. 2° édit. 1903.
GREEF (de). Les Lois sociologiques. 3° édit.
GUYAU. * La Genèse de l'idée de temps. 2° édit.
HARTMANN (E. de). La Religion de l'avenir. 5° édit.
— Le Darwinisme, ce qu'il y a de vrai et de faux dans cette doctrine. 6° édit.
HERCKENRATH. (C.-R.-C.) Problèmes d'Esthétique et de Morale. 1897.
HERBERT SPENCER. * Classification des sciences. 6° édit.
— L'Individu contre l'État. 5° édit.
HERVÉ BLONDEL. Les Approximations de la vérité. 1900.
JAELL (M°°). * La Musique et la psycho-physiologie. 1895.
JAMES (W.). La théorie de l'émotion, préf. de G. Dumas, chargé de cours à la Sorbonne. Traduit de l'anglais. 1902.
JANET (Paul), de l'Institut. * La Philosophie de Lamennais.
LACHELIER, de l'Institut. Du fondement de l'induction, suivi de psychologie et métaphysique. 4° édit. 1902.
LAISANT (C.). L'Éducation fondée sur la science. Préface de A. NAQUET. 1904.
LAMPÉRIÈRE (M°° A.). * Rôle social de la femme, son éducation. 1898.
LANDRY (A.), agrégé de philos., docteur ès lettres. La responsabilité pénale. 1902.
LANESSAN (J.-L. de). La Morale des philosophes chinois. 1896.
LANGE, professeur à l'Université de Copenhague * Les Émotions, étude psycho-physiologique, traduit par G. Dumas. 2° édit. 1902.
LAPIE, maître de conf. à l'Univ. de Bordeaux. La Justice par l'État. 1899.
LAUGEL (Auguste). L'Optique et les Arts
LE BON (D° Gustave). * Lois psychol. de l'évolution des peuples. 6° édit.
— *Psychologie des foules. 8° édit.
LÉCHALAS. *Etude sur l'espace et le temps. 1895.
LE DANTEC, chargé du cours d'Embryologie générale à la Sorbonne. Le Déterminisme biologique et la Personnalité consciente. 2° édit.
— * L'Individualité et l'Erreur individualiste 1898.
— Lamarckiens et Darwiniens. 2° édit. 1904.
LEFÈVRE (G.), prof. à l'Univ. de Lille. Obligation morale et idéalisme. 1895.
LEVALLOIS (Jules). Déisme et Christianisme.
LIARD, de l'Institut, vice-recteur de l'Académie de Paris. * Les Logiciens anglais contemporains. 4° édit.
— Des définitions géométriques et des définitions empiriques. 3° édit.
LICHTENBERGER (Henri), professeur à l'Université de Nancy. *La philosophie de Nietzsche. 8° édit. 1904.
— * Friedrich Nietzsche. Aphorismes et fragments choisis. 2° édit. 1902.

Suite de la *Bibliothèque de philosophie contemporaine*, format in-12, à 2 fr. 50 le vol.

LOMBROSO. L'Anthropologie criminelle et ses récents progrès. 4ᵉ édit. 1901.
— Nouvelles recherches d'anthropologie criminelle et de psychiatrie. 1892.
— Les Applications de l'anthropologie criminelle. 1892.
LUBBOCK (Sir John). * Le Bonheur de vivre. 2 volumes. 5ᵉ édit.
— * L'Emploi de la vie. 3ᵉ éd. 1901
LYON (Georges), recteur de l'Académie de Lille. * La Philosophie de Hobbes.
MARGUERY (E.). L'Œuvre d'art et l'évolution. 1899.
MARIANO. La Philosophie contemporaine en Italie.
MARION professeur à la Sorbonne. * J. Locke, sa vie, son œuvre. 2ᵉ édit.
MAUXION, professeur à l'Université de Poitiers. * L'éducation par l'instruction et les *Théories pédagogiques de Herbart*. 1900.
MILHAUD (G.), professeur à l'Université de Montpellier. * Le Rationnel. 1898.
— * Essai sur les conditions et les limites de la Certitude logique. 2ᵉ édit. 1898.
MOSSO. * La Peur. Étude psycho-physiologique (avec figures). 2ᵉ édit.
— * La Fatigue intellectuelle et physique, trad. Langlois. 3ᵉ édit.
MURISIER (E.), professeur à la Faculté des lettres de Neuchâtel (Suisse). Les Maladies du sentiment religieux. 2ᵉ édit. 1903.
NAVILLE (E.), doyen de la Faculté des lettres et sciences sociales de l'Université de Genève. Nouvelle classification des sciences. 2ᵉ édit. 1901.
NORDAU (Max). * Paradoxes psychologiques, trad. Dietrich. 5ᵉ édit. 1904.
— Paradoxes sociologiques, trad. Dietrich. 4ᵉ édit. 1904.
— * Psycho-physiologie du Génie et du Talent, trad. Dietrich. 3ᵉ édit. 1902.
NOVICOW (J.). L'Avenir de la Race blanche. 2ᵉ édit. 1903.
OSSIP-LOURIÉ, lauréat de l'Institut. Pensées de Tolstoï. 2ᵉ édit. 1902.
— * Nouvelles Pensées de Tolstoï. 1903.
— * La Philosophie de Tolstoï. 2ᵉ édit. 1903.
— * La Philosophie sociale dans le théâtre d'Ibsen. 1900.
— Le Bonheur et l'Intelligence. 1904.
PALANTE (G.), agrégé de l'Université. Précis de sociologie. 2ᵉ édit. 1903.
PAULHAN (Fr.). Les Phénomènes affectifs et les lois de leur apparition. 2ᵉ éd. 1901.
— * Joseph de Maistre et sa philosophie. 1893.
— * Psychologie de l'invention. 1900.
— * Analystes et esprits synthétiques. 1903.
PHILIPPE (J.). L'Image mentale, avec fig. 1903.
PILLON (F.). * La Philosophie de Ch. Secrétan. 1898.
PILO (Mario). * La psychologie du Beau et de l'Art, trad. Aug. Dietrich.
PIOGER (Dr Julien). Le Monde physique, essai de conception expérimentale. 1893.
QUEYRAT, prof. de l'Univ. * L'Imagination et ses variétés chez l'enfant. 2ᵉ édit.
— * L'Abstraction, son rôle dans l'éducation intellectuelle. 1894.
— * Les Caractères et l'éducation morale. 2ᵉ éd. 1901.
— * La logique chez l'enfant et sa culture. 1902.
REGNAUD (P.), professeur à l'Université de Lyon. Logique évolutionniste. *L'Entendement dans ses rapports avec le langage*. 1897.
— Comment naissent les mythes. 1897.
RÉMUSAT (Charles de), de l'Académie française. * Philosophie religieuse.
RENARD (Georges), professeur au Conservatoire des arts et métiers. Le régime socialiste, son organisation politique et économique. 4ᵉ édit. 1903.
RIBOT (Th.), de l'Institut, professeur honoraire au Collège de France, directeur de la *Revue philosophique*. La Philosophie de Schopenhauer. 9ᵉ édition.
— * Les Maladies de la mémoire. 16ᵉ édit.
— * Les Maladies de la volonté. 18ᵉ édit.
— * Les Maladies de la personnalité. 9ᵉ édit.
— * La Psychologie de l'attention. 5ᵉ édit.
RICHARD (G.), chargé du cours de sociologie à l'Université de Bordeaux. * Socialisme et Science sociale. 2ᵉ édit.
RICHET (Ch.). Essai de psychologie générale. 5ᵉ édit. 1903.
ROBERTY (E. de). L'Inconnaissable, sa métaphysique, sa psychologie.
— L'Agnosticisme. Essai sur quelques théories pessim. de la connaissance. 2ᵉ édit.

Suite de la *Bibliothèque de philosophie contemporaine*, format in-12 à 2 fr. 50 le vol.

ROBERTY (E. de). **La Recherche de l'Unité.** 1893.
— **Auguste Comte et Herbert Spencer.** 2ᵉ édit.
— *Le Bien et le Mal. 1896.
— **Le Psychisme social.** 1897.
— **Les Fondements de l'Éthique.** 1898.
— **Constitution de l'Éthique.** 1901.
ROISEL. **De la Substance.**
— **L'Idée spiritualiste.** 2ᵉ éd. 1901.
ROUSSEL-DESPIERRES. L'Idéal esthétique. *Esquisse d'une philosophie de la beauté.* 1904.
SAISSET (Émile), de l'Institut. * L'Ame et la Vie.
SCHOPENHAUER. *Le Fondement de la morale, trad. par M. A. Burdeau. 7ᵉ édit.
— *Le Libre arbitre, trad. par M. Salomon Reinach, de l'Institut. 8ᵉ éd.
— Pensées et Fragments, avec intr. par M. J. Bourdeau. 17ᵉ édit.
SELDEN (Camille). **La Musique en Allemagne,** étude sur Mendelssohn.
SOLLIER (Dʳ P.). Les Phénomènes d'autoscopie, avec fig. 1903.
STUART MILL. * **Auguste Comte et la Philosophie positive.** 6ᵉ édit.
— * L'Utilitarisme. 3ᵉ édit.
— Correspondance inédite avec Gustave d'Eichthal (1828-1842) — (1864-1871), avant-propos et trad. par Eug. d'Eichthal 1898.
SULLY PRUDHOMME, de l'Académie française, et Ch. RICHET, professeur à l'Université de Paris. Le problème des causes finales. 1902.
SWIFT. L'Éternel conflit. 1904.
TANON (L.). * L'Évolution du droit et la Conscience sociale. 1900.
TARDE, de l'Institut, prof. au Coll. de France. **La Criminalité comparée.** 5ᵉ édit. 1902.
— * **Les Transformations du Droit.** 2ᵉ édit. 1899.
— *Les Lois sociales. 2ᵉ édit. 1898.
THAMIN (R.), recteur de l'Académie de Rennes. *Éducation et Positivisme. 2ᵉ édit. (Couronné par l'Institut.)
THOMAS (P. Félix), docteur ès lettres. * La suggestion, son rôle dans l'éducation intellectuelle. 2ᵉ édit. 1898.
— *Morale et éducation, 1899.
TISSIÉ. * Les Rêves, avec préface du professeur Azam. 2ᵉ éd. 1898.
VIANNA DE LIMA. L'Homme selon le transformisme.
WECHNIAKOFF. Savants, penseurs et artistes, publié par Raphael Petrucci.
WUNDT. Hypnotisme et Suggestion. Étude critique, traduit par M. Keller 2ᵉ édit. 1902.
ZELLER. Christian Baur et l'École de Tubingue, traduit par M. Ritter.
ZIEGLER. La Question sociale est une Question morale, trad. Palante. 3ᵉ édit.

BIBLIOTHÈQUE DE PHILOSOPHIE CONTEMPORAINE
Volumes in-8.

Br. à 3 fr. 75, 5 fr., 7 fr. 50, 10 fr., 12 fr. 50 et 15 fr.; Cart. angl., 1 fr. en plus par vol.;
Demi-rel. en plus 2 fr. par vol.

ADAM (Ch.), recteur de l'Académie de Nancy. *La Philosophie en France (première moitié du XIXᵉ siècle). 7 fr. 50
AGASSIZ.* De l'Espèce et des Classifications. 5 fr.
ALENGRY (Franck), docteur ès lettres, inspecteur d'académie. *Essai historique et critique sur la Sociologie chez Aug. Comte. 1900. 10 fr.
ARNOLD (Matthew). La Crise religieuse. 7 fr. 50
ARRÉAT. *Psychologie du peintre. 5 fr.
AUBRY (Dʳ P.). La Contagion du meurtre. 1896. 3ᵉ édit. 5 fr.
BAIN (Alex.). **La Logique inductive et déductive.** Trad. Compayré. 2 vol. 3ᵉ éd. 20 fr.
— * **Les Sens et l'Intelligence.** 1 vol. Trad. Cazelles. 3ᵉ édit. 10 fr.
BALDWIN (Mark), professeur à l'Université de Princeton (États-Unis). Le Développement mental chez l'enfant et dans la race. Trad. Nourry. 1897. 7 fr. 50
BARTHÉLEMY SAINT-HILAIRE, de l'Institut. La Philosophie dans ses rapports avec les sciences et la religion. 5 fr.

Suite de la *Bibliothèque de philosophie contemporaine*, format in-8.

BARZELOTTI, prof. à l'Univ. de Rome. *La Philosophie de H. Taine. 1900. 7 fr. 50
BERGSON (H.), de l'Institut, professeur au Collège de France. * Matière et mémoire, essai sur les relations du corps à l'esprit. 2ᵉ édit. 1900. 5 fr.
— Essai sur les données immédiates de la conscience. 4ᵉ édit. 1901. 3 fr. 75
BERTRAND, prof. à l'Université de Lyon. * L'Enseignement intégral. 1898. 5 fr.
— Les Études dans la démocratie. 1900. 5 fr.
BOIRAC (Émile), recteur de l'Acad. de Dijon. * L'Idée du Phénomène. 5 fr.
BOUGLÉ, professeur à l'Université de Toulouse. *Les Idées égalitaires. 1899. 3 fr. 75
BOURDEAU (L.). Le Problème de la mort. 3ᵉ édition. 1900. 5 fr.
— Le Problème de la vie. 1 vol. in-8. 1901. 7 fr. 50
BOURDON, professeur à l'Université de Rennes. *L'Expression des émotions et des tendances dans le langage. 7 fr. 50
BOUTROUX (Em.), de l'Institut. Études d'histoire de la philos. 2ᵉ éd. 1901. 7 fr. 50
BRAY (L.). Du beau. 1902. 5 fr.
BROCHARD (V.), de l'Institut. De l'Erreur. 1 vol. 2ᵉ édit. 1897. 5 fr.
BRUNSCHWICG (E.), prof. au lycée Henri IV, docteur ès lettres. * Spinoza. 3 fr. 75
— La Modalité du jugement. 5 fr.
CARRAU (Ludovic), professeur à la Sorbonne. La Philosophie religieuse en Angleterre, depuis Locke jusqu'à nos jours. 5 fr.
CHABOT (Ch.), prof. à l'Univ. de Lyon. *Nature et Moralité. 1897. 5 fr.
CLAY (R.). * L'Alternative, *Contribution à la Psychologie.* 2ᵉ édit. 10 fr.
COLLINS (Howard). *La Philosophie de Herbert Spencer, avec préface de M. Herbert Spencer, traduit par H. de Varigny. 4ᵉ édit. 1904. 10 fr.
COMTE (Aug.). La Sociologie, résumé par E. Rigolage. 1897. 7 fr. 50
CONTA (B.). Théorie de l'ondulation universelle. 1894. 3 fr. 75
COSTE. Les principes d'une Sociologie objective. 1899. 3 fr. 75
— L'Expérience des peuples et les prévisions qu'elle autorise. 1900. 10 fr.
CRÉPIEUX-JAMIN. L'Écriture et le Caractère. 4ᵉ édit. 1897. 7 fr. 50
CRESSON, prof au lycée de Lyon, docteur ès lettres. La Morale de la raison théorique. 1903. 5 fr.
DAURIAC (L.), professeur honoraire à l'Université de Montpellier. L'esprit musical. 1904. 5 fr.
DE LA GRASSERIE (R.), lauréat de l'Institut. Psychologie des religions 1899. 5 fr.
DEWAULE, docteur ès lettres. * Condillac et la Psychol. anglaise contemp. 5 fr.
DUMAS (G.), chargé de cours à la Sorbonne. *La Tristesse et la Joie. 1900. (Couronné par l'Institut.) 7 fr. 50
DUPRAT (G. L.), docteur ès lettres. L'Instabilité mentale. 1899. 5 fr.
DUPROIX (P.), professeur à l'Université de Genève. * Kant et Fichte et le problème de l'éducation. 2ᵉ édit. 1897. (Ouvrage couronné par l'Académie française.) 5 fr.
DURAND (DE GROS). Aperçus de taxinomie générale. 1898. 5 fr.
— Nouvelles recherches sur l'esthétique et la morale. 1 vol. in-8. 1899. 5 fr.
— Variétés philosophiques. 2ᵉ édit. revue et augmentée. 1900. 5 fr.
DURKHEIM, chargé du cours de pédagogie à la Sorbonne. * De la division du travail social 2ᵉ édit. 1901. 7 fr. 50
— Le Suicide, *étude sociologique*. 1897. 7 fr. 50
— * L'Année sociologique. Collaborateurs : MM. SIMMEL, BOUGLÉ, MAUSS, FAUCONNET, HUBERT, LAPIE, EM. LÉVY, G. RICHARD, A. MILHAUD, SIMIAND, MUFFANG et PARODI. — 1ʳᵉ année, 1896-1897. — 2ᵉ année, 1897-1898. — 3ᵉ année, 1898-1899. — 4ᵉ année, 1899-1900.— 5ᵉ année, 1900-1901. Chaque volume, 10 fr. — 6ᵉ année, 1901-1902. 12 fr. 50
EGGER (V), prof. adjoint à la Faculté des lettres de Paris. La parole intérieure. Essai de psychologie descriptive. 2ᵉ édit. 1904. 5 fr.
ESPINAS (A.), professeur à la Sorbonne. *La Philosophie sociale du XVIIIᵉ siècle et la Révolution française. 1898. 7 fr. 50
FERRERO (G.). Les Lois psychologiques du symbolisme. 1895. 5 fr.
FERRI (Louis). La Psychologie de l'association, depuis Hobbes. 7 fr. 50

Suite de la *Bibliothèque de philosophie contemporaine*, format in-8.

FLINT, prof. à l'Univ. d'Edimbourg. * La Philos. de l'histoire en Allemagne. 7 fr. 50
FONSEGRIVE, professeur au lycée Buffon. * Essai sur le libre arbitre. (Couronné par l'Institut.) 2ᵉ édit. 1895. 10 fr.
FOUILLÉE (Alf.), de l'Institut. * La Liberté et le Déterminisme. 5ᵉ édit. 7 fr. 50
— Critique des systèmes de morale contemporains. 4ᵉ édit. 7 fr. 50
— * La Morale, l'Art, la Religion, d'après Guyau. 4ᵉ édit. augm. 3 fr. 75
— L'Avenir de la Métaphysique fondée sur l'expérience. 2ᵉ édit. 5 fr.
— * L'Evolutionnisme des idées-forces. 3ᵉ édit. 7 fr. 50
— * La Psychologie des idées-forces. 2 vol. 2ᵉ édit. 15 fr.
— * Tempérament et caractère. 3ᵉ édit. 7 fr. 50
— Le Mouvement positiviste et la conception sociol. du monde. 2ᵉ édit. 7 fr. 50
— Le Mouvement idéaliste et la réaction contre la science posit. 2ᵉ édit. 7 fr. 50
— * Psychologie du peuple français. 3ᵉ édit. 7 fr. 50
— * La France au point de vue moral. 2ᵉ édit. 7 fr. 50
— Esquisse psychologique des peuples européens. 2ᵉ édit. 1903. 10 fr.
— Nietzsche et l'immoralisme. 2ᵉ édit. 1903. 5 fr.
FRANCK (A.), de l'Institut. Philosophie du droit civil. 5 fr.
FULLIQUET. Essai sur l'Obligation morale. 1898. 7 fr. 50
GAROFALO, agrégé de l'Université de Naples. La Criminologie. 4ᵉ édit. 7 fr. 50
— La Superstition socialiste. 1895. 5 fr.
GÉRARD-VARET, prof. à l'Univ. de Dijon. L'Ignorance et l'Irréflexion. 1899. 5 fr.
GLEY (Dʳ E.), professeur agrégé à la Faculté de médecine de Paris. Etudes de psychologie physiologique et pathologique, avec fig. 1903. 5 fr.
GOBLOT (E.), Prof. à l'Université de Caen. * Classification des sciences. 1898. 5 fr.
GODFERNAUX (A.), docteur ès lettres. * Le Sentiment et la pensée. 1894. 5 fr.
GORY (G.), docteur ès lettres. L'Immanence de la raison dans la connaissance sensible. 1896. 5 fr.
GREEF (de), prof. à la nouvelle Université libre de Bruxelles. Le Transformisme social. Essai sur le progrès et le regrès des sociétés. 2ᵉ éd. 1901. 7 fr. 50
GROOS (K.), prof. à l'Université de Bâle. * Les jeux des animaux. 1902. 7 fr. 50
GURNEY, MYERS et PODMORE. Les Hallucinations télépathiques, traduit et abrégé des « Phantasms of The Living » par L. MARILLIER, préf. de Cʰ. RICHET. 3ᵉ éd. 7 fr. 50
GUYAU (M.) * La Morale anglaise contemporaine. 6ᵉ édit. 7 fr. 50
— Les Problèmes de l'esthétique contemporaine. 6ᵉ édit. 5 fr.
— Esquisse d'une morale sans obligation ni sanction. 5ᵉ édit. 5 fr.
— L'Irréligion de l'avenir, étude de sociologie. 7ᵉ édit. 7 fr. 50
— * L'Art au point de vue sociologique. 5ᵉ édit. 7 fr. 50
— * Education et Hérédité, étude sociologique. 5ᵉ édit. 5 fr.
HALÉVY (Élie), docteur ès lettres, professeur à l'École des sciences politiques. * La Formation du radicalisme philosophique, 1901-1903 : T. I. *La jeunesse de Bentham*, 7 fr. 50. — T. II. *L'Evolution de la Doctrine utilitaire* (1789-1815) 7 fr. 50.
— T. III. *Le Radicalisme philosophique*. 7 fr. 50
HANNEQUIN, prof. à l'Univ. de Lyon. L'hypothèse des atomes. 2ᵉ édit. 1899. 7 fr. 50
HARTENBERG (Dʳ Paul). Les Timides et la Timidité. 1901. 5 fr.
HERBERT SPENCER. * Les premiers Principes. Traduc. Cazelles. 9ᵉ éd. 10 fr.
— * Principes de biologie. Traduct. Cazelles. 4ᵉ édit. 2 vol. 20 fr.
— * Principes de psychologie. Trad. par MM. Ribot et Espinas. 2 vol. 20 fr.
— * Principes de sociologie. 4 vol., traduits par MM. Cazelles et Gerschel :
Tome I. 10 fr. — Tome II. 7 fr. 50. — Tome III. 15 fr. — Tome IV. 3 fr. 75
— * Essais sur le progrès. Trad. A. Burdeau. 5ᵉ édit. 7 fr. 50
— Essais de politique. Trad. A. Burdeau. 4ᵉ édit. 7 fr. 50
— Essais scientifiques. Trad. A. Burdeau. 3ᵉ édit. 7 fr. 50
— * De l'Education physique, intellectuelle et morale. 10ᵉ édit. (Voy. p. 3, 20, 21 et 32.) 5 fr.
HIRTH (G.). * Physiologie de l'Art. Trad. et introd. de L. Arréat. 5 fr.
HOFFDING, prof. à l'Univ. de Copenhague. Esquisse d'une psychologie fondée sur l'expérience. Trad. L. POITEVIN. Préf. de Pierre JANET. 2ᵉ éd. 1903. 7 fr. 50
IZOULET (J.), prof. au Coll. de France. * La Cité moderne. (nᵛᵉ *éd. sous presse*).

Suite de la *Bibliothèque de philosophie contemporaine*, format in-8.

JANET (Paul), de l'Institut: *Les Causes finales. 4ᵉ édit. 10 fr.
— *Victor Cousin et son œuvre. 3ᵉ édition. 7 fr. 50
— *Œuvres philosophiques de Leibniz. 2ᵉ édit. 2 vol. 1900. 20 fr.
JANET (Pierre), professeur au Collège de France. * L'Automatisme psychologique, essai sur les formes inférieures de l'activité mentale. 4ᵉ édit. 7 fr. 50
JAURÈS (J.), docteur ès lettres. De la réalité du monde sensible. 2ᵉ éd. 1902. 7 fr. 50
KARPPE (S.), docteur ès lettres. Essais de critique et d'histoire de philosophie. 1902. 3 fr. 75
LALANDE (A.), docteur ès lettres, prof. au lycée Michelet. *La Dissolution opposée à l'évolution, dans les sciences physiques et morales. 1 vol. in-8. 1899. 7 fr. 50
LANG (A.). *Mythes, Cultes et Religion. Traduit par MM. Marillier et Dirr, introduction de Léon Marillier. 1896. 10 fr.
LAPIE (P.), maît. de conf. à l'Univ. de Bordeaux. Logique de la volonté 1902. 7 fr. 50
LAVELEYE (de). *De la Propriété et de ses formes primitives. 5ᵉ édit. 10 fr.
— *Le Gouvernement dans la démocratie. 2 vol. 3ᵉ édit. 1896. 15 fr.
LE BON (Dʳ Gustave). *Psychologie du socialisme. 3ᵉ éd. refondue. 1902. 7 fr. 50
LECHALAS (G.). Études esthétiques. 1902. 5 fr.
LECHARTIER (G.). David Hume, moraliste et sociologue. 1900. 5 fr.
LECLÈRE (A.), docteur ès lettres. Essai critique sur le droit d'affirmer. 1901. 5 fr.
LE DANTEC (F.), chargé de cours à la Sorbonne. L'unité dans l'être vivant. 1902. 7 fr. 50
— Les Limites du connaissable, la vie et les phénomènes naturels. 1903. 3 fr. 75
LÉON (Xavier). *La philosophie de Fichte, ses rapports avec la conscience contemporaine, Préface de E. Boutroux, de l'Institut. 1902. (Couronné par l'Institut.) 10 fr.
LEVY-BRUHL (L.), chargé de cours à la Sorbonne. *La Philosophie de Jacobi. 1894. 5 fr.
— *Lettres inédites de J.-S. Mill à Auguste Comte, publiées avec les réponses de Comte et une introduction. 1899. 10 fr.
— *La Philosophie d'Auguste Comte. 1900. 7 fr. 50
— La Morale et la Science des mœurs. 1903. 5 fr.
LIARD, de l'Institut, vice-recteur de l'Acad. de Paris. *Descartes, 2ᵉ éd. 1903. 5 fr.
— * La Science positive et la Métaphysique, 4ᵉ édit. 7 fr. 50
LICHTENBERGER (H.), professeur à l'Université de Nancy. Richard Wagner, poète et penseur. 3ᵉ édit. 1902. (Couronné par l'Académie française.) 10 fr.
LOMBROSO. * L'Homme criminel (criminel-né, fou-moral, épileptique), précédé d'une préface de M. le docteur Letourneau. 3ᵉ éd. 2 vol. et atlas. 1895. 36 fr.
LOMBROSO ET FERRERO. La Femme criminelle et la prostituée. 15 fr.
LOMBROSO et LASCHI. Le Crime politique et les Révolutions. 2 vol. 15 fr.
LUBAC, prof. au lycée de Constantine. Esquisse d'un système de psychologie rationnelle. Préface de H. Bergson. 1904. 3 fr. 75
LYON (Georges), recteur de l'Académie de Lille. * L'Idéalisme en Angleterre au XVIIIᵉ siècle. 7 fr. 50
MALAPERT (P.), docteur ès lettres, prof. au lycée Louis-le-Grand. *Les Éléments du caractère et leurs lois de combinaison. 1897. 5 fr.
MARION (H.), prof. à la Sorbonne. *De la Solidarité morale. 6ᵉ édit. 1897. 5 fr.
MARTIN (Fr.), docteur ès lettres, prof. au lycée Saint-Louis. * La Perception extérieure et la Science positive, essai de philosophie des sciences. 1894. 5 fr.
MAX MULLER, prof. à l'Université d'Oxford. * Nouvelles études de mythologie, trad. de l'anglais par L. Job, docteur ès lettres. 1898. 12 fr. 50
MAXWELL (J.), docteur en médecine, avocat général près la Cour d'appel de Bordeaux. Les Phénomènes psychiques. Recherches, Observations, Méthodes. Préface de Ch. Richet. 1903. 5 fr.
NAVILLE (E.), correspond. de l'Institut. La Physique moderne. 2ᵉ édit. 5 fr.
— * La Logique de l'hypothèse. 2ᵉ édit. 5 fr.
— * La Définition de la philosophie. 1894. 5 fr.
— Le libre Arbitre. 2ᵉ édit. 1898. 5 fr.
— Les Philosophies négatives. 1899. 5 fr.
NORDAU (Max). *Dégénérescence, trad. de Aug. Dietrich. 6ᵉ éd. 1903. 2 vol. Tome I. 7 fr. 50. Tome II. 10 fr.
— Les Mensonges conventionnels de notre civilisation. 6ᵉ édit. 1902. 5 fr.
— *Vus du dehors Essais de critique sur quelques auteurs français contemporains. 1903. 5 fr.

F. ALCAN.

Suite de la *Bibliothèque de philosophie contemporaine*, format in-8.

NOVICOW. **Les Luttes entre Sociétés humaines.** 3° édit. 10 fr.
— *Les Gaspillages des sociétés modernes. 2° édit. 1899. 5 fr.
OLDENBERG, professeur à l'Université de Kiel. *Le Bouddha, sa Vie, sa Doctrine, sa Communauté, trad. par P. FOUCHER, maître de conférences à l'École des Hautes Études. Préf. de Sylvain Lévi, prof. au Collège de France. 2° éd. 1903. 7 fr. 50
— La religion du Véda. Traduit par V. HENRY, prof. à la Sorbonne. 1903. 10 fr.
OSSIP-LOURIÉ. La philosophie russe contemporaine. 1902. 5 fr.
OUVRÉ (H.), professeur à l'Université de Bordeaux. *Les Formes littéraires de la pensée grecque. 1900. (Ouvrage couronné par l'Académie française et par l'Association pour l'enseignement des études grecques.) 10 fr.
PAULHAN, corr. de l'Institut. **L'Activité mentale et les Éléments de l'esprit.** 10 fr.
— Les Types intellectuels : esprits logiques et esprits faux. 1896. 7 fr. 50
— *Les Caractères. 2° édit. 5 fr.
PAYOT (J.), Recteur de l'Académie de Chambéry. **De la Croyance.** 1896. 5 fr.
— *L'Éducation de la volonté. 17° édit. 1903. 5 fr.
PÉRÈS (Jean), professeur au lycée de Toulouse. **L'Art et le Réel.** 1898. 3 fr. 75
PÉREZ (Bernard). **Les Trois premières années de l'enfant.** 5° édit. 5 fr.
— L'Éducation morale dès le berceau. 4° édit. 1901. 5 fr.
— *L'Éducation intellectuelle dès le berceau. 2° éd. 1901. 5 fr.
PIAT (C.). **La Personne humaine.** 1898. (Couronné par l'Institut). 7 fr. 50
— *Destinée de l'homme. 1898. 5 fr.
PICAVET (E.), maître de conférences à l'École des hautes études. *Les Idéologues, essai sur l'histoire des idées, des théories scientifiques, philosophiques, religieuses, etc., en France, depuis 1789. (Ouvr. couronné par l'Académie française.) 10 fr.
PIDERIT. **La Mimique et la Physiognomonie.** Trad. par M. Girot. 5 fr.
PILLON (F.). *L'Année philosophique, 12 années : 1890, 1891, 1892, 1893 (épuisée), 1894, 1895, 1896, 1897, 1898, 1899, 1900, 1901 et 1902. 12 vol. Ch. vol. séparém. 5 fr.
PIOGER (J.). La Vie et la Pensée, essai de conception expérimentale. 1894. 5 fr.
— La Vie sociale, la Morale et le Progrès. 1894. 5 fr.
PREYER, prof. à l'Université de Berlin. **Éléments de physiologie.** 5 fr.
— *L'Ame de l'enfant. Développement psychique des premières années. 10 fr.
PROAL, conseiller à la Cour de Paris. *Le Crime et la Peine. 3° édit. Couronné par l'Institut. 10 fr.
— *La Criminalité politique. 1895. 5 fr.
— Le Crime et le Suicide passionnels. 1900. (Couronné par l'Ac. française.) 10 fr.
RAUH, maître de conférences à l'École normale. * De la méthode dans la psychologie des sentiments. 1899. (Couronné par l'Institut.) 5 fr.
— L'Expérience morale. 1903. 3 fr. 75
RÉCÉJAC, doct. ès lett. Les Fondements de la Connaissance mystique. 1897. 5 fr.
RENARD (G.), professeur au Conservatoire des arts et métiers. *La Méthode scientifique de l'histoire littéraire. 1900. 10 fr.
RENOUVIER (Ch.) de l'Institut. *Les Dilemmes de la métaphysique pure. 1900. 5 fr.
— *Histoire et solution des problèmes métaphysiques. 1901 7 fr. 50
— Le personnalisme, suivi d'une étude sur la perception externe et la force. 1903. 10 fr.
RIBERY, prof. au lycée de Tourcoing, docteur ès lettres. Essai de classification naturelle des caractères. 1903. 3 fr. 75
RIBOT (Th.), de l'Institut. * L'Hérédité psychologique. 5° édit. 7 fr. 50
— * La Psychologie anglaise contemporaine. 3° édit. 7 fr. 50
— * La Psychologie allemande contemporaine. 4° édit. 7 fr. 50
— La Psychologie des sentiments. 3° édit. 1899. 7 fr. 50
— L'Évolution des idées générales. 1897. 5 fr.
— * Essai sur l'Imagination créatrice. 1900.
RICARDOU (A.), docteur ès lettres, professeur au lycée Charlemagne. * De l'Idéal. (Couronné par l'Institut.) 5 fr.
RICHARD (G.), chargé du cours de sociologie à l'Univ. de Bordeaux. L'idée d'évolution dans la nature et dans l'histoire. 1903. (Couronné par l'Institut.) 7 fr. 50
ROBERTY (E. de). L'Ancienne et la Nouvelle philosophie. 7 fr. 50
— * La Philosophie du siècle (positivisme, criticisme, évolutionnisme). 5 fr.

F. ALCAN. — 10 —

Suite de la *Bibliothèque de philosophie contemporaine*, format in-8.

ROBERTY (E. de). **Nouveau Programme de sociologie.** *Introduction à l'étude des sciences du monde surorganique.* 1904. . . . . 5 fr.
ROMANES. * **L'Évolution mentale chez l'homme.** . . . . 7 fr. 50
SABATIER (A.), doyen de la Faculté des sciences de Montpellier. — **Philosophie de l'effort.** *Essais philosophiques d'un naturaliste.* 1903. . . . 7 fr. 50
SAIGEY. ***Les Sciences au XVIII**me **siècle. La Physique de Voltaire.** . . 5 fr.
SAINT-PAUL (D' G.). **Le Langage intérieur et les paraphasies.** (*La fonction endophasique*). 1904. . . . . 5 fr.
SANZ Y ESCARTIN. **L'Individu et la Réforme sociale**, trad. Dietrich. 7 fr. 50
SCHOPENHAUER. **Aphor. sur la sagesse dans la vie.** Trad. Cantacuzène. 7e éd. 5 fr.
— * **De la Quadruple racine du principe de la raison suffisante**, suivi d'une *Histoire de la doctrine de l'Idéal et du Réel*. Trad. par M. Cantacuzène. 5 fr.
— * **Le Monde comme volonté et comme représentation.** Traduit par M. A. Burdeau. 3e éd. 3 vol. Chacun séparément. . . . . 7 fr. 50
SÉAILLES (G.), prof. à la Sorbonne. **Essai sur le génie dans l'art.** 2e édit. 5 fr.
SERGI, prof. à l'Univ. de Rome. **La Psychologie physiologique.** . . . 7 fr. 50
SIGHELE (Scipio). **La Foule criminelle** 2e édit. 1901. . . . . 5 fr.
SOLLIER. **Le Problème de la mémoire.** 1900. . . . . 3 fr. 75
— **Psychologie de l'idiot et de l'imbécile**, avec 12 pl. hors texte. 2e éd. 1902. 5 fr.
SOURIAU (Paul), prof. à l'Univ. de Nancy. **L'Esthétique du mouvement.** 5 fr.
— **La Suggestion dans l'art.** . . . . 5 fr.
STEIN (L.), professeur à l'Université de Berne. ***La Question sociale au point de vue philosophique.** 1900. . . . . 10 fr.
STUART MILL. * **Mes Mémoires.** Histoire de ma vie et de mes idées. 3e éd. 5 fr.
— * **Système de Logique déductive et inductive.** 4e édit. 2 vol. . . 20 fr.
— * **Essais sur la Religion.** 2e édit. . . . . 5 fr.
— **Lettres inédites à Aug. Comte et réponses d'Aug. Comte**, 1899. 10 fr.
SULLY (James). **Le Pessimisme.** Trad. Bertrand. 2e édit. . . . . . . 7 fr. 50
— * **Études sur l'Enfance.** Trad. A. Monod, préface de G.-Compayré. 1898. 10 fr.
TARDE (G.), de l'Institut, prof. au Coll. de France. ***La Logique sociale.** 3e éd. 1898. 7 fr. 50
— ***Les Lois de l'imitation.** 3e édit. 1900. . . . . 7 fr. 50
— **L'Opposition universelle.** *Essai d'une théorie des contraires.* 1897. 7 fr. 50
— ***L'Opinion et la Foule.** 1901. . . . . 5 fr.
— ***Psychologie économique.** 1902. 2 vol. in-8. . . . . 15 fr.
TARDIEU (E.). **L'Ennui.** *Étude psychologique.* 1903. . . . . 5 fr.
THOMAS (P.-F.), docteur ès lettres. **La Philosophie de Pierre Leroux.** 1904. 5 fr.
— ***L'Éducation des sentiments.** (Couronné par l'Institut.) 3e édit. 1904. 5 fr.
THOUVEREZ (Émile), professeur à l'Université de Toulouse. **Le Réalisme métaphysique.** 1894. (Couronné par l'Institut.) . . . . 5 fr.
VACHEROT (Et.), de l'Institut. * **Essais de philosophie critique.** . . 7 fr. 50
— **La Religion.** . . . . 7 fr. 50
WEBER (L.). **Vers le positivisme absolu par l'idéalisme.** 1903. . . . 7 fr. 50

Derniers volumes publiés

BOURDEAU (Jean). — Les maîtres de la pensée contemporaine. 1 vol. in-16. 2 fr. 50
FIERENS-GEVAERT (H.). — Nouveaux essais sur l'art contemporain. 1 vol. in-16. 2 fr. 50
GLEY (E.), prof. agrégé à la Faculté de médecine de Paris. — Etudes de psychologie normale et pathologique. 1903. 1 vol. in-8, avec gravures. 5 fr.
LAISANT (A.). — L'éducation fondée sur la science. Préf. de A. Naquet. 1 vol. in-16. 2 fr. 50
LÉVY-BRUHL (L.) — La morale et la science des mœurs. 1 vol. in-8. 5 fr.
LUBAC (E.). — Esquisse d'une psychologie rationnelle. Préf. de H. Bergson 1 vol. in-8. 3 fr. 75
MAXWELL (J.), Dr en méd., avocat général près de la cour d'appel de Bordeaux. — Les phénomènes psychiques. *Recherches, observations, méthodes.* Préf. de Ch. Richet. 1 vol. in-8. 5 fr.
OSSIP-LOURIÉ. — Le Bonheur et l'intelligence. 1 vol. in-16.
RAUH (F.), maître de conf. à l'École normale supérieure — L'expérience morale. 1903. 1 vol. in-8. 3 fr. 75
ROUSSEL-DESPIERRES (Fr.). — L'idéal esthétique. *Esquisse d'une philosophie de la beauté.* In-16. 2 fr. 50
SABATIER (A.), doyen de la Faculté des sciences de Montpellier, — Philosophie de l'effort. *Essais philosophiques d'un naturaliste.* 1903. 1 vol. in-8. 7 fr. 50
SAINT-PAUL (Dr G.). — Le langage intérieur et les paraphasies. *La fonction endophasique.* In-8. 5 fr.
SOLLIER (Dr Paul). — Les phénomènes d'autoscopie. 1 vol. in-16. 2 fr. 50
SWIFT (R.). — L'éternel conflit. Trad. de l'anglais. 1904. 1 vol. in-16. 2 fr. 50
THOMAS (P.-F., Dr ès lettres, agrégé de phil. — La philosophie de Pierre Leroux. 1 vol. in-8. 5 fr.
WEBER (Louis). — **Vers le positivisme absolu par l'idéalisme.** 1 vol. in-8. 7 fr. 50

COLLECTION HISTORIQUE DES GRANDS PHILOSOPHES
PHILOSOPHIE ANCIENNE

ARISTOTE (Œuvres d'), traduction de J. BARTHÉLEMY-SAINT-HILAIRE, de l'Institut.
— *Rhétorique. 2 vol. in-8. 16 fr.
— *Politique. 1 vol. in-8... 10 fr.
— Métaphysique. 3 vol. in-8. 30 fr.
— De la Logique d'Aristote, par M. BARTHÉLEMY-SAINT-HILAIRE. 2 vol. in-8............ 10 fr.
— Table alphabétique des matières de la traduction générale d'Aristote, par M. BARTHÉLEMY-SAINT-HILAIRE, 2 forts vol. in-8. 1892............ 30 fr.
— L'Esthétique d'Aristote, par M. BÉNARD. 1 vol. in-8. 1889. 5 fr.
— La Poétique d'Aristote, par HATZFELD (A.), prof. hon. au Lycée Louis-le-Grand et M. DUFOUR, prof. à l'Univ. de Lille. 1 vol. in-8 1900............ 6 fr.
SOCRATE. *La Philosophie de Socrate, p. A. FOUILLÉE. 2 v. in-8 16 fr.
— Le Procès de Socrate, par G. SOREL. 1 vol. in-8...... 3 fr. 50
PLATON. *Platon, sa philosophie, sa vie et de ses œuvres, par CH. BÉNARD. 1 vol. in-8. 1893. 10 fr.
— La Théorie platonicienne des Sciences, par ÉLIE HALÉVY. In-8. 1895.................. 5 fr.
— Œuvres, traduction VICTOR COUSIN revue par J. BARTHÉLEMY-SAINT-HILAIRE : Socrate et Platon ou le Platonisme — Eutyphron — Apologie de Socrate — Criton —

Phédon. 1 vol. in-8. 1896. 7 fr. 50
ÉPICURE. *La Morale d'Épicure et ses rapports avec les doctrines contemporaines, par M. GUYAU. 1 volume in-8. 5e édit...... 7 fr. 50
BÉNARD. La Philosophie ancienne, ses systèmes. La Philosophie et la Sagesse orientales. — La Philosophie grecque avant Socrate. Socrate et les socratiques. — Les sophistes grecs. 1 v. in-8... 9 fr.
FAVRE (Mme Jules), née VELTEN. La Morale de Socrate In-18. 3 fr. 50
— La Morale d'Aristote. In-18. 3 fr. 50
OGEREAU. Système philosophique des stoïciens. In-8...... 5 fr.
RODIER (G.). *La Physique de Straton de Lampsaque. In-8. 3 fr.
TANNERY (Paul). Pour la science hellène (de Thalès à Empédocle), 1 v. in-8. 1887....... 7 fr. 50
MILHAUD (G.). *Les origines de la science grecque. 1 vol. in-8. 1893................ 5 fr.
— *Les philosophes géomètres de la Grèce, Platon et ses prédécesseurs. 1 vol. in-8. 1900. (Couronné par l'Institut.)...... 6 fr.
FABRE (J.). La Pensée antique. De Moïse à Marc-Aurèle. In-8. 5 fr.
— La Pensée chrétienne. Des Évangiles à l'Imitation. In-8 (ou presse)
LAFONTAINE (A.). — Le Plaisir, d'après Platon et Aristote. In-8. 6 fr.

PHILOSOPHIE MODERNE

* DESCARTES, par L. LIARD. 1 vol. in-8.................. 5 fr.
— Essai sur l'Esthétique de Descartes, par E. KRANTZ. 1 vol. in-8. 2e éd. 1897............ 5 fr.
LEIBNIZ. *Œuvres philosophiques, pub. p. P. JANET. 2e é. 2 v. in-8. 20 fr.
— *La logique de Leibniz, par L. COUTURAT. 1 vol. in-8.. 12 fr.
— Opuscules et fragments inédits de Leibniz, par L. COUTURAT 1 vol. in-8............ 25 fr.
SPINOZA. Benedicti de Spinoza opera, quotquot reperta sunt, recognoverunt J. Van Vloten et J.-P.-N. Land. 2 forts vol. in-8 sur papier de Hollande............ 45 fr.
Le même en 3 volumes élégamment reliés............ 18 fr.
SPINOZA. Inventaire des livres

formant sa bibliothèque, publié d'après un document inédit avec des notes biographiques et bibliographiques et une introduction par A.-J. SERVAAS VAN RVOIJEN. 1 v. in-4 sur papier de Hollande....... 15 fr.
— La Doctrine de Spinoza, exposée à la lumière des faits scientifiques, par E. FERRIÈRE. 1 vol. in-12. 3 fr. 50
FIGARD (L.), docteur ès lettres. Un Médecin philosophe au XVIe siècle. La Psychologie de Jean Fernel 1 v. in-8. 1903. 7 fr. 50
GEULINCK (Arnoldi). Opera philosophica recognovit J.-P.-N. LAND, 3 volumes, sur papier de Hollande, gr. in-8. Chaque vol... 17 fr. 75
GASSENDI. La Philosophie de Gassendi, par P.-F. THOMAS. In-8. 1889.................. 6 fr.

LOCKE. *Sa vie et ses œuvres, par Marion. In-18. 3ᵉ éd... 2 fr 50
MALEBRANCHE. * La Philosophie de Malebranche, par Ollé-Laprune, de l'Institut. 2 v. in-8. 16 f
PASCAL. Études sur le scepticisme de Pascal, par Droz. 1 vol. in-8. .... 6 fr
VOLTAIRE. Les Sciences au XVIIIᵉ siècle. Voltaire physicien par Em. Saigey. 1 vol. in-8. 5 fr.
FRANCK (Ad.), de l'Institut. La Philosophie mystique en France au XVIIIᵉ siècle. In-18. 2 fr. 50

DAMIRON. Mémoires pour servir à l'histoire de la philosophie au XVIIIᵉ siècle 3 vol. i -8. 15 fr.
J.-J. ROUSSEAU *Du Contrat social, édition comprenant avec le texte définitif les versions primitives de l'ouvrage d'après les manuscrits de Genève et de Neuchâtel, avec introduction par Edmond Dreyfus-Brisac. 1 fort volume grand in-8. 12 fr.
ERASME. Stultitiæ laus des. Erasmi Rot. declamatio Publié et annoté par J.-B. Kan, avec les figures de Holbein. 1 v. in-8 6 fr. 75

PHILOSOPHIE ANGLAISE

DUGALD STEWART. * Éléments de la philosophie de l'esprit humain. 3 vol. in-12... 9 fr.
BACON. Étude sur François Bacon, par J. Barthélemy-Saint Hilaire. In-18........ 2 fr. 50
— * Philosophie de François Bacon, par Ch. Adam. (Couronné par l'Institut). In-8.... 7 fr 50
BERKELEY. Œuvres choisies Essai d'une nouvelle théorie de la vision. Dialogues d'Hylas et de Philonoüs. Trad. de l'angl. par MM. Beaulavon (G.) et Parodi (D.). In-8. 1895. 5 fr.

PHILOSOPHIE ALLEMANDE

KANT. La Critique de la raison pratique, traduction nouvelle avec introduction et notes, par M. Picavet. 2ᵉ édit. 1 vol. in-8. 6 fr
— Éclaircissements sur la Critique de la raison pure, trad. Tissot. 1 vol. in-8...... 6 fr.
— Doctrine de la vertu, traduction Barni. 1 vol in-8........ 8 fr.
— * Mélanges de logique, traduction Tissot. 1 v. in-8..... 6 fr.
— * Prolégomènes à toute métaphysique future qui se présentera comme science, traductio Tissot. 1 vol. in-8........ 6 fr.
— * Anthropologie, suivie de divers fragments relatifs aux rapports du physique et du moral de l'homme, et du commerce des esprits d'un monde à l'autre, traduction Tissot 1 vol. in-8...... 6 fr
— *Essai critique sur l'Esthétique de Kant, par V. Basch. 1 vol. in-8. 1896....... 10 fr.
— Sa morale, par Cresson. 1 vol. in-12.............. 2 fr. 50
— L'Idée ou critique du Kantisme, par C. Piat, Dʳ ès lettres. 2ᵉ édit. 1 vol in-8....... 6 fr.
KANT et FICHTE et le problème de l'éducation, par Paul Duproix. 1 vol. in-8. 1897...... 5 fr.

SCHELLING. Bruno, ou du principe divin. 1 vol. in-8....... 3 fr. 50
HEGEL. *Logique. 2 vol. in-8. 14 fr.
— * Philosophie de la nature. 3 vol. in-8........ 25 fr.
— * Philosophie de l'esprit. 2 vol in-8............. 18 fr.
— * Philosophie de la religion. 2 vol. in-8........... 20 fr.
— La Poétique, trad. par M. Ch. Bénard. Extraits de Schiller, Gœthe, Jean-Paul, etc., 2 v. in-8. 12 fr.
— Esthétique. 2 vol. in-8, trad. Bénard............. 16 fr.
— Antécédents de l'hégélianisme dans la philosophie française, par E. Beaussire. 1 vol. in-18........ 2 fr. 50
— Introduction à la philosophie de Hegel, par Véra. 1 vol. in-8, 2ᵉ édit............ 6 fr. 50
— *La logique de Hegel, par Eug. Noel In-8. 1897........ 3 fr.
HERBART. * Principales œuvres pédagogiques, trad. A. Pinloche. In-8. 1894.......... 7 fr. 50
La métaphysique de Herbart et la critique de Kant, par M. Mauxion. 1 vol. in-8... 7 fr. 50
MAUXION (M.). L'éducation par l'instruction et les théories péda-

gogiques de Herbart. 1 vol. in-12. 1901 .... 2 fr. 50
RICHTER (Jean-Paul-Fr.). **Poétique ou Introduction à l'Esthétique.** 2 vol. in-8. 1862...... 15 fr.
SCHILLER. **Son esthétique**, par Fr. Montargis. In-8..... 4 fr.

SCHILLER **sa Poétique**, par V. Basch. 1 vol. in-8. 1902 .. 4 fr.
Essai sur le mysticisme spéculatif en Allemagne au XIV° siècle, par Delacroix (H.), Maître de conf. à l'Univ. de Montpellier. 1 vol. in-8, 1900.. 5 fr.

PHILOSOPHIE ANGLAISE CONTEMPORAINE
(Voir *Bibliothèque de philosophie contemporaine*, pages 2 à 10.)

Arnold (Matt.). — Bain (Alex.). — Carrau (Lud.). — Clay (R.). — Collins (H.). — Carus. — Ferri (L.). — Flint. — Guyau. — Gurney, Myers et Podmore. — Halévy (E.). — Herbert Spencer. — Huxley. — James (William). — Liard. — Lang. — Lubbock (Sir John). — Lyon (Georges). — Marion. — Maudsley. — Stuart Mill (John). — Ribot. — Romanes. — Sully (James).

PHILOSOPHIE ALLEMANDE CONTEMPORAINE
(Voir *Bibliothèque de philosophie contemporaine*, pages 2 à 10.)

Bouglé. — Groos. — Hartmann (E. de). — Léon (Xavier) — Lévy-Bruhl. — Mauxion. — Nordau (Max). Nietzsche. — Oldenberg. — Piderit. — Preyer. — Ribot. — Schmidt (O.). — Schopenhauer. — Selden (C.). — Wundt. — Zeller. — Ziegler.

PHILOSOPHIE ITALIENNE CONTEMPORAINE
(Voir *Bibliothèque de philosophie contemporaine*, pages 2 à 10.)

Barzelotti. — Espinas. — Ferrero. — Ferri (Enrico). — Ferri (L.). — Garofalo. — Lombroso. — Lombroso et Ferrero. — Lombroso et Laschi. — Mosso. — Pilo (Mario). — Sergi. — Sighele.

LES GRANDS PHILOSOPHES
Publié sous la direction de M. C. PIAT
Agrégé de philosophie, docteur ès lettres, professeur à l'École des Carmes.

Chaque étude forme un volume in-8° carré de 300 pages environ, du prix de **5 francs**.

VOLUMES PUBLIÉS :

*Kant, par M. Ruyssen, professeur au lycée de Bordeaux. 1 vol. in-8. (Couronné par l'Institut.) 5 fr.
*Socrate, par l'abbé C. Piat. 1 vol. in-8. 5 fr.
*Avicenne, par le baron Carra de Vaux. 1 vol. in-8. 5 fr.
*Saint Augustin, par l'abbé Jules Martin. 1 vol. in-8. 5 fr.
*Malebranche, par Henri Joly. 1 vol. in-8. 5 fr.
*Pascal, par A. Hatzfeld. 1 vol. in-8. 5 fr.
*Saint Anselme, par Domet de Vorges. 1 vol. in-8. 5 fr.
Spinoza, par P.-L. Couchoud, agrégé de l'Université. 1 vol. in-8. 5 fr.
Aristote, par l'abbé C. Piat. 1 vol. in-8. 5 fr.
Gazali, par le baron Carra de Vaux. 1 vol. in-8. 5 fr.

SOUS PRESSE OU EN PRÉPARATION :

Descartes, par le baron Denys Cochin, député de Paris.
Saint Thomas d'Aquin, par Mgr Mercier et M. de Wulf.
Saint Bonaventure, par Mgr Dadolle, recteur des Facultés libres de Lyon.
Maine de Biran, par M. Marius Couailhac, docteur ès lettres.
Rosmini, par M. Bazaillas, professeur au lycée Condorcet.
Duns Scot, par le R. P. D. Fleming, définiteur général de l'ordre des Franciscains.
Maïmonide, par M. Karppe, docteur ès lettres.
Chrysippe, par M. Thouverez, prof. à l'Université de Toulouse.
Montaigne, par M. Strowski, prof. à l'Université de Bordeaux.
Schopenhauer, par M. Ruyssen.

F. ALCAN. — 14 —

BIBLIOTHÈQUE GÉNÉRALE
des
SCIENCES SOCIALES

SECRÉTAIRE DE LA RÉDACTION : DICK MAY, Secrétaire général de l'École des Hautes Études sociales.

VOLUMES PUBLIÉS :

L'Individualisation de la peine, par R. SALEILLES, professeur à la Faculté de droit de l'Université de Paris. 1 vol. in-8, cart. . . . . . 6 fr
L'Idéalisme social, par Eugène FOURNIÈRE. 1 vol. in-8, cart. 6 fr.
* Ouvriers du temps passé (XVe et XVIe siècles), par H. HAUSER, professeur à l'Université de Dijon. 1 vol. in-8, cart. 6 fr.
* Les Transformations du pouvoir, par G. TARDE, de l'Institut, professeur au Collège de France. 1 vol. in-8, cart. 6 fr.
Morale sociale. Leçons professées au Collège libre des Sciences sociales, par MM. G. BELOT, MARCEL BERNÈS, BRUNSCHVICG, F. BUISSON, DARLU, DAURIAC, DELBET, CH. GIDE, M. KOVALEVSKY, MALAPERT, le R. P. MAUMUS, DE ROBERTY, G. SOREL, le PASTEUR WAGNER. Préface de M. EMILE BOUTROUX, de l'Institut. 1 vol. in 8, cart. 6 fr.
Les Enquêtes, pratique et théorie, par P. DU MAROUSSEM. (Ouvrage couronné par l'Institut.) 1 vol. in-8, cart. 6 fr.
* Questions de Morale, leçons professées à l'École de morale, par MM BELOT, BERNÈS, F. BUISSON, A. CROISET, DARLU, DELBOS, FOURNIÈRE, MALAPERT, MOCH, PARODI, G. SOREL. 1 vol. in-8, cart. 6 fr.
Le développement du Catholicisme social depuis l'encyclique Rerum novarum, par Max TURMANN. 1 vol. in-8, cart. 6 fr.
* Le Socialisme sans doctrines. La Question ouvrière et la Question agraire en Australie et en Nouvelle-Zélande, par Albert MÉTIN, agrégé de l'Université, professeur à l'École Coloniale. 1 vol. in-8, cart. 6 fr.
* Assistance sociale. Pauvres et mendiants, par PAUL STRAUSS, sénateur. 1 vol. in-8, cart. 6 fr.
* L'Éducation morale dans l'Université. (Enseignement secondaire.) Conférences et discussions, sous la présid. de M. A. CROISET, doyen de la Faculté des let. de Paris. (École des hautes Études soc., 1900-1901). In-8, cart. 6 fr.
* La Méthode historique appliquée aux Sciences sociales, par Charles SEIGNOBOS, maître de conf. à l'Université de Paris. 1 vol. in-8, cart. 6 fr.
L'Hygiène sociale, par E. DUCLAUX, de l'Institut, directeur de l'Institut Pasteur. 1 vol. in-8, cart. 6 fr.
Le Contrat de travail. Le rôle des syndicats professionnels, par P. BUREAU, prof. à la Faculté libre de droit de Paris. 1 vol. in-8, cart. 6 fr.
* Essai d'une philosophie de la solidarité. Conférences et discussions sous la présidence de MM. Léon BOURGEOIS, député, ancien président du Conseil des ministres, et A. CROISET, de l'Institut, doyen de la Faculté des lettres de Paris. (École des Hautes Études sociales, 1901-1902.) 1 vol. in-8, cart. 6 fr.
* L'exode rural et le retour aux champs, par E. VANDERVELDE, professeur à l'Université nouvelle de Bruxelles. 1 vol. in-8, cart. 6 fr.
L'Éducation de la démocratie. Leçons professées à l'École des Hautes Études sociales, par MM. E. LAVISSE, A. CROISET, CH. SEIGNOBOS, P. MALAPERT, G. LANSON, J. HADAMARD. 1 vol. in-8, cart. 6 fr.
La Lutte pour l'existence et l'évolution des sociétés, par J.-L. DE LANESSAN, député, prof. agr. à la Fac. de méd. de Paris. 1 vol in-8, cart. 6 fr.
La Concurrence sociale, par le même. 1 vol. in-8, cart. 6 fr.
L'Individualisme anarchique, Max Stirner, par V. BASCH, professeur à l'Université de Rennes. 1 vol. in-8, cart. 6 fr.
La démocratie devant la science, par C. BOUGLÉ, prof. de philosophie sociale à l'Université de Toulouse. 1 vol. in-8, cart. 6 fr.

Chaque volume in-8 carré de 300 pages environ, cartonné à l'anglaise, 6 fr.

MINISTRES ET HOMMES D'ÉTAT

HENRI WELSCHINGER. — *Bismarck. 1 vol. in-16. 1900. . . . . 2 fr. 50
H. LÉONARDON. — *Prim. 1 vol. in-16. 1901. . . . . 2 fr. 50
M. COURCELLE. — *Disraëli. 1 vol. in-16. 1901. . . . . 2 fr. 50
M. COURANT. — Okoubo. 1 vol. in-16, avec un portrait. 1904 . . 2 fr. 50

SOUS PRESSE OU EN PRÉPARATION :

Gladstone, par F. DE PRESSENSÉ. — Léon XIII, par Anatole LEROY-BEAULIEU. — Alexandre II, par Alfred RAMBAUD. — Metternich, par CH. SCHEFER. — Lincoln, par A. VIALLATE. — Mac Kinley, par A. VIALLATE. — Cavour, par A. FARGES.

F. ALCAN

BIBLIOTHÈQUE
D'HISTOIRE CONTEMPORAINE

Volumes in-12 brochés à 3 fr. 50. — Volumes in-8 brochés de divers prix

EUROPE

DEBIDOUR, inspecteur général de l'Instruction publique. * **Histoire diplomatique de l'Europe, de 1815 à 1878.** 2 vol. in-8. (Ouvrage couronné par l'Institut.) 18 fr.

SYBEL (H. de). * **Histoire de l'Europe pendant la Révolution française**, traduit de l'allemand par Mlle DOSQUET. Ouvrage complet en 6 vol. in-8. 42 fr.

FRANCE

AULARD, professeur à la Sorbonne. * **Le Culte de la Raison et le Culte de l'Être suprême**, étude historique (1793-1794). 1 vol. in-12. 3 fr. 50
— * **Études et leçons sur la Révolution française** 3 vol. in-12. Chacun. 3 fr. 50
DESPOIS (Eug.). * **Le Vandalisme révolutionnaire.** Fondations littéraires, scientifiques et artistiques de la Convention. 4° éd. 1 vol. in-12. 3 fr. 50
DEBIDOUR, inspecteur général de l'Instruction publique. * **Histoire des rapports de l'Église et de l'État en France (1789-1870).** 1 fort vol. in-8. 1898. (Couronné par l'Institut.) 12 fr.
ISAMBERT (G.). * **La vie à Paris pendant une année de la Révolution (1791-1792).** 1 vol. in-12. 1896. 3 fr. 50
MARCELLIN PELLET, ancien député. **Variétés révolutionnaires.** 3 vol. in-12. précédés d'une préface de A. RANC. Chaque vol. séparém. 3 fr 50
BONDOIS (P.), agrégé de l'Université. * **Napoléon et la société de son temps (1793-1821).** 1 vol. in-8. 7 fr.
CARNOT (H.), sénateur. * **La Révolution française**, résumé historique. 1 volume in-12. Nouvelle édit. 3 fr. 50
ROCHAU (M. de). **Histoire de la Restauration**, traduit de l'allemand. 1 vol. in-12. 3 fr. 50
WEILL (G.), docteur ès lettres, agrégé de l'Université. **Histoire du parti républicain en France, de 1814 à 1870.** 1 vol. in-8. 1900. (Récompensé par l'Institut.) 10 fr.
BLANC (Louis). * **Histoire de Dix ans (1830-1840).** 5 vol. in-8. 25 fr.
GAFFAREL (P.), professeur à l'Université d'Aix. * **Les Colonies françaises.** 1 vol. in-8. 6° édition revue et augmentée. 5 fr.
LAUGEL (A.). * **La France politique et sociale.** 1 vol. in-8. 5 fr.
SPULLER (E.), ancien ministre de l'Instruction publique. * **Figures disparues**, portraits contemp., littér. et politiq. 3 vol. in-12. Chacun. 3 fr. 50
— **Hommes et choses de la Révolution** 1 vol. in-12. 1896. 3 fr. 50
TAXILE DELORD. * **Histoire du second Empire (1848-1870).** 6 v. in-8. 42 fr.
POULLET. **La Campagne de l'Est (1870-1871)** In-8 avec cartes. 7 fr.
VALLAUX (C.). * **Les campagnes des armées françaises (1792-1815).** 1 vol. in-12, avec 17 cartes dans le texte. 3 fr. 50
ZEVORT (E.), recteur de l'Académie de Caen. **Histoire de la troisième République:**
   Tome I. * **La présidence de M. Thiers.** 1 vol. in-8. 2° édit. 7 fr.
   Tome II. * **La présidence du Maréchal.** 1 vol. in-8. 2° édit. 7 fr.
   Tome III. **La présidence de Jules Grévy.** 1 vol in-8. 2° édit. 7 fr.
   Tome IV. **La présidence de Sadi Carnot.** 1 vol. in-8. 7 fr.
WAHL, inspect. général honoraire de l'Instruction aux colonies, et A. BERNARD, professeur à la Sorbonne. * **L'Algérie.** 1 vol. in-8. 4° édit. refondue, 1903. (Ouvrage couronné par l'Institut.) 5 fr.
LANESSAN (J.-L. de). * **L'Indo-Chine française.** Étude économique, politique et administrative (Ouvrage couronné par la Société de géographie commerciale de Paris). 1 vol. in-8, avec 5 cartes en couleurs hors texte. 15 fr.
PIOLET (J.-B.). **La France hors de France**, notre émigration, sa nécessité. 1 vol. in-8. 1900. 10 fr.
LAPIE (P.), chargé de cours à l'Université de Bordeaux. * **Les Civilisations tunisiennes** (Musulmans, Israélites, Européens). 1 vol. in-12. 1898. (Couronné par l'Académie française.) 3 fr. 50
WEILL (Georges), agrégé de l'Université, docteur ès lettres. **L'École saint-simonienne**, son histoire, son influence jusqu'à nos jours. 1 vol. in-12. 1896. 3 fr. 50

ANGLETERRE

LAUGEL (Aug.). * **Lord Palmerston et lord Russell.** 1 vol. in-12. 3 fr. 50

SIR CORNEWAL LEWIS. * **Histoire gouvernementale de l'Angleterre, depuis 1770 jusqu'à 1830.** Traduit de l'anglais. 1 vol. in-8. 7 fr.

REYNALD (H.), doyen de la Faculté des lettres d'Aix. * **Histoire de l'Angleterre**, depuis la reine Anne jusqu'à nos jours. 1 vol. in-12. 2ᵉ éd. 3 fr. 50

MÉTIN (Albert), Prof. à l'École Coloniale. * **Le Socialisme en Angleterre.** 1 vol. in-12. 2ᵉ éd. 3 fr. 50

ALLEMAGNE

VÉRON (Eug.). * **Histoire de la Prusse**, depuis la mort de Frédéric II, continuée jusqu'à nos jours, par P. BONDOIS, professeur au lycée Buffon. 1 vol. in-12. 6ᵉ édit. 3 fr. 50

— * **Histoire de l'Allemagne**, depuis la bataille de Sadowa jusqu'à nos jours. 1 vol. in-12. 3ᵉ éd., mise au courant des événements par P. BONDOIS. 3 fr. 50

ANDLER (Ch.), Prof. à la Sorbonne. *** Les origines du socialisme d'État en Allemagne.** 1 vol. in-8. 1897. 7 fr.

GUILLAND (A.), professeur d'histoire à l'École polytechnique suisse. * **L'Allemagne nouvelle et ses historiens** (NIEBUHR, RANKE, MOMMSEN, SYBEL, TREITSCHKE.) 1 vol. in-8. 1899. 5 fr.

MILHAUD (G.), professeur à l'Université de Genève. **La Démocratie socialiste allemande.** 1 vol. in-8. 1903. 10 fr.

MATTER (P.), doct. en droit, substitut au tribunal de la Seine. **La Prusse et la révolution de 1848.** 1 vol. in-12. 1903. 3 fr. 50

AUTRICHE-HONGRIE

ASSELINE (L.). * **Histoire de l'Autriche**, depuis la mort de Marie-Thérèse jusqu'à nos jours. 1 vol. in-12 3ᵉ édit. 3 fr. 50

BOURLIER (J.). * **Les Tchèques et la Bohème contemporaine.** 1 vol. in-12. 1897. 3 fr. 50

AUERBACH, professeur à Nancy. * **Les races et les nationalités en Autriche-Hongrie.** In-8. 1898. 5 fr.

SAYOUS (Éd.), professeur à la Faculté des lettres de Besançon. **Histoire des Hongrois et de leur littérature politique, de 1790 à 1815.** 1 vol. in-12. 3 fr. 50

RECOULY (R.), agrégé de l'Univ. **Le pays magyar.** 1903. 1 v. in-12. 3 fr. 50

ITALIE

SORIN (Élie). * **Histoire de l'Italie**, depuis 1815 jusqu'à la mort de Victor-Emmanuel. 1 vol. in-12. 1888. 3 fr. 50

GAFFAREL (P.), professeur à l'Université d'Aix. * **Bonaparte et les Républiques italiennes** (1796-1799). 1895. 1 vol. in-8. 5 fr.

BOLTON KING (M. A.). * **Histoire de l'unité italienne.** Histoire politique de l'Italie, de 1814 à 1871, traduit de l'anglais, par M. MACQUART. introduction de M. Yves GUYOT. 1900. 2 vol. in-8. 15 fr.

ESPAGNE

REYNALD (H.). * **Histoire de l'Espagne**, depuis la mort de Charles II jusqu'à nos jours. 1 vol. in-12. 3 fr. 50

ROUMANIE

DAMÉ (Fr.). * **Histoire de la Roumanie contemporaine**, depuis l'avènement des princes indigènes jusqu'à nos jours. 1 vol. in-8. 1900. 7 fr.

RUSSIE

CRÉHANGE (M.), agrégé de l'Université. * **Histoire contemporaine de la Russie** (1801-1894). 1 vol. in-12. 2ᵉ édit. 1895. 3 fr. 50

SUISSE

DAENDLIKER. * **Histoire du peuple suisse.** Trad. de l'allem. par Mᵐᵉ Jules FAVRE et précédé d'une Introduction de Jules FAVRE. 1 vol. in-8. 5 fr.

SUÈDE

SCHEFER (C.). * **Bernadotte roi (1810-1818-1844).** 1 vol. in-8. 1899. 5 fr.

GRÈCE, TURQUIE, ÉGYPTE

BÉRARD (V.), docteur ès lettres. * **La Turquie et l'Hellénisme contemporain.** (Ouvrage cour. par l'Acad. française.) 1 v in-12 5ᵉ éd. 3 fr. 50

RODOCANACHI (E.). * **Bonaparte et les îles Ioniennes**, épisode des conquêtes de la République et du premier Empire (1797-1816). 1 volume in-8. 1899. 5 fr.

MÉTIN (Albert), professeur à l'École coloniale. **La Transformation de l'Égypte.** 1 vol. in-12. 1903. 3 fr. 50

CHINE

CORDIER (H.), professeur à l'Ecole des langues orientales. *Histoire des relations de la Chine avec les puissances occidentales (1860-1900), avec cartes. T. I. — 1861-1875. T. II. — 1876-1887. T. III. — 1888-1902. 3 vol. in-8, chacun séparément. 10 fr.

COURANT (M.), maître de conférences à l'Université de Lyon. **En Chine.** *Mœurs et institutions. Hommes et faits.* 1 vol. in-16. 3 fr. 50

AMÉRIQUE

DEBERLE (Alf.). * **Histoire de l'Amérique du Sud**, 1 vol. in-12. 3ᵉ édit., revue par A. MILHAUD, agrégé de l'Université. 3 fr. 50

BARNI (Jules). * **Histoire des idées morales et politiques en France au XVIIIᵉ siècle.** 2 vol. in-12. Chaque volume. 3 fr. 50

— * **Les Moralistes français au XVIIIᵉ siècle.** 1 vol. in-12 faisant suite aux deux précédents. 3 fr. 50

BEAUSSIRE (Émile), de l'Institut. **La Guerre étrangère et la Guerre civile.** 1 vol. in-12. 3 fr. 50

LOUIS BLANC. Discours politiques (1848-1881). 1 vol. in-8. 7 fr. 50

BONET-MAURY. * **Histoire de la liberté de conscience** depuis l'édit de Nantes jusqu'à juillet 1870. 1 vol. in-8. 1900. 5 fr.

BOURDEAU (J.). * **Le Socialisme allemand et le Nihilisme russe.** 1 vol. in-12. 2ᵉ édit. 1894. 3 fr. 50

— * **L'évolution du Socialisme.** 1901. 1 vol. in-16. 3 fr. 50

D'EICHTHAL (Eug.). **Souveraineté du peuple et gouvernement.** 1 vol. in-12. 1895. 3 fr. 50

DESCHANEL (E.), sénateur, professeur au Collège de France. ***Le Peuple et la Bourgeoisie.** 1 vol. in-8. 2ᵉ édit. 5 fr.

DEPASSE (Hector). **Transformations sociales.** 1894. 1 vol. in-12. 3 fr. 50

— Du Travail et de ses conditions (Chambres et Conseils du travail). 1 vol. in-12. 1895. 3 fr. 50

DRIAULT (E.), prof. agr. au lycée de Versailles. * **Les problèmes politiques et sociaux à la fin du XIXᵉ siècle.** In-8. 1900. 7 fr.

— ***La question d'Orient**, préface de G. MONOD, de l'Institut. 1 vol. in-8. 2ᵉ édit. 1900. (Ouvrage couronné par l'Institut.) 7 fr.

DU CASSE. Les Rois frères de Napoléon Iᵉʳ. 1 vol. in-8. 10 fr.

GUÉROULT (G.). * **Le Centenaire de 1789**, évolution polit., philos., artist. et scient. de l'Europe depuis cent ans. 1 vol. in-12. 1889. 3 fr. 50

HENRARD (P.). Henri IV et la princesse de Condé. 1 vol. in-8. 6 fr.

LAVELEYE (E. de), correspondant de l'Institut. **Le Socialisme contemporain.** 1 vol. in-12. 10ᵉ édit. augmentée. 3 fr. 50

LICHTENBERGER (A.). ***Le Socialisme utopique**, *étude sur quelques précurseurs du Socialisme*. 1 vol. in-12. 1898. 3 fr. 50

— * Le Socialisme et la Révolution française. 1 vol. in-8. 5 fr.

MATTER (P.). La dissolution des assemblées parlementaires, étude de droit public et d'histoire. 1 vol. in-8. 1898. 5 fr.

NOVICOW. La Politique internationale. 1 vol. in-8. 7 fr.

PHILIPPSON. La Contre-révolution religieuse au XVIᵉ s. In-8. 10 fr.

REINACH (Joseph). Pages républicaines. 1 vol. in-8. 3 fr. 50

— *La France et l'Italie devant l'histoire. 1 vol. in-8. 5 fr.

SPULLER (E.).* **Éducation de la démocratie.** 1 vol. in-12. 1892. 3 fr. 50

— L'Évolution politique et sociale de l'Église. 1 vol. in-12. 1893. 3 fr. 50

PUBLICATIONS HISTORIQUES ILLUSTRÉES

***DE SAINT-LOUIS A TRIPOLI PAR LE LAC TCHAD**, par le lieutenant-colonel MONTEIL. 1 beau vol. in-8 colombier, précédé d'une préface de M. DE VOGÜÉ, de l'Académie française, illustrations de RIOU. 1895. *Ouvrage couronné par l'Académie française (Prix Montyon)*. broché 20 fr., relié amat. 28 fr.

***HISTOIRE ILLUSTRÉE DU SECOND EMPIRE**, par Taxile DELORD. 6 vol. in-8, avec 500 gravures. Chaque vol. broché, 8 fr.

HISTOIRE POPULAIRE DE LA FRANCE, depuis les origines jusqu'en 1815. — 4 vol. in-8, avec 1323 gravures. Chacun, 7 fr. 50

F. ALCAN. — 18 —

BIBLIOTHÈQUE DE LA FACULTÉ DES LETTRES DE L'UNIVERSITÉ DE PARIS

HISTOIRE et LITTÉRATURE ANCIENNES

*De l'authenticité des épigrammes de Simonide, par H. HAUVETTE, maître de conférences à l'École Normale, 1 vol. in-8. 5 fr.
*Les Satires d'Horace, par M. le Prof. A. CARTAULT. 1 vol. in-8 11 fr.
*De la flexion dans Lucrèce, par M. le Prof. A. CARTAULT, 1 v. in-8. 4 fr.
La main-d'œuvre industrielle dans l'ancienne Grèce, par M. le Prof. GUIRAUD. 1 vol. in-8 7 fr.
Recherches sur le Discours aux Grecs de Tatien, suivies d'une traduction française du discours, avec notes, par A. PUECH, maître de conférences. 1 vol. in-8. 6 fr.

MOYEN AGE

*Premiers mélanges d'histoire du Moyen âge, par MM. le Prof. A. LUCHAIRE, DUPONT-FERRIER et POUPARDIN. 1 vol. in-8. 3 fr. 50
Deuxièmes mélanges d'histoire du Moyen âge, publiés sous la direct. de M. le Prof. A. LUCHAIRE, par MM. LUCHAIRE, HALPHEN et HECKEL. 1 vol. in-8. 6 fr.
Troisièmes mélanges d'histoire du Moyen âge, par MM. LUCHAIRE, KEYSSER, HALPHEN et CORDEY. 1 vol. in-8. 8 fr. 50
*Essai de restitution des plus anciens Mémoriaux de la Chambre des Comptes de Paris, par MM. J. PETIT, GAVRILOVITCH, MAURY et TÉODORU, préface de M. CH.-V. LANGLOIS, chargé de cours. 1 vol. in-8. 9 fr.
Constantin V, empereur des Romains (740-775). Étude d'histoire byzantine, par A. LOMBARD, licencié ès lettres. Préface de M. Ch. DIEHL, maître de conférences. 1 vol. in-8. 6 fr.
Étude sur quelques manuscrits de Rome et de Paris, par M. le Prof. A. LUCHAIRE, membre de l'Institut 1 vol. in-8. 6 fr.

PHILOLOGIE et LINGUISTIQUE

*Le dialecte alsaman de Colmar (Haute-Alsace) en 1870, grammaire et lexique, par M. le Prof. VICTOR HENRY. 1 vol. in-8. 8 fr.
*Études linguistiques sur la Basse-Auvergne, phonétique historique du patois de Vinzelles (Puy-de-Dôme), par ALBERT DAUZAT, préface de M. le Prof. ANT. THOMAS. 1 vol. in-8. 6 fr.
*Antinomies linguistiques, par M. le Prof. VICTOR HENRY, 1 v. in-8. 2 fr.
Mélanges d'étymologie française, par M. le Prof. A. THOMAS. In-8. 7 fr.

PHILOSOPHIE

L'imagination et les mathématiques selon Descartes, par P. BOUTROUX, licencié ès lettres. 1 vol. in-8. 2 fr.

GÉOGRAPHIE

La rivière Vincent-Pinzon. Étude sur la cartographie de la Guyane, par M. le Prof. VIDAL DE LA BLACHE In-8, avec grav. et planches hors texte. 6 fr.

HISTOIRE CONTEMPORAINE

*Le treize vendémiaire an IV, par HENRY ZIVY. 1 vol. in-8. 4 fr.

TRAVAUX DE L'UNIVERSITÉ DE LILLE

PAUL FABRE. La polyptyque du chanoine Benoit, in-8. 3 fr. 50
MÉDÉRIC DUFOUR. Sur la constitution rythmique et métrique du drame grec. 1re série, 4 fr.; 2e série, 2 fr. 50; 3e série, 2 fr. 50.
A. PINLOCHE. * Principales œuvres de Herbart. 7 fr. 50
A. PENJON. Pensée et réalité, de A. SPIR, trad. de l'allem. in-8. 10 fr.
G. LEFÈVRE. Les variations de Guillaume de Champeaux et la question des Universaux. Étude suivie de documents originaux. 1898. 3 fr.
A. PENJON. L'énigme sociale. 1902. 1 vol. in-8. 2 fr. 50

F. ALCAN.

ANNALES DE L'UNIVERSITÉ DE LYON

Lettres intimes de J.-M. Alberoni adressées au comte J. Rocca, par Émile BOURGEOIS, 1 vol. in-8. — 10 fr.

La républ. des Provinces-Unies, France et Pays-Bas espagnols, de 1630 à 1650, par A. WADDINGTON. 2 vol. in-8. — 12 fr.

Le Vivarais, essai de géographie régionale, par BURDIN. 1 vol. in-8. — 6 fr.

*RECUEIL DES INSTRUCTIONS
DONNÉES AUX AMBASSADEURS ET MINISTRES DE FRANCE
DEPUIS LES TRAITÉS DE WESTPHALIE JUSQU'À LA RÉVOLUTION FRANÇAISE

Publié sous les auspices de la Commission des archives diplomatiques au Ministère des Affaires étrangères.

Beaux vol. in-8 rais., imprimés sur pap. de Hollande, avec Introduction et notes.

I. — AUTRICHE, par M. Albert SOREL, de l'Académie française. *Épuisé.*
II. — SUÈDE, par M. A. GEFFROY, de l'Institut............... 20 fr.
III. — PORTUGAL, par le vicomte DE CAIX DE SAINT-AYMOUR..... 20 fr.
IV et V. — POLOGNE, par M. Louis FARGES. 2 vol............. 30 fr.
VI. — ROME, par M. G. HANOTAUX, de l'Académie française..... 20 fr.
VII. — BAVIÈRE, PALATINAT ET DEUX-PONTS, par M. André LEBON. 25 fr.
VIII et IX. — RUSSIE, par M. Alfred RAMBAUD, de l'Institut. 2 vol. Le 1er vol. 20 fr. Le second vol.................. 25 fr.
X. — NAPLES ET PARME, par M. Joseph REINACH............ 20 fr.
XI. — ESPAGNE (1649-1750), par MM. MOREL-FATIO et LÉONARDON (t. 1). 20 fr.
XII et XII bis. — ESPAGNE (1750-1789) (t. II et III), par les mêmes.... 40 fr.
XIII. — DANEMARK, par M. A. GEFFROY, de l'Institut......... 14 fr.
XIV et XV. — SAVOIE-MANTOUE, par M. HORRIC DE BEAUCAIRE. 2 vol. 40 fr.
XVI. — PRUSSE, par M. A. WADDINGTON. 1 vol. (Couronné par l'Institut.) 28 fr.

*INVENTAIRE ANALYTIQUE
DES ARCHIVES DU MINISTÈRE DES AFFAIRES ÉTRANGÈRES
Publié sous les auspices de la Commission des archives diplomatiques

Correspondance politique de MM. de CASTILLON et de MARILLAC, ambassadeurs de France en Angleterre (1537-1542), par M. Jean KAULEK, avec la collaboration de MM. Louis Farges et Germain Lefèvre-Pontalis. 1 vol. in-8 raisin............ 15 fr.

Papiers de BARTHÉLEMY, ambassadeur de France en Suisse, de 1792 à 1797 par M. Jean KAULEK. 4 vol. in-8 raisin. I. Année 1792, 15 fr. — II. Janvier-août 1793, 15 fr. — III. Septembre 1793 à mars 1794, 18 fr. — IV. Avril 1794 à février 1795. 20 fr.

Correspondance politique de ODET DE SELVE, ambassadeur de France en Angleterre (1546-1549), par M. G. LEFÈVRE-PONTALIS. 1 vol. in-8 raisin....................... 15 fr.

Correspondance politique de GUILLAUME PELLICIER, ambassadeur de France à Venise (1540-1542), par M. Alexandre TAUSSERAT-RADEL. 1 fort vol. in-8 raisin............. 40 fr.

Correspondance des Beys d'Alger avec la Cour de France (1559-1833), recueillie par Eug. PLANTET, attaché au Ministère des Affaires étrangères. 2 vol. in-8 raisin avec 2 planches en taille-douce hors texte. 30 fr.

Correspondance des Beys de Tunis et des Consuls de France avec la Cour (1577-1830), recueillie par Eug. PLANTET, publiée sous les auspices du Ministère des Affaires étrangères. 3 vol. in-8 raisin. TOME I (1577-1700). *Épuisé.* — TOME II (1700-1770). 20 fr. TOME III (1770-1830). 20 fr.

Les Introducteurs des Ambassadeurs (1589-1900). 1 vol. in-4, avec figures dans le texte et planches hors texte. 20 fr.

F. ALCAN.

*REVUE PHILOSOPHIQUE
DE LA FRANCE ET DE L'ÉTRANGER

Dirigée par Th. RIBOT, Membre de l'Institut, Professeur honoraire au Collège de France.

(29° année, 1904.)

Paraît tous les mois, par livraisons de 7 feuilles grand in-8, et forme chaque année deux volumes de 680 pages chacun.

Abonnement : Un an : Paris, **30 fr.** — Départements et Étranger, **33 fr.**
La livraison, **3 fr.**
Les années écoulées, chacune **30** francs, et la livraison, **3 fr.**

Tables des matières (1876-1887), in-8...... **3 fr.** — (1888-1895), in-8...... **3 fr.**

Journal de Psychologie Normale et Pathologique
DIRIGÉ PAR LES DOCTEURS

Pierre JANET et **Georges DUMAS**
Professeur au Collège de France. Chargé de cours à la Sorbonne.

(1re année, 1904.)

Paraît tous les deux mois, par livraisons grand in-8 de 6 feuilles environ.

Abonnement : France et Etranger, **14 fr.** — La livraison, **2 fr. 60.**

Le prix d'abonnement est de 12 fr. pour les abonnés de la Revue philosophique.

---

*REVUE HISTORIQUE
Dirigée par G. MONOD

Membre de l'Institut, Maître de conférences à l'École normale,
Président de la section historique et philologique à l'École des hautes études.

(29° année, 1904.)

Paraît tous les deux mois, par livraisons grand in-8 de 15 feuilles et forme par an trois volumes de 500 pages chacun.

Abonnement : Un an : Paris, **30 fr.** — Départements et Étranger, **33 fr.**
La livraison, **6 fr.**

Les années écoulées, chacune **30 fr.**; le fascicule, **6 fr.** Les fascicules de la 1re année, **9 fr.**

TABLES GÉNÉRALES DES MATIÈRES

I. 1876 à 1880. 3 fr.; pour les abonnés, 1 fr. 50 | III. 1886 à 1890. 5 fr.; pour les abonnés, 2 fr. 50
II. 1881 à 1885. 3 fr.; — 1 fr. 50 | IV. 1891 à 1895. 3 fr.; — 1 fr. 50
V. 1896 à 1900. 3 fr.; pour les abonnés, 1 fr. 50

ANNALES DES SCIENCES POLITIQUES
REVUE BIMESTRIELLE

Publiée avec la collaboration des professeurs et des anciens élèves de l'École libre des Sciences politiques

(19° année, 1904.)

COMITÉ DE RÉDACTION : M. Emile BOUTMY, de l'Institut, directeur de l'Ecole; M. ALF. DE FOVILLE, de l'Institut, conseiller maître à la Cour des comptes; M. R. STOURM, ancien inspecteur des finances et administrateur des Contributions indirectes; M. Alexandre RIBOT, de l'Institut, ancien ministre; M. L. RENAULT, de l'Institut, professeur à la Faculté de droit; M. Albert SOREL, de l'Académie française; M. A. VANDAL, de l'Académie française; M. Aug. ARNAUNÉ, Directeur de la Monnaie; M. Emile BOURGEOIS, maître de conférences à l'Ecole normale supérieure; Directeurs des groupes de travail, professeurs à l'Ecole.

Rédacteur en chef : M. A. VIALLATE, Prof. à l'Ecole.

Abonnement. — Un an : Paris, **18 fr.**; Départements et Étranger, **19 fr.**
La livraison, **3 fr. 50.**

Les trois premières années (1886-1887-1888), chacune **16** francs; les livraisons, chacune **5** francs; la quatrième (1889) et les suivantes, chacune **18** francs; les livraisons, chacune **3 fr. 50.**

Revue de l'École d'Anthropologie de Paris

(14° année, 1904.)

Recueil mensuel publié par les professeurs :

MM. CAPITAN (Anthropologie pathologique), Mathias DUVAL (Anthropogénie et Embryologie), Georges HERVÉ (Ethnologie), André LEFÈVRE (Ethnographie et Linguistique), MANOUVRIER (Anthropologie physiologique), MAHOUDEAU (Anthropologie zoologique), SCHRADER (Anthropologie géographique), A. DE MORTILLET (Technique ethnographique), H. THULIÉ, directeur de l'Ecole.

Abonnement : France et Étranger, **10 fr.** — Le numéro, **1 fr.**
TABLE GÉNÉRALE DES MATIÈRES, 1891-1900. . . . **2 fr.**

ANNALES DES SCIENCES PSYCHIQUES
Dirigées par le Dr DARIEX

(14° année, 1904.)

Paraissent tous les deux mois par numéros de quatre feuilles in-8 carré (64 pages)

Abonnement : France et Étranger, **12 fr.** — Le numéro, **2 fr. 50.**

F. ALCAN.

BIBLIOTHÈQUE SCIENTIFIQUE
INTERNATIONALE

Publiée sous la direction de M. Émile ALGLAVE

LISTE DES OUVRAGES

101 VOLUMES IN-8, CARTONNÉS A L'ANGLAISE, OUVRAGES A 6, 9 ET 12 FR.

1. TYNDALL (J.). * **Les Glaciers et les Transformations de l'eau**, avec figures. 1 vol. in-8. 7ᵉ édition. — 6 fr.
2. BAGEHOT. * **Lois scientifiques du développement des nations** dans leurs rapports avec les principes de la sélection naturelle et de l'hérédité. 1 vol. in-8. 6ᵉ édition. — 6 fr.
3. MAREY. * **La Machine animale**, locomotion terrestre et aérienne, avec de nombreuses fig. 1 vol. in-8. 6ᵉ édit. augmentée. — 6 fr.
4. BAIN. * **L'Esprit et le Corps.** 1 vol. in-8. 6ᵉ édition. — 6 fr.
5. PETTIGREW. * **La Locomotion chez les animaux**, marche, natation et vol. 1 vol. in-8, avec figures. 2ᵉ édit. — 6 fr.
6. HERBERT SPENCER. * **La Science sociale.** 1 v. in-8. 12ᵉ édit. — 6 fr.
7. SCHMIDT (O.). * **La Descendance de l'homme et le Darwinisme.** 1 vol. in-8, avec fig. 6ᵉ édition. — 6 fr.
8. MAUDSLEY. * **Le Crime et la Folie.** 1 vol. in-8. 7ᵉ édit. — 6 fr.
9. VAN BENEDEN. * **Les Commensaux et les Parasites dans le règne animal.** 1 vol. in-8, avec figures. 4ᵉ édit. — 6 fr.
10. BALFOUR STEWART. * **La Conservation de l'énergie**, suivi d'une Etude sur la nature de la force, par M. P. de SAINT-ROBERT, avec figures. 1 vol. in-8. 6ᵉ édition. — 6 fr.
11. DRAPER. **Les Conflits de la science et de la religion** 1 vol. in-8. 10ᵉ édition. — 6 fr.
12. DUMONT (L.) * **Théorie scientifique de la sensibilité** 1 vol. in-8. 4ᵉ édition. — 6 fr.
13. SCHUTZENBERGER. * **Les Fermentations.** 1 vol. in-8, avec fig. 6ᵉ édit. — 6 fr.
14. WHITNEY. * **La Vie du langage.** 1 vol. in-8. 4ᵉ édit. — 6 fr.
15. COOKE et BERKELEY. * **Les Champignons.** 1 vol. in-8, avec figures. 4ᵉ édition. — 6 fr.
16. BERNSTEIN. * **Les Sens.** 1 vol. in-8, avec 91 fig. 5ᵉ édit. — 6 fr.
17. BERTHELOT. * **La Synthèse chimique.** 1 vol. in-8. 8ᵉ édit. — 6 fr.
18. NIEWENGLOWSKI (H.). * **La photographie et la photochimie.** 1 vol. in-8, avec gravures et une planche hors texte. — 6 fr.
19. LUYS. * **Le Cerveau et ses fonctions**, a 30 fig. 1 v. in-8. 7ᵉ édit. 6 fr.
20. STANLEY JEVONS. * **La Monnaie et le Mécanisme de l'échange.** 1 vol. in-8. 5ᵉ édition. — 6 fr.
21. FUCHS. * **Les Volcans et les Tremblements de terre.** 1 vol. in-8, avec figures et une carte en couleurs. 5ᵉ édition. — 6 fr.
22. GÉNÉRAL BRIALMONT. * **Les Camps retranchés et leur rôle** dans la défense des États, avec fig. dans le texte et 2 planches hors texte. 3ᵉ édit. Épuisé.
23. DE QUATREFAGES. * **L'Espèce humaine.** 1 v. in-8. 13ᵉ édit. — 6 fr.

24. BLASERNA et HELMHOLTZ. * Le Son et la Musique. 1 vol. in-8, avec figures. 5e édition. 6 fr.
25. ROSENTHAL. * Les Nerfs et les Muscles. 1 vol. in-8, avec 75 figures. 3e édition. *Epuisé.*
26. BRUCKE et HELMHOLTZ. * Principes scientifiques des beaux-arts. 1 vol. in-8, avec 39 figures. 4e édition. 6 fr.
27. WURTZ. * La Théorie atomique. 1 vol. in-8. 8e édition. 6 fr.
28-29. SECCHI (le père). * Les Étoiles. 2 vol. in-8, avec 63 figures dans le texte et 17 pl. en noir et en couleurs hors texte. 3e édit. 12 fr.
30. JOLY. * L'Homme avant les métaux. 1 v. in-8, avec fig. 4e éd. *Epuisé.*
31. A. BAIN. * La Science de l'éducation. 1 vol. in-8. 9e édit. 6 fr.
32-33. THURSTON (R.). * Histoire de la machine à vapeur, précédée d'une Introduction par M. HIRSCH. 2 vol. in-8, avec 140 figures dans le texte et 16 planches hors texte. 3e édition. 12 fr.
34. HARTMANN (R.). * Les Peuples de l'Afrique. 1 vol. in-8, avec figures. 2e édition. *Epuisé.*
35. HERBERT SPENCER. * Les Bases de la morale évolutionniste. 1 vol. in-8. 6e édition. 6 fr.
36. HUXLEY. * L'Écrevisse, introduction à l'étude de la zoologie. 1 vol. in-8, avec figures. 2e édition. 6 fr.
37. DE ROBERTY. * De la Sociologie. 1 vol. in-8. 3e édition. 6 fr.
38. ROOD. * Théorie scientifique des couleurs. 1 vol. in-8, avec figures et une planche en couleurs hors texte. 2e édition. 6 fr.
39. DE SAPORTA et MARION. * L'Évolution du règne végétal (les Cryptogames). 1 vol. in-8, avec figures. 6 fr.
40-41. CHARLTON BASTIAN. * Le Cerveau, organe de la pensée chez l'homme et chez les animaux. 2 vol. in-8, avec figures. 2e éd. 12 fr.
42. JAMES SULLY. * Les Illusions des sens et de l'esprit. 1 vol. in-8, avec figures. 3e édit. 6 fr.
43. YOUNG. * Le Soleil. 1 vol. in-8, avec figures. *Epuisé*
44. DE CANDOLLE. * L'Origine des plantes cultivées. 4e éd. 1 v in-8. 6 fr.
45-46. SIR JOHN LUBBOCK. * Fourmis, abeilles et guêpes. 2 vol. in-8, avec 65 figures dans le texte et 13 planches hors texte, dont 5 coloriées. *Epuisé.*
47. PERRIER (Edm.). La Philosophie zoologique avant Darwin. 1 vol. in-8. 3e édition. 6 fr.
48. STALLO. * La Matière et la Physique moderne. 1 vol. in-8. 3e éd., précédé d'une Introduction par CH. FRIEDEL. 6 fr.
49. MANTEGAZZA. La Physionomie et l'Expression des sentiments. 1 vol. in-8. 3e édit., avec huit planches hors texte. 6 fr.
50. DE MEYER. * Les Organes de la parole et leur emploi pour la formation des sons du langage. 1 vol. in-8, avec 51 figures, précédé d'une Introd. par M. O. CLAVEAU. 5 fr.
51. DE LANESSAN. * Introduction à l'Étude de la botanique (le Sapin). 1 vol. in-8. 2e édit., avec 143 figures. 6 fr.
52-53. DE SAPORTA et MARION. * L'Évolution du règne végétal (les Phanérogames). 2 vol. in-8, avec 136 figures. 12 fr.
54. TROUESSART. * Les Microbes, les Ferments et les Moisissures. 1 vol. in-8. 2e édit., avec 107 figures. 6 fr.
55. HARTMANN (R.). * Les Singes anthropoïdes, et leur organisation comparée à celle de l'homme. 1 vol. in-8. avec figures. 6 fr.
56. SCHMIDT (O.). * Les Mammifères dans leurs rapports avec leurs ancêtres géologiques. 1 vol. in-8, avec 51 figures. 6 fr.
57. BINET et FÉRÉ. Le Magnétisme animal. 1 vol. in-8. 4e édit 6 fr.
58-59. ROMANES. * L'Intelligence des animaux. 2 v. in-8. 3e édit. 12 fr.
60. LAGRANGE (F.). Physiol. des exerc. du corps. 1 v. in-8 7e éd. 6 fr.
61. DREYFUS * Évol. des mondes et des sociétés. 1 v. in-8 3e édit. 6 fr.
62. DAUBRÉE * Les Régions invisibles du globe et des espaces célestes. 1 vol. in-8, avec 85 fig. dans le texte. 2e édit. 6 fr.

63-64. SIR JOHN LUBBOCK. *L'Homme préhistorique. 2 vol. in-8, avec 228 figures dans le texte. 4° édit. 12 fr.
65. RICHET (Ch.). La Chaleur animale. 1 vol. in-8, avec figures. 6 fr.
66. FALSAN (A.). *La Période glaciaire. 1 vol. in-8, avec 105 figures et 2 cartes. Épuisé.
67. BEAUNIS (H.). Les Sensations internes. 1 vol. in-8. 6 fr.
68. CARTAILHAC (E.). La France préhistorique, d'après les sépultures et les monuments. 1 vol. in-8, avec 162 figures. 2° édit. 6 fr.
69. BERTHELOT. *La Révol. chimique, Lavoisier. 1 vol. in-8. 2° éd. 6 fr.
70. SIR JOHN LUBBOCK. * Les Sens et l'instinct chez les animaux, principalement chez les insectes. 1 vol. in-8, avec 150 figures. 6 fr.
71. STARCKE. *La Famille primitive. 1 vol. in-8. 6 fr.
72. ARLOING. *Les Virus. 1 vol. in-8, avec figures. 6 fr.
73. TOPINARD *L'Homme dans la Nature. 1 vol. in-8, avec fig. 6 fr.
74. BINET (Alf.). *Les Altérations de la personnalité. 1 vol. in-8, avec figures. 2° édit. 6 fr.
75. DE QUATREFAGES (A.). *Darwin et ses précurseurs français. 1 vol. in-8. 2° édition refondue. 6 fr.
76. LEFÈVRE (A.). * Les Races et les langues. 1 vol. in-8. 6 fr.
77-78. DE QUATREFAGES (A.). *Les Emules de Darwin. 2 vol. in-8, avec préfaces de MM. E. Perrier et Hamy. 12 fr.
79. BRUNACHE (P.). *Le Centre de l'Afrique, Autour du Tchad. 1 vol. in-8, avec figures. 6 fr.
80. ANGOT (A.). *Les Aurores polaires. 1 vol. in-8, avec figures. 6 fr.
81. JACCARD. *Le pétrole, le bitume et l'asphalte au point de vue géologique. 1 vol. in-8, avec figures. 6 fr.
82. MEUNIER (Stan.). *La Géologie comparée 2° éd. In-8, avec fig. 6 fr.
83. LE DANTEC. *Théorie nouvelle de la vie. 2° éd. 1 v. in-8, avec fig. 6 fr.
84. DE LANESSAN.* Principes de colonisation. 1 vol. in-8. 6 fr.
85. DEMOOR, MASSART et VANDERVELDE. *L'évolution régressive en biologie et en sociologie. 1 vol. in-8, avec gravures. 6 fr.
86. MORTILLET (G. de) *Formation de la Nation française. 2° édit. 1 vol. in-8, avec 150 gravures et 18 cartes. 6 fr.
87. ROCHÉ (G.). *La Culture des Mers (piscifacture, pisciculture, ostréiculture). 1 vol. in-8, avec 81 gravures. 6 fr.
88. COSTANTIN (J.). *Les Végétaux et les Milieux cosmiques (adaptation, évolution). 1 vol. in-8, avec 171 gravures. 6 fr.
89. LE DANTEC. L'évolution individuelle et l'hérédité. 1 vol. in-8 6 fr.
90. GUIGNET et GARNIER. *La Céramique ancienne et moderne. 1 vol., avec grav. 6 fr.
91. GELLÉ (E.-M.). * L'audition et ses organes. 1 v. in-8, avec gr. 6 fr.
92. MEUNIER (St.). La Géologie expérimentale. 2° éd. In-8, av. gr. 6 fr.
93. COSTANTIN (J.). *La Nature tropicale. 1 vol. in-8, avec grav. 6 fr.
94. GROSSE (E.). *Les débuts de l'art. Introduction de L. Marillier. 1 vol. in-8, avec 32 gravures dans le texte et 3 pl. hors texte. 6 fr.
95. GRASSET (J.). Les Maladies de l'orientation et de l'équilibre. 1 vol. in-8, avec gravures. 6 fr.
96. DEMENY G.). *Les bases scientifiques de l'éducation physique. 1 vol. in-8, avec 196 gravures. 6 fr.
97. MALMÉJAC (F.). *L'eau dans l'alimentation. 1 v. in-8, av. grav. 6 fr.
98. MEUNIER (Stan.). *La géologie générale. 1 v. in-8, av. grav. 6 fr.
99. DEMENY (G.). Mécanisme et éducation des mouvements. 1 vol. in-8, avec 565 gravures. 9 fr.
100. BOURDEAU (L.). Histoire de l'habillement et de la parure. 1 vol. in-8 6 fr.
101. MOSSO (A.). L'esprit dispos et le corps robuste. 1 vol. in-8. 6 fr.

LISTE PAR ORDRE DE MATIÈRES DES VOLUMES
COMPOSANT LA
BIBLIOTHÈQUE
SCIENTIFIQUE INTERNATIONALE
(101 volumes parus)

PHYSIOLOGIE

LE DANTEC. Théorie nouvelle de la vie.
GELLÉ (E.-M.). L'audition et ses organes, *ill.*
BINET et FÉRÉ. Le Magnétisme animal, *illustré.*
BINET. Les Altérations de la personnalité, *illustré.*
BERNSTEIN. Les Sens, *illustré.*
MAREY. La Machine animale, *illustré.*
PETTIGREW. La Locomotion chez les animaux, *ill.*
JAMES SULLY. Les Illusions des sens et de l'esprit, *illustré.*
DE MEYER. Les Organes de la parole, *illustré.*
LAGRANGE. Physiologie des exercices du corps.
RICHET (Ch.). La Chaleur animale, *illustré.*
BEAUNIS. Les Sensations internes.
ARLOING. Les Virus, *illustré.*
DEMENY. Bases scientifiques de l'éducation physique, *illustré.* 9 fr.
DEMENY. Mécanisme et éducation des mouvements, *illustré.*

PHILOSOPHIE SCIENTIFIQUE

ROMANES. L'Intelligence des animaux. 2 vol. *illust.*
LUYS. Le Cerveau et ses fonctions, *illustré.*
CHARLTON BASTIAN. Le Cerveau et la Pensée chez l'homme et les animaux, 2 vol. *illustrés.*
BAIN. L'Esprit et le Corps.
MAUDSLEY. Le Crime et la Folie.
LÉON DUMONT. Théorie scientifique de la sensibilité.
PERRIER. La Philosophie zoologique avant Darwin.
STALLO. La Matière et la Physique moderne.
MANTEGAZZA. La Physionomie et l'Expression des sentiments, *illustré.*
DREYFUS. L'Évolution des mondes et des sociétés.
LUBBOCK. Les Sens et l'Instinct chez les animaux, *illustré.*
LE DANTEC. L'évolution individuelle et l'hérédité.
GRASSET. Les maladies de l'orientation et de l'équilibre, *illustré.*

ANTHROPOLOGIE

MORTILLET (G. DE). Formation de la nation française, *illustré.*
DE QUATREFAGES. L'Espèce humaine.
LUBBOCK. L'Homme préhistorique. 2 vol. *illustrés.*
CARTAILHAC. La France préhistorique, *illustré.*
TOPINARD. L'Homme dans la nature, *illustré.*
LEFÈVRE. Les Races et les langues.
BRUNACHE. Le Centre de l'Afrique. Autour du Tchad, *illustré.*

ZOOLOGIE

ROCHÉ (G.). La Culture des mers, *illustré.*
SCHMIDT. Les Mammifères dans leurs rapports avec leurs ancêtres géologiques, *illustré.*
SCHMIDT. Descendance et Darwinisme, *illustré.*
HUXLEY. L'Écrevisse (Introduction à la zoologie), *illustré.*
VAN BENEDEN. Les Commensaux et les Parasites du règne animal, *illustré.*
LUBBOCK. Fourmis, Abeilles et Guêpes. 2 vol. *illustrés.*
TROUESSART. Les Microbes, les Ferments et les Moisissures, *illustré.*
HARTMANN. Les Singes anthropoïdes et leur organisation comparée à celle de l'homme, *illustré.*
DE QUATREFAGES. Darwin et ses précurseurs français.
DE QUATREFAGES. Les Émules de Darwin. 2 vol.

BOTANIQUE — GÉOLOGIE

DE SAPORTA et MARION. L'Évolution du règne végétal (les Cryptogames), *illustré.*
DE SAPORTA et MARION. L'Évolution du règne végétal (les Phanérogames). 2 vol. *illustrés.*
COOKE et BERKELEY. Les Champignons, *illustré.*
DE CANDOLLE. Origine des plantes cultivées.
DE LANESSAN. Le Sapin (Introduction à la botanique), *illustré.*
FUCHS. Volcans et Tremblements de terre, *illustré.*
DAUBRÉE. Les Régions invisibles du globe et des espaces célestes, *illustré.*
JACCARD. Le Pétrole, l'Asphalte et le Bitume, *ill.*
MEUNIER (St.). La Géologie comparée, *illustré.*
MEUNIER (St.). La Géologie expérimentale, *ill.*
MEUNIER (St.). La Géologie générale, *illustré.*
COSTANTIN (J.) Les Végétaux et les milieux cosmiques, *illustré.*
COSTANTIN (J.). La Nature tropicale, *illustré.*

CHIMIE

WURTZ. La Théorie atomique.
BERTHELOT. La Synthèse chimique.
BERTHELOT. La Révolution chimique : Lavoisier
SCHUTZENBERGER. Les Fermentations, *illustré.*
MALMÉJAC. L'Eau dans l'alimentation, *illustré.*

ASTRONOMIE — MÉCANIQUE

SECCHI (le Père). Les Étoiles 2 vol. *illustrés.*
YOUNG. Le Soleil, *illustré.*
ANGOT. Les Aurores polaires, *illustré.*
THURSTON. Histoire de la machine à vapeur. 2 v. *ill.*

PHYSIQUE

BALFOUR STEWART. La Conservation de l'énergie, *illustré.*
TYNDALL. Les Glaciers et les Transformations de l'eau, *illustré.*

THÉORIE DES BEAUX-ARTS

GROSSE. Les débuts de l'art. *illustré.*
GUIGNET et GARNIER. La Céramique ancienne et moderne, *illustré.*
BRUCKE et HELMHOLTZ. Principes scientifiques des beaux-arts, *illustré.*
ROOD. Théorie scientifique des couleurs, *illustré*
P. BLASERNA et HELMHOLTZ. Le Son et la Musique, *illustré.*

SCIENCES SOCIALES

HERBERT SPENCER. Introduction à la science sociale.
HERBERT SPENCER. Les Bases de la morale évolutionniste.
A. BAIN. La Science de l'éducation.
DE LANESSAN. Principes de colonisation.
DEMOOR, MASSART et VANDERVELDE. L'Évolution régressive en biologie et en sociologie, *illustré.*
BAGEHOT. Lois scientifiques du développement des nations.
DE ROBERTY. La Sociologie.
DRAPER. Les Conflits de la science et de la religion.
STANLEY JEVONS. La Monnaie et le Mécanisme de l'échange.
WHITNEY. La Vie du langage.
STARCKE. La Famille primitive, ses origines, son développement.
BOURDEAU. Hist. de l'habillement et de la parure
MOSSO (A.). Esprit dispos et corps robuste

Tous les volumes **6 fr.**, sauf DEMENY. *Mécanisme*, à **9 fr.**

RÉCENTES PUBLICATIONS
HISTORIQUES, PHILOSOPHIQUES ET SCIENTIFIQUES
qui ne se trouvent pas dans les collections précédentes.

ALAUX. **Esquisse d'une philosophie de l'être.** In-8. 1 fr.
— **Les Problèmes religieux au XIXe siècle.** 1 vol. in-8. 7 fr. 50
— **Philosophie morale et politique,** in-8. 1893. 7 fr. 50
— **Théorie de l'Ame humaine.** 1 vol. in-8. 1895. 10 fr. (Voy. p. 2.)
— **Dieu et le Monde.** Essai de phil. première. 1901. 1 vol. in-12. 2 fr. 50
ALTMEYER. **Les Précurs. de la réforme aux Pays-Bas** 2 v. in-8. 12 fr.
AMIABLE (Louis). **Une loge maçonnique d'avant 1789.** 1 v. in-8. 6 fr.
Annales de sociologie et mouvement sociologique (Première année, 1900-1901), publ. par la Soc. belge de Sociologie. 1 vol. in-8. 1903. 12 fr.
ANSIAUX (M.). **Heures de travail et salaires,** in-8. 1896. 5 fr.
ARNAUNE (A.), directeur de la Monnaie. **La monnaie, le crédit et le change,** 2° édition, revue et augmentée. 1 vol. in-8. 1902. 8 fr.
ARRÉAT. **Une Éducation intellectuelle.** 1 vol. in-18. 2 fr. 50
— **Journal d'un philosophe.** 1 vol. in-18. 3 fr. 50 (Voy. p. 2 et 5.)
AZAM. **Hypnotisme et double conscience.** 1 vol. in-8. 9 fr.
BAISSAC (J.). **Les Origines de la religion.** 2 vol. in-8. 12 fr.
BALFOUR STEWART et TAIT. **L'Univers invisible.** 1 vol. in-8. 7 fr.
BARTHÉLEMY-SAINT-HILAIRE. (Voy. pages 6 et 11, ARISTOTE.)
— *Victor Cousin, sa vie, sa correspondance. 3 vol. in-8. 1895. 30 fr.
BERNATH (de). **Cléopatre.** Sa vie, son règne. 1 vol in-8. 1903. 8 fr.
BERTAULD (P.-A.). **Positivisme et philos. scientif.** In-12. 1899. 3 fr. 50
BERTON (H.), docteur en droit. **L'évolution constitutionnelle du second empire.** Doctrines, textes, histoire. 1 fort vol. in-8. 1900. 12 fr.
BLONDEAU (C.). **L'absolu et sa loi constitutive.** 1 vol. in-8. 1897. 6 fr.
BLUM (E.), agrégé de philosophie. **La Déclaration des Droits de l'homme.** Texte et commentaire. Préface de M. G. COMPAYRÉ, recteur de l'Académie de Lyon. 1 vol. in-8. 1902. 3 fr. 75
BOILLEY (P.). **La Législation internationale du travail.** In-12. 3 fr.
— **Les trois socialismes :** anarchisme, collectivisme, réformisme. 3 fr. 50
— **De la production industrielle.** In-12. 1899. 2 fr. 50
BOURDEAU (Louis). **Théorie des sciences.** 2 vol. in-8. 20 fr.
— **La Conquête du monde animal.** In-8. 5 fr.
— **La Conquête du monde végétal.** In-8. 1893. 5 fr.
— **L'Histoire et les historiens.** 1 vol. in-8. 7 fr. 50
— *Histoire de l'alimentation. 1894. 1 vol. in-8. 5 fr. (V. p. 6.)
BOUSREZ (L.). **L'Anjou aux âges de la Pierre et du Bronze.** 1 vol. gr. in-8, avec pl. h. texte. 1897. 3 fr. 50
BOUTROUX (Em.). *De l'idée de loi naturelle dans la science et la philosophie. 1 vol. in-8. 1895. 2 fr. 50. (V. p. 2 et 6.)
BRANDON-SALVADOR (Mme). **A travers les moissons.** Ancien Test. Talmud. Apocryphes. Poètes et moralistes juifs du moyen âge. In-16. 1903. 4 fr.
BRASSEUR. **La question sociale.** 1 vol. in-8. 1900. 7 fr. 50
BROOKS ADAMS. **Loi de la civilisat. et de la décad.** In-8. 1899. 7 fr. 50
BUCHER (Karl). **Études d'histoire et d'économie polit.** In-8. 1901. 6 fr.
BUNGE (N.-Ch.). **Littérature poli-économique.** 1 vol. in-8. 1898. 7 fr. 50
BUNGE (C. O.). **Psychologie individuelle et sociale.** In-16. 1904. 3 fr.
CARDON (G.). *Les Fondateurs de l'Université de Douai. In-8. 10 fr.
CLAMAGERAN. **La Réaction économique et la démocratie.** In-18. 1 fr. 25
— **La lutte contre le mal.** 1 vol. in-18. 1897. 3 fr. 50
COIGNET (Mme C). **Victor Considérant.** 1 vol. in-8. 1895. 2 fr. 50
COLLIGNON (A.). *Diderot, sa vie et sa correspondance. In-12. 1895. 3 fr. 50
COMBARIEU (J.). *Les rapports de la musique et de la poésie considérés au point de vue de l'expression. 1 vol. in-8. 1893. 7 fr. 50
CONGRÈS :
Éducation sociale (Congrès de l'), Paris 1900. 1 vol. in-8. 1901. 10 fr.

Psychologie (IV° Congrès international), Paris 1900. 1 vol. in-8. 1901. 20 fr.
Sciences sociales (Premier Congrès de l'enseignement des), Paris 1900. 1 vol. in-8. 1901. 7 fr. 50
COSTE (Ad.). Hygiène sociale contre le paupérisme. In-8. 6 fr.
— Nouvel exposé d'économie politique et de physiologie sociale. In-18. 3 fr. 50 (Voy. p. 2, 6 et 30.)
COUTURAT (Louis). *De l'infini mathématique. In-8. 1896. 12 fr.
DANY (G.), docteur en droit. *Les idées politiques en Pologne à la fin du XVIII° siècle. La Constit. du 3 mai 1793, in-8, 1901. 6 fr.
DAREL (Th.). La Folie. Ses causes. Sa thérapeutique. 1901, in-12. 4 fr.
— Le peuple-roi. Essai de sociologie universaliste. In-8. 1904. 3 fr. 50
DAUBIAC. Croyance et réalité. 1 vol. in-18. 1889. 3 fr. 50
— Le Réalisme de Reid. In-8. 1 fr. (V. p. 2 et 6.)
DAUZAT (A.), docteur en droit. Du Rôle des Chambres en matière de traités internationaux. 1 vol. grand in-8. 1899. 5 fr. (V. p. 18.)
DEFOURNY (M.). La sociologie positiviste. Auguste Comte. In-8. 1902. 6 fr.
DÉRAISMES (M¹¹° Maria). Œuvres complètes. 4 vol. Chacun. 3 fr. 50
DESCHAMPS. Principes de morale sociale. 1 vol. in-8. 1903. 3 fr. 50
DESPAUX. Genèse de la matière et de l'énergie. In-8. 1900. 4 fr.
DOLLOT (R.), docteur en droit. Les origines de la neutralité de la Belgique (1609-1830). 1 vol. in-8. 1902. 10 fr.
DOUHERET. *Idéologie, discours sur la philos. prem. In-18. 1900. 1 fr. 25
DROZ (Numa). Études et portraits politiques. 1 vol. in-8. 1895. 7 fr. 50
— Essais économiques. 1 vol. in-8. 1896. 7 fr. 50
— La démocratie fédérative et le socialisme d'État. In-12. 1 fr.
DUBUC (P.). *Essai sur la méthode en métaphysique. 1 vol. in-8. 5 fr.
DUGAS (L.). *L'amitié antique. 1 vol. in-8. 1895. 7 fr. 50 (V. p. 2.)
DUNAN *Sur les formes a priori de la sensibilité. 1 vol. in-8. 5 fr.
— Zénon d'Élée et le mouvement. In-8. 1 fr. 50 (V. p. 2.)
DUNANT (E.). Les relations diplomatiques de la France et de la République helvétique (1798-1803). 1 vol. in-8. 1902. 20 fr.
DU POTET. Traité complet de magnétisme. 5° éd. 1 vol. in-8. 8 fr.
— Manuel de l'étudiant magnétiseur. 6° éd., gr. in-18, avec fig. 3 fr. 50
— Le magnétisme opposé à la médecine. 1 vol. in-8. 6 fr.
DUPUY (Paul). Les fondements de la morale. In-8. 1900. 5 fr.
— Méthodes et concepts. 1 vol. in-8. 1903. 5 fr.
*Entre Camarades. Ouvr. publié par la Soc. des anciens élèves de la Faculté des lettres de l'Univ. de Paris. Histoire, littérature ancienne, française, étrangère, philologie, philosophie, journalisme. 1901, in-8. 10 fr.
ESPINAS (A.). *Les Origines de la technologie. 1 vol. in-8. 1897. 5 fr.
FEDERICI. Les Lois du progrès. 2 vol. in-8. Chacun. 6 fr.
FERRÈRE (F.). La situation religieuse de l'Afrique romaine depuis la fin du IV° siècle jusqu'à l'invasion des Vandales. 1 v. in-8. 1898. 7 fr. 50
FERRIÈRE (Em.). Les Apôtres, essai d'histoire religieuse. 1 vol. in-12. 4 fr. 50
— L'Âme est la fonction du cerveau. 2 volumes in-18. 7 fr.
— Le Paganisme des Hébreux. 1 vol. in-18. 3 fr. 50
— La Matière et l'Énergie. 1 vol. in-18. 4 fr. 50
— L'Âme et la Vie. 1 vol. in-18. 4 fr. 50
— Les Mythes de la Bible. 1 vol. in-18. 1893. 3 fr. 50
— La Cause première d'après les données expérim. In-18. 1896. 3 fr. 50
— Étymologie de 400 prénoms. In-18. 1898. 1 fr. 50 (V. p. 11 et 30).
FLEURY (M. de). Introd. à la méd. de l'Esprit, in-8. 6° éd. 7 fr. 50 (V. p. 8.)
FLOURNOY. Des phénomènes de synopsie. In-8. 1893. 5 fr.
— Des Indes à la planète Mars. 1 vol. in-8, avec grav. 3° éd. 1900. 8 fr.
— Nouv. observ. sur un cas de somnambulisme. In-8. 1902. 5 fr.
Fondation universitaire de Belleville (La). Ch. GIDE. Tr. intellect. et tr. manuel.—J BARDOUX. Prem. efforts et prem. année. 1901. In-16. 1 fr. 50
GELEY (V.). Les preuves du transformisme et les enseignements de la doctrine évolutionniste. 1 vol. in-8. 1901. 6 fr.

GOBLET D'ALVIELLA. L'Idée de Dieu, d'après l'anthr. et l'histoire In-8. 8 fr.
— La représentation proportionnelle en Belgique, 1900. 4 fr. 50
GOURD. Le Phénomène. 1 vol. in-8. 7 fr. 50
GREEF (Guillaume de). Introduction à la Sociologie. 2 vol. in-8. 10 fr.
— L'évol. des croyances et des doctr. polit. In-12. 1895. 4 fr. (V. p. 3 et 7.)
GRIMAUX (Ed.). *Lavoisier (1743-1794), d'après sa correspondance et divers documents inédits. 1 vol. gr. in-8, avec gravures. 3ᵉ éd. 1898. 15 fr.
GRIVEAU (M.). Les Éléments du beau. In-18. 4 fr. 50
— La Sphère de beauté, 1901. 1 vol. in-8. 10 fr.
GUYAU. Vers d'un philosophe. In-18. 3ᵉ édit. 3 fr. 50 (Voy. p. 3, 7 et 11.)
GYEL (Dʳ E.). L'être subconscient. 1 vol. in-8. 1899. 4 fr.
HALLEUX (J.). Les principes du positivisme contemporain, exposé et critique. (Ouvrage récompensé par l'Institut). 1 vol. in-12. 1895. 3 fr. 50
— L'Évolutionnisme en morale (H. Spencer). In-12. 1901. 3 fr. 50
HARRACA (J.-M.). Contribution à l'étude de l'Hérédité et des principes de la formation des races. 1 vol. in-18. 1898. 2 fr.
HENNEGUY (Félix). Le Sphinx. Poèmes dramatiques. 1 v. in-18. 1899. 3 fr. 50
— Les Aïeux. Poèmes dramatiques. 1 vol. in-18. 1901. 3 fr. 50
HIRTH (G.). La Vue plastique, fonction de l'écorce cérébrale. In-8. Trad. de l'allem. par L. Arréat, avec grav. et 34 pl. 8 fr. (Voy. p. 7.)
— Pourquoi sommes nous distraits? 1 vol. in-8. 1895. 2 fr.
HOCQUART (E.). L'Art de juger le caractère des hommes sur leur écriture, préface de J. Crépieux-Jamin. Br. in-8. 1898. 1 fr.
HORVATH, KARDOS et ENDRŒDI. *Histoire de la littérature hongroise, adapté du hongrois par J. Kont. Gr. in-8, avec gr. 1900. Br. 10 fr. Rel. 15 fr.
ICARD Paradoxes ou vérités. 1 vol. in-12. 1895. 3 fr. 50
JOURDY (Général). L'instruction de l'armée française, de 1815 à 1902. 1 vol. in-16. 1903. 3 fr. 50
JOYAU. De l'invention dans les arts et dans les sciences. 1 v. in-8. 5 fr.
— Essai sur la liberté morale. 1 vol. in-18. 3 fr. 50
KARPPE (S.), docteur ès lettres. Les origines et la nature du Zohar, précédé d'une Etude sur l'histoire de la Kabbale. 1901. in-8. 7 fr. 50
KAUFMANN. La cause finale et son importance. In-12. 2 fr. 50
KINGSFORD (A.) et MAITLAND (E.). La Voie parfaite ou le Christ ésotérique, précédé d'une préface d'Edouard Schuré. 1 vol. in-8. 1892. 6 fr.
KOSTYLEFF. L'Esquisse d'une évolution dans l'histoire de la philosophie. 1 vol. in-16. 1903. 2 fr. 50
KUFFERATH (Maurice). Musiciens et philosophes. (Tolstoï, Schopenhauer, Nietzsche, Richard Wagner). 1 vol. in-12. 1899. 3 fr. 50
LAFONTAINE. L'art de magnétiser. 7ᵉ édit. 1 vol. in-8. 5 fr.
— Mémoires d'un magnétiseur. 2 vol. gr. in-18. 7 fr.
LANESSAN (de). Le Programme maritime de 1900-1906. In-12. 2ᵉ éd. 1903. 3 fr. 50
LAVELEYE (Em. de). De l'avenir des peuples catholiques. In-8. 25 c.
— Essais et Études. Première série (1861-1875). — Deuxième série (1875-1882) — Troisième série (1892-1894). Chaque vol. in-8. 7 fr. 50
LEMAIRE (P.). Le cartésianisme chez les Bénédictins. In-8. 6 fr. 50
LEMAITRE (J.), professeur au Collège de Genève. Audition colorée et Phénomènes connexes observés chez des écoliers. In-12. 1900. 4 fr.
LETAINTURIER (J.). Le socialisme devant le bon sens. In-18. 1 fr. 50
LEVI (Eliphas). Dogme et rituel de la haute magie. 3ᵉ édit. 2 vol. in-8, avec 24 figures. 18 fr.
— Histoire de la magie. Nouvelle édit. 1 vol. in-8, avec 90 fig. 12 fr.
— La clef des grands mystères. 1 vol. in-8, avec 22 pl. 12 fr.
— La science des esprits. 1 vol. 7 fr.
LÉVY (Albert). *Psychologie du caractère. In-8. 1896. 5 fr.
LÉVY-SCHNEIDER (L.), docteur ès lettres. Le conventionnel Jeanbon Saint-André (1749-1813). 1901. 2 vol. in-8. 15 fr.
LICHTENBERGER (A.). Le socialisme au XVIIIᵉ siècle. In-8. 1895. 7 fr. 50

MABILLEAU (L.). *Histoire de la philos. atomistique. In-8. 1895. 12 fr.
MAINDRON (Ernest). *L'Académie des sciences (Histoire de l'Académie; fondation de l'Institut national; Bonaparte, membre de l'Institut). In-8 cavalier, 53 grav., portraits, plans. 8 pl. hors texte et 2 autographes 12 fr.
MALCOLM MAC COLL. Le Sultan et les grandes puissances. In-8. 5 fr.
MANACÉINE (Marie de). L'anarchie passive et Tolstoï. In-18. 2 fr.
MANDOUL (J.) Un homme d'État italien: Joseph de Maistre. In-8. 8 fr.
MARIÉTAN (J.). Problème de la classification des sciences, d'Aristote à saint Thomas. 1 vol. in-8. 1901. 3 fr.
MARSAUCHE (L.). La Confédération helvétique d'après la Constitution, préface de M. Frédéric Passy. 1 vol. in-18. 1891. 3 fr. 50
MATAGRIN L'esthétique de Lotze. 1 vol. in-12. 1900. 2 fr.
MATTEUZZI. Les facteurs de l'évolution des peuples. In-8. 1900. 6 fr.
MERCIER (Mgr). Les origines de la psych. comtemp. In-12. 1898. 5 fr.
— La Définition philosophique de la vie. Broch. in-8. 1899. 1 fr. 50
MILHAUD (G.) *Le positiv. et le progrès de l'esprit. In-12 1902. 2 fr. 50
MISMER (Ch.). Principes sociologiques. 1 vol. in-8. 2e éd. 1897. 5 fr.
MONCALM. Origine de la pensée et de la parole. In-8. 1899. 5 fr.
MONNIER (Marcel). *Le drame chinois. 1 vol. in-16. 1900. 2 fr. 50
MONTIER (Amand). Robert Lindet, grand in-8. 1899. 10 fr.
MORIAUD (P.). La liberté et la conduite humaine In-12. 1897. 3 fr. 50
NEPLUYEFF (N. de). La confrérie ouvrière et ses écoles, in-12. 2 fr.
NODET (V.). Les agnosies, la cécité psychique. In-8. 1899. 4 fr.
NOVICOW (J.). La Question d'Alsace-Lorraine. In-8. 1 fr. (V. p. 4, 9 et 17.)
— La Fédération de l'Europe. 1 vol. in-18. 2e édit. 1901. 3 fr. 50
— L'affranchissement de la femme. 1 vol. in-16. 1903. 3 fr.
PARIS (comte de). Les Associations ouvrières en Angleterre (Trades-unions). 1 vol. in-18. 7e édit. 1 fr. — Édition sur papier fort. 2 fr 50
PAUL-BONCOUR (J.). Le fédéralisme économique, préf. de M. WALDECK-ROUSSEAU. 1 vol. in-8. 2e édition. 1901. 6 fr.
PAULHAN (Fr.). Le Nouveau mysticisme. 1 vol. in-18. 1891. 2 fr. 50
PELLETAN (Eugène). *La Naissance d'une ville (Royan). In-18. 2 fr.
— *Jarousseau, le pasteur du désert. 1 vol. in-18. 2 fr.
— *Un Roi philosophe, Frédéric le Grand. In-18. 3 fr. 50
— Droits de l'homme. 1 vol. in-12. 3 fr. 50
— Profession de foi du XIXe siècle. In-12. 3 fr. 50 (V. p. 30.)
PEREZ (Bernard). Mes deux chats In-12, 2e édition. 1 fr. 50
— Jacotot et sa Méthode d'émancipation intellect. In-18. 3 fr.
— Dictionnaire abrégé de philosophie. 1893. in-12. 1 fr. 50 (V. p. 9.)
PHILBERT (Louis). Le Rire. In-8. (Cour. par l'Académie française.) 7 fr. 50
PHILIPPE (J.) Lucrèce dans la théologie chrétienne. In-8. 2 fr. 50
PIAT (C.). L'Intellect actif. 1 vol. in-8. 4 fr. (V. p. 9, 12, 13.)
— L'Idée ou critique du Kantisme. 2e édition 1901. 1 vol. in-8. 6 fr.
PICARD (Ch.). Sémites et Aryens (1893). In-18. 1 fr. 50
PICARD (E.). Le Droit pur. 1 v. in-8. 1899. 7 fr. 50
PICAVET (F.). La Mettrie et la crit allem. 1889. In-8. 4 fr. (V. p. 9.)
PICTET (Raoul). Étude critique du matérialisme et du spiritualisme par la physique expérimentale. 1 vol. gr. in-8. 1896. 10 fr.
PINLOCHE (A.), professeur honoraire de l'Université de Lille. *Pestalozzi et l'éducation populaire moderne. 1 vol. in-12. 1902. 2 fr. 50
POEY. Littré et Auguste Comte. 1 vol. in-18. 3 fr. 50
PORT. La Légende de Cathelineau. In-8. 5 fr.
* Pour et contre l'enseignement philosophique, par MM. VANDEREM (Fernand), RIBOT (Th.), BOUTROUX (E.), MARION (H.), JANET (P.), FOUILLÉE (A.); MONOD (G.), LYON (Georges), MARILLIER (L.), CLAMADIEU (abbé), BOURDEAU (J.), LACAZE (G.), TAINE (H.). 1894. In-18. 2 fr.
PRAT Louis). Le mystère de Platon (Aglaophamos). 1 v. in-8. 1900. 4 fr.
— L'Art et la beauté (Kallikles). 1 vol. in-8. 1903. 5 fr.
PRÉAUBERT. La vie, mode de mouvement. In-8. 1897. 5 fr.

PRINS (Ad.). L'organisation de la liberté. 1 vol. in-8. 1895.   4 fr.
PUJO (Maurice). *Le règne de la grâce. 1 vol. in-18.   3 fr. 50
RATAZZI (Mme). Emilio Castelar. In-8, avec illustr., portr. 1899. 3 fr. 50
RAYMOND (P.). L'arrondissement d'Uzès avant l'Histoire. In-8 6 fr.
RENOUVIER, de l'Inst. Uchronie. Utopie dans l'Histoire. 2e é 1901. In-8. 7 50
RIBERT (L.). Essai d'une philosophie nouvelle. 1 vol. in-8. 1898   6 fr.
RIBOT (Paul). Spiritualisme et Matérialisme. 2e éd. 1 vol. in-8.   6 fr.
ROBERTY (J.-E.) Auguste Bouvier, pasteur et théologien protestant. 1826-1893. 1 fort vol. in-12. 1901.   3 fr. 50
ROISEL. Chronologie des temps préhistoriques. In-12. 1900.   1 fr.
ROTT (Ed.). La représentation diplomatique de la France auprès des cantons suisses confédérés. T. I (1498-1559). 1 vol. gr. in-8, 1900, 12 fr. — T. II (1559-1610). 1 vol. gr. in-8. 1902.   15 fr.
RUTE (Marie-Letizia de). Lettres d'une voyageuse. In-8. 1896. 3 fr.
SANDERVAL (O. de). De l'Absolu. La loi de vie. 1 vol. in-8 2e éd.   5 fr.
— Kahel. Le Soudan français. In-8, avec gravures et cartes.   8 fr.
SAUSSURE (L. de). Psychol. de la colonisation franç. In-12. 3 fr. 50
SAYOUS (E.), *Histoire générale des Hongrois. 2e éd. revisée. 1 vol. grand in-8, avec grav. et pl. hors texte. 1900. Br. 15 fr. Relié   20 fr.
SCHINZ (W.). Problème de la tragéd. en Allemagne. In-8. 1903. 1 fr. 25
SECRÉTAN (Ch.). Études sociales. 1889. 1 vol. in-18.   3 fr. 50
— Les Droits de l'humanité. 1 vol. in-18. 1891.   3 fr. 50
— La Croyance et la civilisation. 1 vol. in-18. 2e édit. 1891.   3 fr. 50
— Mon Utopie. 1 vol. in-18.   3 fr. 50
— Le Principe de la morale. 1 vol. in-8. 2e éd.   7 fr. 50
— Essais de philosophie et de littérature. 1 vol. in-12. 1896. 3 fr. 50
SECRETAN (H.). La Société et la morale. 1 vol. in-12. 1897. 3 fr. 50
SKARZYNSKI (L.). *Le progrès social à la fin du XIXe siècle. Préface de M. Léon Bourgeois. 1901. 1 vol in-12.   4 fr. 50
SOLOWEITSCHEK (Leonty). Un prolétariat méconnu, étude sur la situation sociale et économique des ouvriers juifs. 1 vol. in-8. 1898. 2 fr. 50
SOREL (Albert), de l'Acad. franç. Traité de Paris de 1815. In-8.   4 fr. 50
SPIR (A.). Esquisses de philosophie critique. 1 vol. in-18   2 fr. 50
— Nouvelles esquisses de philosophie critique. In-8. 1899. 3 fr. 50
STOCQUART (Emile). Le contrat de travail. In-12. 1895.   3 fr.
TEMMERMAN, Directeur d'École normale. Notions de psychologie appliquées à la pédagogie et à la didactique. In-8, avec fig. 1903.   3 fr.
TERQUEM (A.). Science romaine à l'époque d'Auguste. In-8. 3 fr.
TISSOT Principes de morale. 1 vol. in-8.   6 fr. (Voy. p. 11.)
VACHEROT. La Science et la Métaphysique. 3 vol. in-18.   10 fr 50
VAN BIERVLIET (J.-J.). Psychologie humaine. 1 vol. in-8.   8 fr.
— La Mémoire. Br. in-8. 1893.   2 fr.
— Études de psychologie. 1 vol. in-8. 1901.   4 fr.
— Causeries psychologiques. 1 vol. in-8. 1902.   3 fr.
VIALLATE (A.). Chamberlain. In-12, préface de E. Boutmy.   2 fr. 50
VIALLET (C.-Paul). Je pense, donc je suis. In-12. 1896.   2 fr. 50
VIGOUREUX (Ch.). L'Avenir de l'Europe au double point de vue de la politique de sentiment et de la politique d'intérêt. 1892. 1 vol. in-18. 3 fr. 50
WEIL (Denis). Droit d'association et Droit de réunion. In-12. 3 fr. 50
— Élections législatives, législation et mœurs. 1 vol. in-18. 1895. 3 fr. 50
WUARIN (L.). Le Contribuable. 1 vol. in-16.   3 fr. 50
WULF (M. de). Histoire de la philosophie scolastique dans les Pays-Bas et la principauté de Liège jusqu'à la Révol. franç. In-8. 5 fr.
— sur l'esthétique de saint Thomas d'Aquin. In-8.   1 fr. 50
ZIESING (Th.). Érasme ou Salignac. Étude sur la lettre de François Rabelais. 1 vol. gr. in-8.   4 fr.
ZOLLA (D.). Les questions agricoles d'hier et d'aujourd'hui. 1894, 1895. 2 vol. in-12. Chacun.   3 fr. 50

BIBLIOTHÈQUE UTILE

HISTOIRE. — GÉOGRAPHIE. — SCIENCES PHYSIQUES ET NATURELLES. — ENSEIGNEMENT.
ÉCONOMIE POLITIQUE ET DOMESTIQUE. — ARTS. — DROIT USUEL.

125 élégants volumes in-32, de 192 pages chacun
Le volume broché, **60** centimes; en cartonnage anglais, **1** franc.

1. Morand. Introduction à l'étude des sciences physiques. 6e édit.
2. Cruveilhier. Hygiène générale. 9e édit.
3. Corbon. De l'enseignement professionnel. 4e édit.
4. L. Pichat. L'art et les artistes en France. 5e édit.
5. Buchez. Les Mérovingiens. 6e édit.
6. Buchez. Les Carlovingiens. 2e édit.
7. F. Morin. La France au moyen âge. 5e édit.
8. Bastide. Luttes religieuses des premiers siècles. 5e édit.
9. Bastide. Les guerres de la Réforme. 5e édit.
10. Pelletan. Décadence de la monarchie française. 5e édit.
11. Brothier. Histoire de la terre. 8e éd.
12. Bouant. Les principaux faits de la chimie (avec fig.).
13. Turck. Médecine populaire. 6e édit.
14. Morin. La loi civile en France. 5e édit.
15. (Épuisé).
16. Ott. L'Inde et la Chine. 3e édit.
17. Catalan. Notions d'astronomie. 6e édit.
18. Cristal. Les délassements du travail. 4e édit.
19. V. Meunier. Philosophie zoologique. 3e édit.
20. J. Jourdan. La justice criminelle en France. 4e édit.
21. Ch. Rolland. Histoire de la maison d'Autriche. 4e édit.
22. Eug. Despois. Révolution d'Angleterre. 4e édit.
23. B. Gastineau. Les génies de la science et de l'industrie. 2e édit.
24. Leneveux. Le budget du foyer. Économie domestique. 3e édit.
25. L. Combes. La Grèce ancienne. 4e édit.
26. F. Lock. Histoire de la Restauration. 5e édit.
27. (Épuisé).
28. Élie Margollé. Les phénomènes de la mer. 7e édit.
29. L. Collas. Histoire de l'empire ottoman. 3e édit.
30. F. Zurcher. Les phénomènes de l'atmosphère. 7e édit.
31. E. Raymond. L'Espagne et le Portugal. 3e édit.
32. Eugène Noël. Voltaire et Rousseau. 4e édit.
33. A. Ott. L'Asie occidentale et l'Égypte. 3e édit.
34. (Épuisé).
35. Enfantin. La vie éternelle. 5e édit.
36. Brothier. Causeries sur la mécanique. 5e édit.
37. Alfred Doneaud. Histoire de la marine française. 4e édit.
38. F. Lock. Jeanne d'Arc. 3e édit.
39-40. Carnot. Révolution française. 2 vol. 7e édit.
41. Zurcher et Margollé. Télescope et microscope. 2e édit.
42. Blerzy. Torrents, fleuves et canaux de la France. 3e édit.
43. Secchi, Wolf, Briot et Delaunay. Le soleil et les étoiles. 5e édit.
44. Stanley Jevons. L'économie politique. 8e édit.
45. Ferrière. Le darwinisme. 7e édit.
46. Leneveux. Paris municipal. 2e édit.
47. Boillot. Les entretiens de Fontenelle sur la pluralité des mondes.
48. Zevort (Edg.). Histoire de Louis-Philippe. 2e édit.
49. Geikie. Géographie physique (avec fig.). 4e édit.
50. Zaborowski. L'origine du langage. 4e édit.
51. H. Blerzy. Les colonies anglaises.
52. Albert Lévy. Histoire de l'air (avec fig.). 4e édit.
53. Geikie. La géologie (avec fig.) 4e édit.
54. Zaborowski. Les migrations des animaux. 3e édit.
55. P. Paulhan. La physiologie de l'esprit. 5e édit.
56. Zurcher et Margollé. Les phénomènes célestes. 3e édit.
57. Girard de Rialle. Les peuples de l'Afrique et de l'Amérique. 2e éd.
58. Jacques Bertillon. La statistique humaine de la France.
59. Paul Gaffarel. La défense nationale en 1792. 2e édit.
60. Herbert Spencer. De l'éducation. 8e édit.
61. Jules Barni. Napoléon Ier. 3e édit.
62. Huxley. Premières notions sur les sciences. 4e édit.
63. P. Bondois. L'Europe contemporaine (1789-1879). 2e édit.
64. Grove. Continents et océans. 3e éd.
65. Jouan. Les îles du Pacifique.
66. Robinet. La philosophie positive. 4e édit.
67. Renard. L'homme est-il libre? 4e édit.
68. Zaborowski. Les grands singes.
69. Hatin. Le Journal.
70. Girard de Rialle. Les peuples de l'Asie et de l'Europe.
71. Doneaud. Histoire contemporaine de la Prusse. 2e édit.
72. Dufour. Petit dictionnaire des falsifications. 4e édit.
73. Henneguy. Histoire de l'Italie depuis 1815.
74. Leneveux. Le travail manuel en France. 2e édit.
75. Jouan. La chasse et la pêche des animaux marins.
76. Regnard. Histoire contemporaine de l'Angleterre.
77. Bouant. Hist. de l'eau (avec fig.).
78. Jourdy. Le patriotisme à l'école.
79. Mongredien. Le libre-échange en Angleterre.
80. Creighton. Histoire romaine (avec fig.).
81-82. P. Bondois. Mœurs et institutions de la France. 2 vol. 2e édit.
83. Zaborowski. Les mondes disparus (avec fig.). 3e édit.
84. Debidour. Histoire des rapports de l'Église et de l'État en France (1789-1871). Abrégé par Dubois et Sarthou.
85. H. Beauregard. Zoologie générale (avec fig.).
86. Wilkins. L'antiquité romaine (avec fig.). 2e édit.
87. Maigne. Les mines de la France et de ses colonies.
88. Broquère. Médecine des accidents.
89. E. Amigues. A travers le ciel.
90. H. Gossin. La machine à vapeur (avec fig.).
91. Gaffarel. Les frontières françaises. 2e édit.
92. Dallet. La navigation aérienne (avec fig.).
93. Collier. Premiers principes des beaux-arts (avec fig.).
94. Larbalétrier. L'agriculture française (avec fig.).
95. Gossin. La photographie (fig.).
96. F. Genevoix. Les matières premières.
97. Monin. Les maladies épidémiques (avec fig.).
98. Faque. L'Indo-Chine française.
99. Petit. Économie rurale et agricole.
100. Mahaffy. L'antiquité grecque (avec fig.).
101. Bère. Hist. de l'armée française.
102. F. Genevoix. Les procédés industriels.
103. Quesnel. Histoire de la conquête de l'Algérie.
104. A. Coste. Richesse et bonheur.
105. Joyeux. L'Afrique française (avec fig.).
106. G. Mayer. Les chemins de fer (avec gravures).
107. Ad. Coste. Alcoolisme ou Épargne. 4e édit.
108. Ch. de Larivière. Les origines de la guerre de 1870.
109. Gérardin. Botanique générale (avec fig.).
110. D. Bellet. Les grands ports maritimes de commerce (avec fig.).
111. H. Coupin. La vie dans les mers (avec fig.).
112. A. Larbalétrier. Les plantes d'appartement (avec fig.).
113. A. Milhaud. Madagascar. 2e édit.
114. Sérieux et Mathieu. L'Alcool et l'alcoolisme. 2e édit.
115. Dr J. Laumonier. L'hygiène de la cuisine.
116. Adrien Berget. La viticulture nouvelle. 2e édit.
117. A. Acloque. Les insectes nuisibles (avec fig.).
118. G. Meunier. Histoire de la littérature française.
119. P. Merklen. La Tuberculose; son traitement hygiénique.
120. G. Meunier. Histoire de l'art (avec fig.).
121. Larrivé. L'assistance publique.
122. Adrien Berget. La pratique des vins.
123. Adrien Berget. Les vins de France.
124. Vaillant. Petite chimie de l'agriculteur.
125. Zaborowski. L'homme préhistorique (avec gravures). 7e édit.

TABLE ALPHABÉTIQUE DES AUTEURS

Acloque.... 30	Brunache.... 23, 24	Dagas.... 2, 26
Adam.... 5, 12	Brunschvicg.... 2, 6	Du Maroussem.... 14
Agassiz.... 3	Bücher (Karl).... 25	Dumas (G.).... 5, 20
Alaux.... 5, 25	Buchez.... 30	Dumont.... 21, 24
Albert Lévy.... 30	Bunge (C. O.).... 25	Duman.... 2, 26
Alengry.... 5	Bunge (N.).... 25	Dunant.... 26
Alglave.... 21	Burdin.... 19	Du Potet.... 26
Allier.... 2	Bureau.... 14	Duprat.... 2, 6
Altmeyer.... 26	Caix de St-Aymour.... 19	Duproix.... 6, 12
Amiable.... 23	Candolle.... 22, 24	Dupuy.... 26
Amigues.... 30	Gardon.... 25	Durand (de Gros). 2, 6
Annales de sociologie.... 15	Carnot,.... 15, 30	Durkheim.... 2, 6
Andler.... 16	Carra de Vaux.... 13	Egger.... 6
Angot.... 23, 24	Carrau.... 6	Eichthal (d').... 2, 17
Anslaux.... 25	Cartailhac.... 23, 24	Encausse.... 26
Aristote.... 11	Cartault.... 18	Endrodi.... 27
Arloing.... 23, 24	Carus.... 2	Enfantin.... 30
Arnauné.... 25	Catalan.... 30	Epicure.... 11
Arnold (Matthew).... 5	Chabot.... 6	Erasme.... 11
Arréat.... 1, 3, 25	Charlton Bastian. 22, 24	Espinas.... 3, 6, 26
Asseline.... 16	Ciamadieu.... 28	Fabre (J.).... 11
Aubry.... 5	Clamageran.... 25	Fabre (P.).... 18
Auerbach.... 10	Clay.... 6	Faivre.... 3
Aulard.... 15	Coignet.... 25	Falsan.... 23, 24
Azam.... 25	Collas.... 30	Faque.... 30
Bacon.... 12	Collier.... 30	Farges.... 19
Bagehot.... 21, 24	Collignon.... 25	Favre (Mme J.).... 11
Bain (Alex.) 5, 21, 22, 24	Collins.... 6	Fédérici.... 26
Balsac.... 25	Combarieu.... 25	Féré.... 3, 22, 24
Ballet (Gilbert).... 2	Combes.... 30	Ferrere.... 26
Baldwin.... 5	Comte (A.).... 6	Ferrero.... 6, 8
Balfour Stewart. 21, 24	Conta.... 2	Ferri (Enrico).... 3, 6
Bardoux.... 26	Cooke.... 21, 24	Ferri (L.).... 7
Barni.... 17, 30	Coquerel.... 2	Ferrière.... 11, 26, 30
Barthélemy St-Hilaire 5, 12, 26	Corbon.... 30	Fierens-Gevaert.... 3
Barzelotti.... 6	Cordier.... 17	Figard.... 11
Basch.... 12, 13, 14	Costantin.... 23, 24	Fleury (de).... 3, 26
Bastide.... 30	Coste.... 2, 6, 26, 30	Flint.... 7
Beaunis.... 23, 24	Couchoud.... 13	Flournoy.... 26
Beauregard.... 30	Coupin.... 30	Fonsegrive.... 3, 7
Beaussire.... 2, 12, 17	Courant.... 14, 26	Fouillée.... 7, 28
Bellot.... 30	Courcelle.... 14	Fournière.... 3, 13
Bénard.... 11	Couturat.... 16, 26	Franck.... 3, 7, 13
Bénédon (van).... 21, 24	Créhange.... 15	Fuchs.... 21, 24
Bérard (V).... 16	Creighton.... 30	Fulliquet.... 7
Bère.... 30	Crépieux-Jamin.... 6	Gaffarel.... 15, 16, 30
Berget.... 30	Cresson.... 2, 6	Garnier.... 23, 24
Bergson.... 2, 6	Cristal.... 30	Garofalo.... 7
Berkeley.... 12, 21, 24	Croiset (A).... 14	Gastineau.... 30
Bernard (A.).... 15	Cruveilhier.... 30	Gauckler.... 3
Bernath (do).... 25	Daendliker.... 16	Geffroy.... 19
Bernstein.... 21, 24	Dallet.... 30	Geikie.... 30
Bertauld.... 2, 26	Dame.... 16	Geley.... 26
Bersot.... 2	Damiron.... 12	Gellé.... 23, 24
Berthelot.... 21, 24	Danville.... 2	Genevoix.... 30
Bertillon.... 30	Dany.... 26	Gérard-Varet.... 7
Berton.... 25	Darel (Th.).... 25	Gérardin.... 30
Bertrand.... 6	Darel (Dr).... 26	Gide.... 26
Binet.... 2, 22, 23, 24	Dariex.... 26	Girard de Rialle.... 30
Blanc (Louis).... 15, 17	Daubrée.... 22, 24	Gley.... 7
Blaserna.... 21, 24	Dauriac.... 2, 6, 26	Gobiet d'Alviella.... 27
Blerzy.... 30	Dauzat (A).... 18, 26	Goblot.... 3, 7
Blondeau.... 25	Deberle.... 17	Godfernaux.... 7
Blum.... 25	Debidour.... 15, 30	Gory.... 7
Boilley.... 25	Defourny.... 26	Gossin.... 30
Boillot.... 30	Delacroix.... 13	Gourd.... 27
Boirac.... 6	Delord.... 15, 17	Grasset.... 3, 23, 24
Bolton King.... 16	de la Grasserie.... 6	Greef (de).... 3, 7, 27
Bondois.... 15, 16, 30	Demeny.... 23, 24	Grimaux.... 27
Bonet-Maury.... 17	Demoor.... 23, 24	Griveau.... 27
Bos.... 2	Depasse.... 17	Groos.... 7
Bouant.... 30	Deraismes.... 26	Grosse.... 23, 24
Boucher.... 2	Deschamps.... 26	Grove.... 30
Bouglé.... 2, 6, 14	Deschanel.... 17	Guéroult.... 17
Bourdeau (J.).... 2, 17	Despaux.... 26	Guilland.... 16
Bourdeau (L). 6, 23, 24, 25, 28	Despois.... 15, 30	Guignet.... 23, 24
Bourgeois (E.).... 19	Dewaule.... 6	Guiraud.... 18
Bourgeois (L.).... 16	Dick May.... 14	Gurney.... 7
Bourrier.... 15	Domet de Vorges.... 13	Guyau.... 3, 7, 27
Bousrez.... 25	Doncaud.... 30	Gyel.... 27
Boutroux (E.). 2, 6, 25, 26	Douhéret.... 26	Halévy (Elie).... 7
Boutroux (P.).... 18	Draper.... 21, 24	Halleux.... 27
Brandon-Salvador.... 25	Dreyfus (G).... 22, 24	Hannequin.... 7
Brasseur.... 25	Drlault.... 17	Hanotaux.... 19
Bray.... 6	Droz.... 12	Harraca.... 27
Brialmont.... 21, 24	Droz (Numa).... 26	Hartenberg.... 7
Brochard.... 6	Dubuc.... 26	Hartmann (E de).... 3
Brooks Adams.... 25	Du Casse.... 17	Hartmann (R).... 22, 24
Broquere.... 30	Duclaux (M.).... 14	Hatin.... 30
Brothier.... 30	Dufour (Médéric).... 11, 18	Hatzfeld.... 13
Brucke.... 21, 24	Dufour.... 30	Hauser.... 14
	Dugald-Stewart.... 12	Hauvette.... 18
		Hegel.... 12
		Helmholtz.... 21, 24
		Henneguy.... 27, 30
		Henrard.... 17
		Henry (Victor).... 18
		Herbert Spencer. Voy. Spencer.
		Herckenrath.... 3
		Hervé Blondel.... 3
		Hirth.... 7, 27
		Hocquart.... 27
		Hoffding.... 7
		Horric de Beaucaire... 19
		Horvath.... 27
		Huxley.... 22, 24, 30
		Icard.... 27
		Isambert.... 15
		Izoulet.... 7
		Jaccard.... 23, 24
		Jaell.... 3
		James.... 3
		Janet (Paul). 3, 8, 11, 28
		Janet (Pierre).... 6, 20
		Jaurès.... 8
		Joly (H).... 13
		Joly.... 22, 24
		Jouan.... 30
		Jourdan.... 30
		Jourdy.... 27, 30
		Joyau.... 27
		Joyeux.... 30
		Kant.... 12
		Kardos.... 27
		Karppe.... 8, 27
		Kaufmann.... 27
		Kaulek.... 19
		Kingsford.... 27
		Kostyleff.... 27
		Krantz.... 14
		Kufferath.... 27
		Lacaze.... 28
		Lachelier.... 3
		Lafontaine.... 27
		Lafontaine (A.).... 11
		Lagrange.... 23, 24
		Laisant.... 3
		Lalande.... 8
		Lampérière.... 3
		Landry.... 3
		Langlois.... 18
		Lanessan (de) 3, 14, 15, 23, 24, 27
		Lang.... 8
		Lange.... 3
		Lapie.... 3, 8, 15
		Larbalétrier.... 30
		Larrivé.... 30
		Larivière.... 30
		Laschi.... 8
		Laugel.... 3, 15, 16
		Laumonier.... 27
		Laveleye (de). 8, 17, 27
		Lebon (A).... 19
		Le Bon (G.).... 3, 8
		Lechalas.... 3, 8
		Lechartier.... 8
		Leclère (A.).... 8
		Le Dantec.... 3, 8, 23, 24
		Lefèvre (A.).... 28
		Lefevre (A.).... 3, 13, 24
		Lefevre-Pontalis.... 19
		Lemaire.... 27
		Lemaître.... 27
		Leneveux.... 30
		Léon (Xavier).... 8
		Leonardon.... 14, 19
		Levallois.... 3
		Léxi (Eléphas).... 27
		Lévy (A.).... 27
		Lévy-Bruhl.... 8
		Lévy Schneider.... 16
		Lewis (Cornewall).... 27
		Liard.... 3, 8, 11
		Lichtenberger (A.) 17, 27
		Lichtenberger (H.). 3, 8
		Lombroso.... 4, 8
		Lock.... 30
		Lubac.... 8
		Lubbock.... 4, 22, 23, 24
		Luchaire.... 18
		Luys.... 21, 24
		Lyon (Georges). 4, 8, 23

F. ALCAN — 32 —

Mabilleau	28	Niewenglowski	21, 24	Renard	4, 9, 30	Stanley Jevons	21, 24, 30
Mahaffy	30	Nodot	28	Renouvier	9, 29	Starcke	23, 24
Maigne	30	Noel	12, 30	Reynold	16	Stein	10
Maitland	27	Nordau (Max)	4, 8	Ribert	29	Slocquart	29
Maindron	28	Novicow	4, 8, 17, 28	Ribery	9	Strauss	14
Malapert	8	Oldenberg	9	Ribot (P.)	29	Stuart Mill	5, 10
Malcolm Mac Coll	28	Ogereau	11	Ribot (Th.)	4, 9, 20, 28	Sully (James)	10, 22, 24
Malmejac	23, 24	Olle-Laprune	12	Ricardou	9	Sully-Prudhomme	5
Manacoino	28	Ott	30	Richard	4, 9	Swift	5
Mandoul	28	Ouvré	9	Richet	4, 5, 23, 24	Sybel (H de)	15
Marcy	21, 24, 28	Palante	4	Richter	28	Taine (H.)	28
Mantegazza	22, 24	Papus	24	Roberty (de)	4,5,9,10,22, 24	Tait	27
Margollé	30	Paris (Cte de)	28	Roberty	29	Tannery	11
Marguery	4	Paul-Boncour	28	Robinet	30	Tanon	5
Mariano	4	Paulhan	4, 9, 28, 30	Rochau	15	Tarde	5, 10, 14
Mariétan	28	Payot	9	Roché	23, 24	Tardieu	10
Marillier	28	Pellet	15	Rodier	11	Tausserat-Radel	19
Marion (H.)	8, 12, 28	Pelletan	28	Rodocanachi	16	Temmermann	29
Marion	22, 24	Penjon	18	Roisel	5, 29	Terquem	29
Marsauche	28	Pérès	28	Roland	30	Thamin	5, 19
Massard	23, 24	Perez (Bernard)	2, 28	Romanes	10, 22, 24	Thomas (A.)	19
Matagrin	28	Perrier	22, 24	Rood	22, 24	Thomas (P.-F.)	5, 10, 11
Mathieu	30	Petit	30	Rosenthal	21, 24	Thouverez	10
Matter	16, 17	Pettigrew	24, 24	Rolt	27	Thurston	22, 24
Matteuzzi	28	Philbert	28	Rousseau (J.-J.)	12	Tissié	5
Martin (F.)	8	Philippe (J.)	4, 28	Roussel-Despierres	5	Tissot	29
Martin (J.)	13	Philippson	17	Rute (de)	29	Topinard	23, 24
Maudsley	21, 24	Piat	9, 13, 28	Ruyssen	13	Trouessart	22, 24
Mauxion	4, 12	Picard (Ch.)	28	Sabatier	10	Turck	30
Matthew Arnold. V. Arnold.		Picard (E.)	28	Saigey	10, 12	Turmann	14
		Picavet	9, 28	Saint-Paul	10	Tyndall	21, 24
Maxwell	8	Pichat	30	Saisset	5	Vacherot	10, 29
Mayer	30	Pictet	28	Saleilles	14	Vaillant	30
Mercier (Mgr)	28	Piderit	9	Sanderval	29	Van Biervliet	29
Merklen	30	Pillon	4, 9	Sanz y Escartin	10	Vanderem (F.)	28
Métin	14, 16	Pilo	4	Saporta	22, 24	Vandervelde	14, 23, 24
Meunier (G.)	30	Pinloche	12, 18, 28	Saussure	29	Véra	12
Meunier (Stan.)	23, 24	Pioger	4, 9	Sayous	16, 29	Véron	16
Meunier (V.)	30	Piolet	15	Scheffer	17	Viallate	20, 29
Meyer (de)	22, 24	Plantet	19	Schelling	12	Viallet	29
Milhaud (A.)	30	Platon	11	Schinz	29	Vianna de Lima	5
Milhaud (E.)	16	Podmore	7	Schmidt	21, 22, 24	Vidal de la Blache	18
Milhaud (G.)	4, 11, 16, 28	Poey	28	Schopenhauer	5, 10	Vigouroux	29
Mill. Voy. Stuart Mill.		Port	28	Schutzenberger	21, 24	Waddington	19
Mismer	28	Poullet	15	Secrétan (Ch.)	29	Wahl	15
Moncalm	28	Prat	28	Secrétan (H.)	29	Weber	10
Mongrédien	30	Préaubert	28	Seignobos	14	Wechnikoff	5
Monin	30	Preyer	9	Séailles	10	Weil (D.)	29
Monnier	28	Prins	29	Secchi	21, 24, 30	Weill (G.)	15
Monod (G.)	20, 28	Proal	9	Selden	5	Welschinger	14
Montargis	13	Puech	18	Sergi	10	Whitney	21, 24
Montoil	17	Pujo	29	Serieux	30	Wilkins	30
Montier	28	Quatrefages (de)	21, 23, 24	Sighele	10	Wuarin	29
Morand	30	Queyrat	4	Skarzynski	29	Wulff (de)	29
Moriaud	28	Quesnel	30	Socrate	11	Wundt	5
Morel-Fatio	19	Ratazzi (Mme)	29	Sollier	5, 10	Wurtz	21, 24
Morin	30	Rauh	9	Soloweitschek	29	Yung	22, 24
Mortillet (de)	23, 24	Raymond (P.)	29	Sorel (A.)	19, 29	Zaborowski	30
Mosso	4, 23, 24	Raymond	30	Sorin	16	Zeller	5
Muller (Max)	8	Recéjac	9	Souriau	9	Zevort	15, 30
Murisier	4	Recouly	16	Spencer	5, 7, 21, 22, 24, 30	Ziegler	5
Myers	7	Regnard	30	Spinoza	11	Ziesing	29
Naville (A.)	4	Regnaud	4	Spir	18, 29	Zivy	18
Naville (Ernest)	8	Reinach (J.)	17, 19	Spuller	15, 17	Zolla	30
Nephryeff	28	Remusat	4	Stallo	22, 24	Zurcher	29

TABLE DES AUTEURS ÉTUDIÉS

Alberoni	19	Fernel (Jean)	11	Leibniz	8, 11	Schelling	12
Aristote	11, 13, 28	Fichte	6, 8, 12	Leroux (Pierre)	10	Schiller	13
Anselme (Saint)	11	Gassendi	11	Lindet (Robert)	28	Schopenhauer	4, 27
Augustin (Saint)	13	Gazali	13	Littré	28	Secretan	4
Avicenne	13	Geulincx	11	Locke	4, 6, 12	Straton de Lampsaque	11
Bacon	12	Guyau	7	Lucrèce	18	Simonide	18
Barthélemy	19	Hegel	9, 12	Maistre (J. de)	4, 28	Socrate	11, 13
Baur (Christian)	5	Henri IV	17	Malebranche	12, 13	Spencer (Herbert)	5, 6, 27
Bentham	7	Herbart	3, 12, 18	Mommsen	16	Spinoza	6, 11, 12
Bouvier (Aug.)	29	Hobbes	4, 6	Niebuhr	16	Stuart Mill	8
Comte (Aug.)	5, 8, 11, 28	Horace	8	Nietzsche	3, 7, 27	Sybel (H. de)	16
Condillac	6	Hume	8	Pascal	12, 13	Taine	6
Considérant (V.)	25	Ibsen	4	Platon	29	Tatien	18
Cousin (V.)	2, 8, 28	Jacobi	8	Rabelais	29	Thomas (Saint)	28, 29
Darwin	3, 21, 22, 23, 24	Jacotot	28	Ranke	16	Tolstoï	4, 27, 28
Descartus	8, 11, 18	Kant	2, 6, 12, 13	Reid	26	Treitschke	16
Diderot	25	Lamarck	3	Renan	2	Voltaire	10, 12
Epicure	11	Lamennais	3	Saigne	29	Wagner (Richard)	8, 27
Erasme	12, 29	Lavoisier	23, 27	Saint-Simon	15	Zénon d'Elée	26

L.-Imprimeries réunies, rue Saint-Benoît, 7, Paris. — 12796.

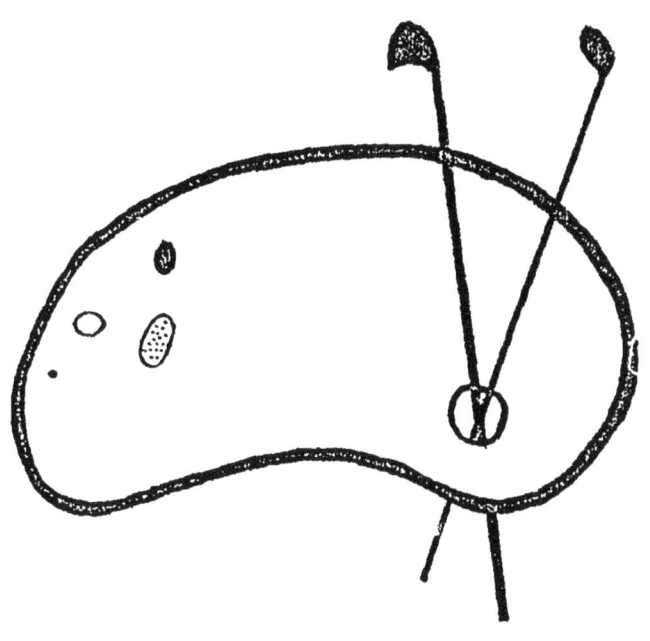

ORIGINAL EN COULEUR
NF Z 43-120-8

www.ingramcontent.com/pod-product-compliance
Lightning Source LLC
Chambersburg PA
CBHW050326170426
43200CB00009BA/1470